中国传统村落调查

湖南龙山卷

丛书主编 段超 田敏

本卷主编 田敏

本卷副主编 殷沙漫

湖北省公益学术著作出版专项资金
Hubei Special Funds for Academic and Public-interest Publications

长江出版传媒
湖北人民出版社

图书在版编目(CIP)数据

中国传统村落调查. 湖南龙山卷 / 田敏主编. — 武汉 : 湖北人民出版社, 2023.8

ISBN 978-7-216-10353-4

Ⅰ. ①中… Ⅱ. ①田… Ⅲ. ①村落—调查研究—龙山县 Ⅳ. ①K928.5

中国版本图书馆CIP数据核字（2021）第264382号

总 策 划：马 骏
　　　　　徐 艳
责任编辑：田 晓
封面设计：刘舒扬
责任校对：范承勇
责任印制：肖迎军

中国传统村落调查. 湖南龙山卷
ZHONGGUO CHUANTONG CUNLUO DIAOCHA HUNAN LONGSHANJUAN

出版发行： 湖北人民出版社	**地址：** 武汉市雄楚大道268号
印刷： 湖北新华印务有限公司	**邮编：** 430070
开本： 787毫米×1092毫米 1/16	**印张：** 23
字数： 354千字	**插页：** 11
版次： 2023年8月第1版	**印次：** 2023年8月第1次印刷
书号： ISBN 978-7-216-10353-4	**定价：** 96.00元

本社网址：http://www.hbpp.com.cn
本社旗舰店：http://hbrmcbs.tmall.com
读者服务部电话：027-87679656
投诉举报电话：027-87679757
（图书如出现印装质量问题，由本社负责调换）

捞车河(赵智娜　摄)

万龙村村貌(黄建胜　摄)

树比村冲天楼背面(殷沙漫　摄)

树比村冲天楼正面(殷沙漫　摄)

捞车河村传统民居(殷沙漫　摄)

捞车河村复建冲天楼(殷沙漫　摄)

老洞村旧宅(李超　摄)

耳洞村风光(李超　摄)

兔吐村村貌(殷沙漫　摄)

巴沙村村貌(殷沙漫　摄)

巴沙村马头墙(殷沙漫　摄)

街上村传统民居朝门(殷沙漫　摄)

信地村民居(李超　摄)

泽果村向阳老屋(王航　摄)

贯市老街(殷沙漫　摄)

街上村村民晒糖馓和棉被
(殷沙漫　摄)

塔泥村新建土家吊脚楼
(吴海平　摄)

泽果村吊脚楼(王航　摄)

树比村传统民居(殷沙漫　摄)

长春村传统民居天井
(殷沙漫　摄)

土家族打溜子表演(殷沙漫　摄)

舍巴日活动(殷沙漫　摄)

土家族咚咚喹表演(殷沙漫　摄)

土家族哭嫁表演(殷沙漫　摄)

土家族毛古斯表演(1)(殷沙漫　摄)

土家族毛古斯表演(2)(殷沙漫　摄)

土家族摆手舞表演(1)(殷沙漫　摄)

土家族摆手舞表演(2)(殷沙漫　摄)

土家族锣鼓表演(殷沙漫　摄)

街上村村民跳九节鞭(殷沙漫　摄)

泽果村老年活动队表演九节鞭(吴海平　摄)

长春村舞狮表演(1)(殷沙漫　摄)

长春村舞狮表演(2)(殷沙漫　摄)

总 序

传统村落，又称古村落，是指村落形成较早，拥有丰富的传统资源，具有一定历史、文化、科技、艺术、社会、经济价值，应予以保护的村落。2012年4月，住房和城乡建设部、文化部、国家文物局、财政部联合发出开展传统村落调查的通知。经各省（区、市）相关部门组织专家调研与评审，全国汇总的数字显示，我国现存具有传统性质的村落近1.2万个。2012年9月，由建筑学、民俗学、规划学、艺术学、遗产学、人类学等领域专家组成的专家委员会，评审出中国传统村落名录。2012年12月17日，住房和城乡建设部、文化部、财政部等部门发通知公示第一批中国传统村落名录，全国共有28个省（区、市）646个传统村落入选。此后，又分别在2013年、2014年、2016年、2019年、2022年进行了中国传统村落的评选。截至2023年3月19日，一共公布了六批中国传统村落名录，共有8155个村落入选，并实施挂牌保护制度。2022年、2023年，住房和城乡建设部、财政部连续两年公示了传统村落集中连片保护利用示范县名单，我国在探索传统村落长效保护利用机制上迈出了新的步伐。

传统村落是现存村落中历史文化价值和农耕文明遗存最丰厚，村庄格局形态和民居传统特色风貌保存最真实和良好的典型代表。传统村落被誉为农耕文明的“活化石”，拥有丰富的历史信息和文化景观，也是传承中华优秀传统文化的宝贵“基因库”，维系着中华民族最浓郁的“乡愁”。保护好、传承好、利用好传统村落，对弘扬中华优秀传统文化有着重要意义。

住房和城乡建设部、文化和旅游部等六部门在2012—2023年公布的8155个传统村落，已经成为世界上规模最大、内容和价值最丰富、保护最完整的农耕文明遗产保护群。2017年乡村振兴战略提出后，传统村落保护成为促进脱贫攻坚的重要措施，是乡村振兴战略的重要组成部分。

党的十八大以来，以习近平同志为核心的党中央高度重视传统村落的保护工作。习近平总书记指出："农村是我国传统文明的发源地，乡土文化的根不能断，农村不能成为荒芜的农村、留守的农村、记忆中的故园。""乡村文明是中华民族文明史的主体，村庄是这种文明的载体，耕读文明是我们的软实力。"在如何发挥好传统村落在乡村振兴中的作用方面，习近平总书记指出："搞乡村振兴，不是说都大拆大建，而是要把这些别具风格的传统村落改造好。"可见，传统村落的传承保护对于弘扬中华优秀传统文化、建设生态文明、发展乡村旅游、实现乡村振兴，都具有重要意义。

湘西土家族苗族自治州（以下简称湘西州）位于湖南西北部，以其悠久的历史、深厚的人文底蕴和独具特色的民族文化著称于世，也是中国传统村落最集中的地区之一。该州的传统村落申报与保护工作一直走在全国前列，截至目前，六批次共有178个村被列入中国传统村落名录，2020年被评为全国传统村落集中连片保护利用示范州。

中南民族大学作为国家民委直属综合性民族大学，一直以来把服务民族地区作为学校的使命，特别是学校的民族学学科更是成为直接服务民族地区经济社会发展的排头兵。学校民族学学科自20世纪50年代开始建设，经过数代人的努力，已经发展为我国民族学学科的重镇，学科建设水平处于全国前列，在最近两次的教育部学科评估中均位列A类。长期以来，学校与湘西土家族苗族自治州保持着紧密的联系，开展了多方面的合作，成为校地合作的典范。

2019年，经与湘西土家族苗族自治州有关方面协商，中南民族大学民族学学科启动该州中国传统村落调查项目，计划对湘西州8县（市）的中国传统村落进行一次全方位、深入的民族学、人类学调查，旨在通过专业的田野调查，进行系统的记录，形成一套完整的湘西州中国传统村落民族志丛书，为中国民族学积累来自田野的第一手材料。以湘西州8县(市)为单位，总项目下设8个子课题，各子课题根据对应县市列入中国传统村落名录的情况，遴选出118个重点传统村落开展调查，占湘西州中国传统村落总数的66.3％。

本次调查，遵循民族学、人类学学科的田野调查规范进行。在调查开始前，即对田野调查总提纲进行了反复研究讨论，确定调查总提纲后，又对参与调查的人员做了集中培训。按照统一的调查提纲，各子课题调查组(主要以中南民族大学本科生、硕士研究生为主)，在指导教师的带领下于2019年暑假开始第一次田野调查。2020年暑假再次组织以硕士、博士研究生为主的调查。参与调查的师生来自中南民族大学绝大部分学院，包括民族学与社会学学院、经济学院、公共管理学院、教育学院、法学院、文传学院等，以及参与了第一次调查的管理学院、马克思主义学院、外语学院、美术学院、体育学院、资源与环境学院、生命科学学院、药学院、化学与材料科学学院。两次调查耗时两个月以上，参与人员达100多人，访谈对象上千人，获取的第一手材料上千万字。此次对湘西州中国传统村落的调查，堪称中南民族大学学科史上调查规模最大、参与人员最多、持续时间最长、调查对象最广泛的一次民族学、人类学大调查。

以第二次调查成果为主要依据，课题组编写了“中国传统村落调查”丛书第一辑八卷，分别为：《中国传统村落调查·湖南吉首卷》《中国传统村落调查·湖南凤凰卷》《中国传统村落调查·湖南龙山卷》《中国传统村落调查·湖南永顺卷》《中国传统村落调查·湖南花垣卷》《中国传统村落调查·湖南保靖卷》《中国传统村落调查·湖南古丈卷》《中国传统村落调查·湖南泸溪卷》。丛书各卷原则上以村分章，按照村落概况、文化遗产、自然资源、历史事件、村规民约等分类梳理，内容涵盖传统村落的地理生态环境、村落来源与历史、村落人口、物产与特色产业、经济社会发展状况、物质文化遗产、非物质文化遗产、自然资源与景观、重要历史事件与人物、村规民约等。丛书的编写，力求在铸牢中华民族共同体意识理论的指导下，将中华文化及各民族交往交流交融的视角融入写作过程中，系统、完整、全面、客观地呈现各传统村落的全貌，既重点梳理其历史人文脉络，又注重关照其当代发展与变迁。在写作方式上，按照民族学、人类学民族志的撰写方法进行，除文字外，各卷均配有大量田野实景图片，使文本更加生动直观，且更富有保存价值。

丛书由中南民族大学段超教授、田敏教授担任总主编，各卷分别由中南民族大学民族学学科多位博士生导师担任分主编，他们是：经济学院陈祖海教授（吉首卷）、中华民族共同体学院李吉和教授（凤凰卷）、民族学与社会学学院田敏教授（龙山卷）、教育学院康翠萍教授（永顺卷）、民族学与社会学学院柏贵喜教授（花垣卷）、法学院潘红祥教授（保靖卷）、中南民族大学副校长段超教授（古丈卷）、公共管理学院吴开松教授（泸溪卷）。各卷还根据工作情况另设有副主编。

本课题的调查工作自2019年暑假启动至今，历时4年多，其中一段时间受疫情影响，遇到许多现实的困难，历经反复，今天终于基本完成，丛书即将正式出版，可喜可贺。要感谢湘西土家族苗族自治州各有关方面的大力支持，是他们的帮助，使得本课题调研工作得以顺利开展。特别要感谢湘西州8县（市）和乡镇相关领导干部，他们对课题具体的调查工作给予了大力协助，使调查人员能够顺利进入村寨开展调查，收集资料。更要感谢各传统村落的干部群众，他们的热情好客、纯朴善良，给调查人员留下了深刻印象，大家心存感激。值此丛书出版之际，向以上所有领导、干部、群众对本课题的支持与帮助表示衷心的感谢！

丛书的出版，得到了湖北人民出版社马骏副社长、综合编辑部徐艳主任和编辑们的大力支持与帮助，出版社为丛书申请到湖北省公益学术著作出版专项资金的资助，为丛书的出版锦上添花。编辑团队来到中南民族大学，与各位主编和作者进行面对面的研讨交流，指导书稿的修改完善，确保了书稿的质量，感谢你们。

新时代新征程，以铸牢中华民族共同体意识为民族工作的主线，民族地区乡村振兴正如火如荼地开展。我们希望丛书的出版能为进一步传承和保护中国传统村落历史文化遗产，赓续地域特色鲜明的人文底蕴，为进一步铸牢中华民族共同体意识，加快推进乡村振兴发挥积极的作用，做出应有的贡献。

编　者

2023年6月19日

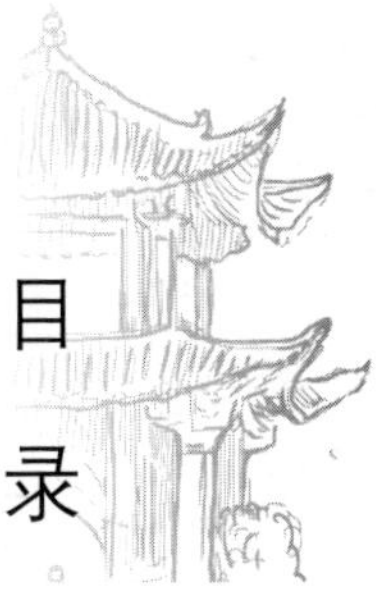

目录

第一章　百型村

百型村隶属龙山县靛房镇，下辖6个自然寨、5个村民小组，距离镇政府7.5公里，距离龙山县城85公里，有龙保(龙山县至保靖县)公路穿境而过。村域总面积6.8平方公里，村落传统风貌保存较完整，保留了部分清代、民国时期的土家族传统民居建筑，其中保留最完整的为一组、五组和村委会周边区域。百型村土家族人口占总人口比例达90%以上，为土家族聚居区，另有少数苗族、汉族村民，其中彭、严、向、田4个姓氏的人口最多。百型村是当地民族传统文化积淀最深，保留最为完整的村落之一。2019年6月，百型村被列入第五批中国传统村落名录。

一、村落概况

（一）地理生态环境

百型村位于靛房镇南部，平均海拔732米，村域北接靛房镇区，东邻山峰村，西至中心村，南临报格村。村域总面积6.8平方公里，其中耕地986亩（水田422亩、旱地564亩），林地13014亩，地广人稀。百型村为典型的山地地貌，属于高寒山区，年平均气温15.8℃，无霜期为270～280天，日照1261小时，年均降水量1400毫米。

百型村核心村落呈"四龙绕百型，梯田围天锅"的"山—民居—田—水—田—民居—山"整体格局，有龙保（龙山县至保靖县）公路穿境而过。居民点保存较好，房屋主要依山而建，沿山脚分布，建筑呈横向伸展之势，围合的四合院不多，建筑布局体现了土家族村民能够依照自然条件灵活应变、顺势而为的智慧。村寨地形为四座圆形的山峰围着一个小山包，是为"四龙抢宝"之地。寨中水泥路交错分布，云遮雾绕，古木参天，鸟语花香。

百型村山峦起伏，整体地势四周高中间低，中间谷地上分布着梯田，房屋沿山脚依势而建。村寨中有多处山泉古井，山泉水资源丰富。村庄以山坡旱地为主，多山林、坡地、岩山。林业资源丰富，属亚热带季风气候，空气湿润，四季分明。粮食作物主要有玉米，经济作物主要有烟叶、油茶，主要饲养牛、羊、猪和家禽。从自然环境方面来看，百型村自然风貌保存完好，空气清新，生态宜居。

（二）村落历史

百型村有史以来一直都属于靛房的管辖范围。靛房原属坡脚乡辖区，据有关史料记载：清雍正七年（1729年）建坡脚里，除现今靛房镇全境和他砂乡的半南、云峰等村之外，还有龙山县隆头镇康家坡、肖家坡，以及保靖县碗米坡镇的马吉、岩上、沙湾和隆头乡铜夕等村都属于坡脚里的辖区。嘉庆十五年(1810年)，改保田制，辖7个保，靛房仍属坡脚里。宣统三年(1911年)，改原县所辖16里为16乡，靛房仍属于坡脚乡，乡公所设在靛房街上伏波宫。1950年，全县区划改革，原坡脚乡撤销，建坡脚片区和靛房片区，隶属龙山县第四区。1956年，撤区并乡，山峰乡、百型乡、七政乡并入靛房乡，客寨乡、阿木乡、多谷乡、报格乡合并为坡脚乡，原半南乡、梭多乡划为他砂乡。1958年，靛房乡、坡脚乡分别撤乡，成立靛房人民公社和坡脚人民公社，各辖9个大队。1984年3月，撤销公社，分别建立靛房乡、坡脚乡。2000年，靛房乡撤乡建镇，成为靛房镇。2005年，实行区划调整，坡脚乡并入靛房镇，镇政府设在燎原村。①

百型村更早的历史已经无考，据说形成于明代。五代之后，彭士愁打败土著王，占湘西之地，被封为土司，其后裔驻守各地，经多次内战，一支为避难，住高山险隘，沿袭至今。后有亲戚严氏迁入，依锅子山建筑，遂成自然村落。百型村依托山势循着水源而建，形成了五个自然村寨。这五个自然村寨皆围着锅子山，此锅为天锅，取蓄水之意。②

关于百型村村名的来历，有两种不同的说法。百型村村支书彭南召的解释是：村内原来有六七个主要姓氏，后来慢慢人多起来，姓氏也多起来，称“百姓”(即百家姓)，由于“百姓”与“百型”谐音，故演变成“百型村”。百型村挖土锣鼓省级非遗传承人彭武庚(79岁)老人的解释是：传说，以前措列的风水很好，几位长辈想要保住这里的风水，在风口处修建了一座六层高的宝塔，塔顶上有一个大石狮子，逢年过节人们都要在塔内烧香祭拜，祈求石狮保佑这里的百姓。后来村里成立了互助组和合作社，当时的人们就把合作社命名为“百姓社”，寓意为百姓谋福利，后来又把“百姓”改成了“百型”，这个“型”就源于百型村的“宝塔”造型，宝塔保住了该村的风

① 资料来源：靛房镇政府提供的《靛房镇简志》。

② 资料来源：靛房镇政府提供的《中国传统村落档案(43313011405号)》。

水，这里的“百型”也有保护百姓、服务百姓之意。①

彭南召介绍了百型村五个村民小组（即自然村寨）名称的意义和基本情况，分别为：措列，土家语，意思为“套住猎物的地方”，人口约有180多人；撒拉苦，土家语，意思为“有蚂蟥的地方”，其下分为彭家寨和严家寨，严家寨人口较少，大约70～80人；拉菩提上寨，土家语，意思为“住在山上的人”，共有人口80人；拉菩提下寨，共有5个分寨，即送早、普提、挖操、他业、卡若，均为土家语。彭南召说：“听老人们讲，很久以前向、彭、田、严等五个大姓祖先（还有一个姓氏未知）一起在大山里捕猎野猪，最后在一个有很多蚂蟥的地方捉到野猪，就把这个地方称之为‘撒拉苦’。”②

（三）村落人口

百型村是土家族聚居村落，土家族人口占总人口的90%以上，除少数苗、汉等民族人口外，均为土家族。村内有六七个主要姓氏，以彭、严、向、田4个姓氏人口最多。百型村下辖6个自然寨，5个村民小组，272户，户籍人口为930人，常住人口568人。③村内原有建档立卡贫困户97户347人、建档立卡学生67名。通过易地扶贫搬迁等措施，村民于2020年全部脱贫。

（四）物产与特色产业

百型村村民的经济收入主要来源于种植产业和外出务工。全村劳动力人数510人，其中460人外出务工，主要在江苏、浙江、福建、广东、海南等地，从事建筑、维修、加工等工作。村里的粮食作物主要有稻谷、玉米、土豆等，经济作物主要有烟叶；村内主要产业为烤烟和牛、羊、蜜蜂养

① 访谈对象：彭武庚，土家族，79岁，百型村人；访谈时间：2020年8月3日。

② 访谈对象：彭南召，土家族，61岁，百型村人；访谈时间：2020年8月3日。

③ 为2018年数据，据村支书彭南召介绍，截至2020年8月2日实际人口数是816人。

殖业。

百型村在推进水稻、烟叶、玉米、土豆种植等传统农业产业的基础上，大力发展山羊、土鸡、生猪、黄牛等养殖业，使农业产业增收。目前，百型村的烟叶为其主要经济作物，共种植烟叶1000多亩，还有少量油茶种植。百型村白茶种植面积有500亩，分别由3家村民集中种植。

（五）经济社会发展状况

1. 教育

百型村目前没有设立小学，适龄儿童从小学到初中都统一到靛房镇九年制学校上学。低龄儿童大多数由祖父母、外祖父母以租住在镇上的方式陪读，由于大多数青壮年都外出务工或在村里经营农作物，父母陪同的情况比较少，少数是母亲陪同。小学升初中后普遍住校，也有一些继续由家长陪读的，待到升入高中，基本上都到龙山县城上学，这时除非父母在县城工作或营商，基本上不再有家长陪读。近年来，越来越多的孩子跟随父母进城，在父母务工所在地入学。

2. 医疗

百型村的对口扶贫单位是龙山县疾控中心，随着精准扶贫工作的深入，该中心大力加强了乡村卫生服务。百型村设置了医务室，配备了相应的医疗设施，并有两名医护人员值班，村民看病更加方便、更加容易。以前村民们看病很不方便，尤其雨雪天气更是不能出门。现在一般的小病在家门口就可以治疗，严重一点的疾病有农村合作医疗，解决了该村群众看病贵的问题。

3. 经济

原来百型村交通闭塞，经济基础薄弱，无特色支柱产业，无集体经济组织。经济收入主要来源于传统的种植、养殖业，人均可支配收入890元。2015年全村贫困发生率为41.5%。2015年4月15日，龙山县疾控中

烤房内准备烘烤的烟叶(黄建胜　摄)

心扶贫工作队正式进驻百型村,本着为村民办实事、办好事的原则尽心尽力做好扶贫工作,取得了显著成效。为帮扶村内建档立卡贫困户,贫困户危房改造10户,易地搬迁53户,村内设建档立卡人口公益性岗位8个,转岗护林员3人。2018年底,贫困人口减少至14人,贫困发生率降低至1.58%。由于精准扶贫政策的实施,对口帮扶工作队近年来大力引进资金项目。目前村里水、电、路等基础设施得到进一步完善,成立了油茶专业合作社,建立了集体经济组织,特色支柱产业雏形初步形成,人均可支配收入由原来的890元增至1890元。截至2020年7月,全村人口816人,已实现整村脱贫。[①]

4. 公共服务

百型村村民服务中心(黄建胜　摄)

百型村地处深山,山高林密,与外界沟通一直是村里的重要难题。"村

① 数据来源:靛房镇政府提供的《靛房镇2020年度年鉴》。

村通”这项惠民工程的推进,解决了百型村村民的出行难题。2019年,帮扶单位更是投入巨资,硬化了村里的组级路,把水泥路铺到了村民家门口,雨天村民不敢出门的时代一去不复返了。在易地搬迁安置点,帮扶单位也投入了大量经费,新修了服务中心,实施了绿化、亮化、安保、排污等工程。

百型村新村部(村组织活动中心)的修建,既改善了村干部的办公条件和村民的办事条件,又为村里增添了许多公共设施,便于村民休闲娱乐,开展文化活动。村部里设置了医务室,村民可以看病问诊;设置了图书室,村民可以借阅图书;外面修建了篮球场、小舞台,增设了健身器材,村民们可以运动休闲,还可以开展一定规模的群众性活动。

二、文化遗产

(一)物质文化遗产

1. 传统建筑①

百型村是土家族聚居区,现存的传统建筑主要有土家木屋、青石板古道等。村内共有木屋201栋,转角楼70栋。年代最久的吊脚楼兴建于清代,现存的大部分民居建筑为20世纪中期建造。青石板古道始建于清代,现有少量保存较好。

百型村土家族民居(黄建胜　摄)

百型村目前保留下来的古建筑及遗迹主要有以

① 资料来源:现场调查并参照靛房镇政府提供的《中国传统村落档案(43313011405号)》。

下这些：

古井1处，形成年代为明代。主要供村民的生活饮用水。古井是构成村落文化的一部分，反映了历代居民主要靠凿井用水。

古墙1处，形成年代为民国时期。据说红军曾经用于剿匪防御，现只剩下残墙断壁。

古石阶1处，形成年代为清代。古石阶形成于清朝康熙年间。

古石墩1处，形成年代为清代。古石墩形成于清朝乾隆年间。

古街巷5处，形成年代为清代。古街巷，路面主要以青石板路和碎石路为主。

此外，以前村子里有三月堂，作为舍巴日祭祀和跳摆手舞的场地，后坍塌荒废。村内还有一座雍正年间的古墓，距离村部较远，且荒草遮蔽，已经难以找到。

2. 传统建筑特点[①]

百型村保留了部分清代、民国时期的建筑，传统建筑保存情况良好。民居屋面多为青瓦铺盖，飞檐翘角，雕花木门，古朴典雅。主要建筑为土家木屋，在建筑构成上主要包括转角楼、木屋两类，体现了该地文化的区域特色。村里目前大多数保存下来的传统土家族木屋是一层木构建筑，主体建筑墙面为木质材料，由朝门、院落、主体建筑和副屋构成，副屋为吊脚楼建筑形式。此外，还可以见到少部分六开大门，门上雕刻有精美的窗花。

百型村排水系统（黄建胜　摄）

土家族木屋多依山傍

① 资料来源：靛房镇政府提供的《中国传统村落档案（43313011405号）》。

水而建,对建筑选址、水流风向都有周到的考虑。百型村因属高寒山区,建筑一般围绕山坡台地而建,黑瓦灰板,再配以转角楼、吊脚楼,建筑随山势地形起伏,层叠有序,错落有致。这里的建筑因地势而建,先人非常注意排水系统的配置,家家户户都铺有青石板坪坝,檐沟也用青石铺就,中间灌以石灰浆,无论风吹雨打,房屋都不受影响。

转角楼是百型村的特色民居,是村民在长期与大自然抗争的过程中逐渐形成的传统建筑之一。由于百型村是高山台地,山高林密,雨水多、云雾多,空气潮湿,野兽多、毒蛇多,人们便选择了转角楼这一相对安全的建筑。土家族转角楼的形成还有历史原因:在土司统治时期,土司向老百姓征收“火坑税”,多一个火坑就多一分税,因此土家族的兄弟很少分家而选择同居一室,人多了,便在正屋的一边或两边搭起偏房,土家称“偏厦”。

四排三间的传统建筑是百型村民居的主流,中间为正屋,两边为厢房,或者左配楼子右配厢房;建筑规格上有三柱四棋、五柱六棋、五柱八棋不等;房屋从左至右按习俗称头间、二间、三间,大户还有五间、七间的,楼子不计。像民国时期龙山县县长居住的向阳老屋,就是连五间配厢房,形成“钥匙头”形状;头间为居室,二间为堂屋,三间为厨房,每间以中柱为界,分为前后两间。头间内设火坑,火坑置有三脚架(当地称三脚),可架鼎罐铁锅日常生活用,常年不准移动,只有大年三十可以移动一次,不准用脚踩踏,以免亵渎神灵;火坑上方吊有一炕架,挂土家腊肉、野味等可熏食之物;火坑内常年烧柴或煨树蔸,不断烟,是取“香火不断”之意,同时烟熏更是木屋防腐的最好方法,使房屋的构件免遭虫蛀之患。

百型村传统建筑的装饰、纹饰主要有窗花、木雕,花样繁多,形形色色。柱础各式各样,有圆鼓形的,有正方形的,有雕凿各种图案的;阶沿岩有刻条纹图案的,有刻梭子花的,有刻万字格的。院坝内多铺青石板,坚固平整。不论是石级、阶沿还是院坝铺石,均用石灰、糯米粉、石膏、桐油等材料调和成浆,层层挤压勾缝而成。

（二）非物质文化遗产[1]

百型村较为完整地保留着土家族的传统文化，包括土家族语、土家族溜子、咚咚喹、毛古斯、梯玛歌、山歌、哭嫁歌、三棒鼓、挖土锣鼓、土家族织锦、刺绣以及各类土家族民间游戏等。这些文化遗产为土家族民族文化的保留和传承提供了载体，为传播土家族民族文化提供了重要支撑，是弥足珍贵的财富。

1. 土家族山歌

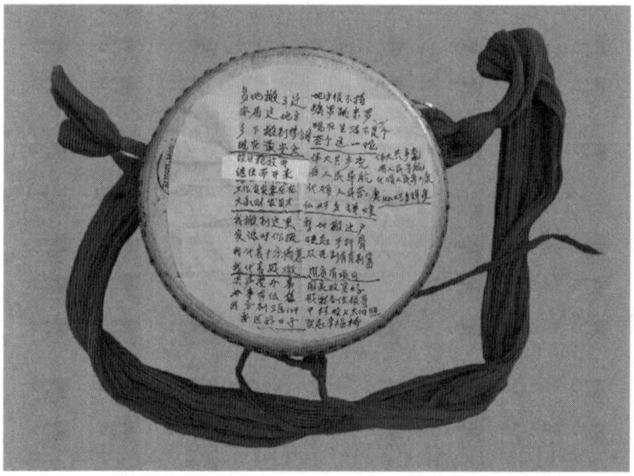

百型村传承人所用锣鼓（黄建胜　摄）

土家族能歌善舞，以歌咏志，以歌代言，已成为土家人的一种习俗。正如土家族山歌所唱："土家山寨两条河，两条河水解干渴；一条是千年流不尽的水，一条是万年唱不完的歌。"[2]百型村土家族挖土锣鼓歌省级传承人彭武庚，也是土家族山歌能手。彭武庚介绍：土家族山歌"我口唱我心"，没有固定歌词，多为即兴演唱，表达所见所闻所想，歌词内容多和当下时事及现实生活紧密联系，是与时俱进的。一首《扶贫前后大不同》即为彭武庚自己创作的山歌，经同意，摘录如下：

---

① 访谈对象：彭武庚，土家族，79岁，挖土锣鼓省级传承人，住靛房镇易地搬迁集中安置地牛栏坡；访谈时间：2020年8月3日；访谈地点：访谈对象家中；访谈资料整理：李超、黄建胜。

② 龙山县靛房乡志编委会：《靛房乡志》（内部资料），2004年，第39页。

扶贫前后大不同

铭记党恩如春风，五十六枝花儿红。
精准扶贫结硕果，前后对比大不同。
扶贫以前真不同，富的富来穷的穷。
富的洋房有几栋，穷的茅草无一重。
扶贫以前路不通，穷人多住大山中。
市场上街靠脚走，肩挑背驮多费工。
虽然四季在劳动，竹篮打水一场空。
一年到头算一账，去年今年一样穷。
人穷志短不中用，马瘦毛长损颜容。
破罐破摔懒劳动，穷不为耻反为荣。
斗笠遮雨不遮风，蓑衣遮背不遮胸。
人穷顾前不顾后，顾得西来难顾东。
扶贫干部进村中，脱贫攻坚打冲锋。
富的伸手传帮带，同往康庄大道冲。
水电进屋路修通，方便副业与务工。
茶叶油茶大发展，户户增收不再穷。
我村有个田洪忠，又养牛羊又养蜂。
牛羊成群蜂满桶，早已脱贫成富翁。
因地制宜养和种，培养就业去务工。
能做哪样做哪样，人人勤劳像蜜蜂。
哪有棉花弹不成，哪有毛铁烧不红。
只有诚实勤劳动，哪有一世都贫穷。
冠状病毒要防控，也要复产快复工。
脱贫成果须巩固，双管齐下不放松。

2. 土家族花鼓词

彭武庚不仅熟悉土家族挖土锣鼓歌，而且对土家族山歌、花鼓词等有着娴熟技艺，虽已79岁，但仍精神矍铄，自编自唱花鼓词，内容包罗万象，与时俱进，劝导人们感恩行孝，讴歌共产党，歌唱新时代，充满正能量。经其同意，选录了两首：

劝世文[①]

上至帝王君，下至普通人，人人都是父母生，不是当宝成。
孝敬老前辈，多把爹妈陪，有空陪她唱几句，聊天笑微微。
人生百年春，多敬老年人，早给爹娘去孝敬，三思而后行。
妈给你生命，天大的恩情，十月怀胎见人心，天天去飘魂。
伟大的母亲，生育儿女们，鬼门关里去抗争，留下血一盆。
妈把你生下，最多六斤八，一把屎来尿一把，过程好复杂。
洗衣洗尿片，半夜喂你奶，妈妈手脚都冻坏，再冷也要挨。
结婚好风光，新房亮堂堂，妈妈却为你还账，宁愿住瓦房。
结婚一两代，怀孕生小孩，妈妈变成老奶奶，今生她又来。
服侍月母子，妈妈最踏实，一把尿来一把屎，再苦也坚持。
为你带儿子，为你弄饭吃，一刻未闲在做事，腰杆伸不直。
苦累的母亲，免费的佣人，洗衣弄饭接学生，一天都不停。
妈对儿孙好，一生在操劳，把你当成手中宝，自己受煎熬。
儿孙一长大，妈妈也老哒，腰弓背驼两眼花，皱纹满脸爬。
到了七十几，失去劳动力，吃穿住行都靠你，全靠你讨乞。
老了要帮扶，靠儿靠媳妇，三病两痛要照顾，你要多转屋。
为人不忘本，莫忘养育情，怀着一颗感恩心，做个行孝人。
小时饭妈喂，玩耍有妈陪，走不起了妈又背，儿背妈几回。
有些儿子妹，哪怕妈病危，照顾还要互相推，钱不出一分。

---

① 花鼓词为彭武庚自编或摘录，授权访谈对象抄录，版权为原作者所有。标题为作者加，部分错字和文本有修改。下同。

有的翅膀硬，老不讲感情，接了媳妇忘了亲，把妈赶出门。
羊有跪乳恩，鸦有反哺情，畜生都有感恩心，何况人子女。
儿不嫌母丑，狗不嫌家贫，儿女嫌弃爹母亲，根本不是人。
百善孝为先，不要当脑残，人人做事天在看，迟早都要还。

伟大共产党

伟大共产党，为人民导航，带领人民奔小康，灿烂多辉煌。
易地搬迁户，硬起手指骨，从无到有有到富，脱贫有项目。
国家政策好，感谢各领导，牛栏坡上太阳照，架起幸福桥。
以前屋场地，地方又偏僻，滹泥石流滑坡地，日夜最捉(着)急。
易地搬了迁，安居这地方，乡下搬到牛栏山，现在最安全。
我搬到这里，实话对你提，我代表十分满意，我代表感激。
共产党办事，办事有价值，我分到6栋304，要过幸福日。
地方很不错，糠箩跳米箩，现在幸福非一个，整个这一坨。
我把鼓锣摆，准备要登台，大家心情都意快，到这都发财。

3. 土家族咚咚喹①

2008年6月，湖南省龙山县申报的“土家族咚咚喹”经国务院批准列入第二批国家级非物质文化遗产名录。百型村有一位咚咚喹国家级非遗传承人严三秀，她展示了咚咚喹乐器及如何吹奏表演。

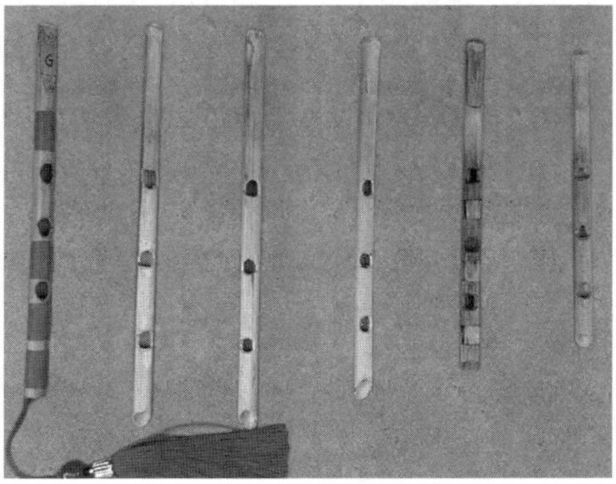
咚咚喹乐器(黄建胜　摄)

咚咚喹有着悠久的历史，关于咚咚喹的起源，土家族民间还有这样一个传说：秦始皇修筑万里长城之时，四处抓壮丁，有个名叫“咚

① 资料来源：靛房镇政府提供《中国传统村落档案(43313011405号)》。

百型村村民表演咚咚喹(黄建胜 摄)

咚”的土家族小伙子也被抓走了。他走后,已身怀有孕的妻子巴列遭到狠心婆母的百般虐待。孤独无助的巴列每日登山北望,苦盼夫归。她信手扯根小竹,削成竹笛,吹唤丈夫“咚咚归”。就这样,日复一日,她不停地望着、吹着、盼着,最后竟死于山上。人们同情她,也为她的精神所感动,便纷纷仿制她吹奏的竹笛,替她呼唤亲人“咚咚归”。后来,这种竹笛便被称为“咚咚喹(归)”了。

咚咚喹的前身是骨哨和鸟哨,是沿着骨哨、鸟哨、咚咚喹的历程发展而来。考古证明,咚咚喹的鼻祖骨哨诞生于距今6500~7000年前的新石器时代早期的湘西地区。骨哨的继承者鸟哨是土家族人用于自娱自乐和捕猎禽兽的工具,通过模拟禽兽求偶、嬉戏引诱猎物上钩。时至今日,土家猎手还用鸟哨来诱捕禽兽。鸟哨的自娱功能,经过数代土家族人的改良,就发展成了土家族古老的消遣乐器——咚咚喹。鸟哨的发声器是用叶片做成的。而咚咚喹最初是模仿鸟语虫鸣、风泉之声的儿童玩具,后来经土家民间艺人的改造,发展成为土家族的簧管气鸣乐器。

咚咚喹传统曲目有《咚咚喹》《冬冬开》《巴列冬》《慢巴列冬》《乃呦乃》《呆都里》《拉帕克》《偏冬偏》《波左波》《冬巴哈》《哎罗罗》《打铁》《米司可可》等。百型村咚咚喹经常表演的曲目有《巴列冬》《偏冬偏》《波左波》《冬巴哈》《哎罗罗》《打铁》《米司可可》等,曲调清新活泼,吹奏时声音悠扬悦耳,富有田园气息。

4. 挖土锣鼓[①]

挖土锣鼓是在湘西北土家族聚居区盛行的打锣鼓方式,是土家族人将集体劳动和文娱相结合而产生的一种劳动生产习俗。仅用于农历正月

① 资料来源:靛房镇政府提供的《中国传统村落档案(43313011405号)》。

开荒挖生土和四五月薅苞谷草的场合，前者叫挖土锣鼓，后者叫薅草锣鼓。打锣鼓时，两名歌师在劳动的众人前面敲锣打鼓唱锣鼓歌，激励众人攒劲挖土或薅草。众人在悦耳的锣鼓声和动听的锣鼓歌中减轻疲劳，热烈欢快地打起“呵啾”紧握锄头向前冲，在紧张、愉快的劳动中不知不觉地完成预定的挖土(薅草)任务。

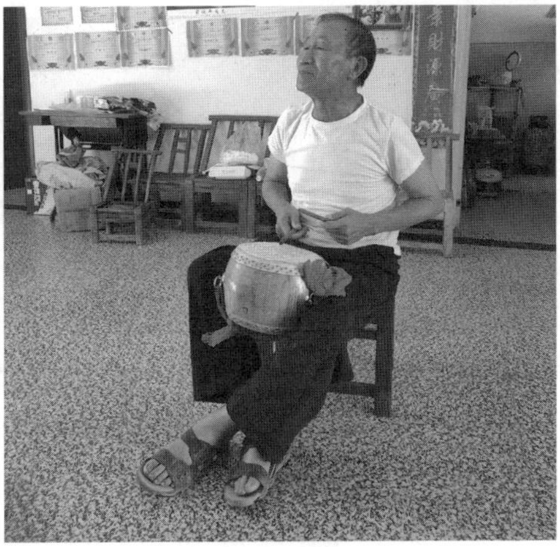
百型村锣鼓表演(黄建胜　摄)

土家打锣鼓挖生土或薅苞谷草的主人，在新中国成立前主要是劳力少的家庭或单身汉。他们都是欲兴家立业的贫家人，因田土少承租别人的荒山开新土、种苞谷，在人手少的情况下，为了赶农时季节，就用打锣鼓来鼓舞干劲。无论谁要打锣鼓，都会得到众人的支援。土家人认为，打锣鼓是兴家立业的好事，因此大家都不分亲疏，自觉地帮主人做一天白工。后来的农业合作化时期，打锣鼓的主人一般是某农社邀请的兄弟社的社员。今天，挖土锣鼓只作为非遗项目进行表演。

百型村有两位挖土锣鼓传承人，分别是省级传承人彭武庚和州级传承人彭英波。彭武庚现场表演了几段土家族挖土锣鼓歌，经其同意，摘录部分歌词如下：

请锣鼓神

锣鼓神来锣鼓神，讲起锣鼓有源根。鼓儿出在雷山府，锣儿出在苏州城。

鼓皮出在黄牛背，铁钉出在铁炉堂。一面锣儿十斤钢，一火铸成九面鼓。

…………

请边工神

边工神来边工神，挖土要看边工人。东边无人往东奔，西边无人往西行。

土里摆成长蛇阵，挖土工效低沉沉。二位边工往前进，中间挖成枪肚形。人少要做人多事，花多叶少亮澄澄。

…………

请太阳神

太阳神来太阳神，火红太阳挂天庭。挖土之人把你请，保佑一年好收成。黎民百姓把你请，风调雨顺国泰平。

…………

5. 土家族哭嫁歌

土家族新娘如果在出嫁时不哭，就表示对父母不孝顺，毫无依恋，在过去土家族流传着“会哭不会唱，姑娘没人望”的说法，那时唱哭嫁歌成了衡量女子德行的一个标准。所以，土家姑娘如果不会哭嫁，会被人耻笑。这一说法年代久远，相沿成俗，哭嫁歌就成为历代姑娘们集体创作的文学结晶。

据《后汉书·南蛮西南夷列传》及明代《思南府志》载，秦汉以后即有土家族人在此开垦耕耘、繁衍生息。古时，土家族的婚姻比较自由，只要男女双方愿意，并征得族中老人的准许，便可订婚、娶亲。随着封建礼教的发展，土家族的自由婚姻逐渐被包办婚姻所取代，讲求“父母之命，媒妁之言”“门当户对”等条件。

6. 婚姻习俗①

百型村婚姻习俗和靛房镇大多数村落相同，属于传统的土家族婚姻。土家族的婚姻形式在改土归流之前是比较自由的，未婚青年在跳摆手舞

① 龙山县坡脚乡志编委会：《坡脚乡志》（内部资料），2002年，第65页。

的时候自由选择对象,以唱歌、吹木叶表白爱情。只要男女相爱,经土老司作证后即可成亲,不受任何礼仪限制,也不要男方任何钱财。自清改土归流之后,实行封建包办婚姻,男婚女嫁全凭父母之命,媒妁之言。

同时,传统土家族婚俗中还有“坐床”“填房”的习俗。“坐床”一般是指兄(弟)亡弟(兄)娶嫂(弟媳)为妻,兄或弟不愿意时,兄或弟妻才能改嫁。“填房”则是指姐妹而言,男方丧妻之后,一般找女方家族同辈一女为妻。这种婚姻习俗现已成为“旧婚”,早已经随着新社会的建立而废弃。虽然“旧婚”陋习已经被抛弃,但传统婚姻习俗中一些合理程序还是相对完整地保留了下来。现在村中有年轻男女结婚,一般都要经过求亲、订婚、结婚、回门等程序。

(1) 求亲

分访亲和求亲两个步骤。父母在儿子十几岁时即开始请托媒人给儿子访亲,既要门当户对、年龄相当,又要聪明伶俐、品貌端庄。此时的媒人不是固定的,大多是亲戚朋友,称为“暗媒”,利用走亲戚或逢年过节的机会,打探待字闺中的姑娘,有合适的偷偷记下生辰八字,与男方的八字相对,称为“合八字”,八字相合,便正式请媒人向女方求亲。女方父母在得知男方求亲后,要了解男方的情况,提出比男方更高些的要求,给求亲增加一些难度。媒人求亲时,随身带一把雨伞,称“团圆伞”,象征圆满的结果。媒人一般要进行三次求亲:第一次将雨伞倒置门外,空手进屋见女方父母,表达求亲之意;第二次将雨伞倒置堂屋,主人把雨伞拿去再放置大门外,表示好感,媒人夸男方条件好;第三次既要带雨伞,又要带一块肉去,主人若将雨伞拿进房内,则表示同意这门婚事。至此,女方父母要用酒饭招待提亲人,双方商量“认亲”。

(2) 订婚

土家族人订婚,叫“认亲”,又叫“放爆竹”。“认亲”有大小之分。小“认亲”由媒人带男方及备办的酒肉礼物去女方家,放爆竹、拜祖先、拜岳父岳母并向女方长辈、亲属逐一请安,就算正式订婚了。同时,也是向外界宣布亲事已定,别人不要再打女方的主意。小“认亲”一般不留客,当天去当天回。大"认亲"由男方父母和媒人一起，带着男方和酒肉礼物等到女方家，放爆竹、拜祖先、拜岳父岳母并向女方长辈、亲属逐一送礼、请安，女方要办酒席宴请本家亲戚，即"订婚酒"。女方以敬茶为由向婆家父母请安，吃茶之人必须回赠茶礼。新亲家相会，必须留客住宿。次日早晨，女方仍要给男方父母敬茶、倒洗脸水，洗脸人也要回赠礼物。女家客散后，将男方送来的糍粑按亲族每户送两个，叫"耳朵粑粑"，意谓亲族都要承认这门亲事。大"认亲"后，女方要赠给男方一些鞋子、绣花手巾等礼物。男方盛酒的坛子则被留下，直到男女结婚生儿育女之后，将酒坛子装上食油，由娘家"望月"时送去男方家，意谓养女本是养的酒坛子，而今生男育女，酒坛子变成了油坛子。一般在大"认亲"两天后，男方要向女方拜年贺节。男方送猪腿、粑粑、糖果、酒等礼物，女方则做一两双布鞋或送些钱物作回礼，以巩固姻亲关系。

(3) 结婚

男女双方结婚时，要经过求婚、送日子、忙嫁、过礼、哭嫁、戴花酒、接亲、拜堂、闹新房、敬茶等诸多程序。

求婚。男方婚前向女方家拜年时，礼物中要有一只连着猪尾巴的猪腿，女方若同意该年结婚则收下，若不同意则将猪尾巴割下后退回男方，表示推迟婚期。男方拜年礼物中绝对不能送猪头，因为猪头是送给媒人的，如送猪头则意味着这门亲事是女方倒说媒，是对女方的侮辱。达成结婚协议后，娘家准备嫁妆，婆家准备衣服等，双方开始筹办喜事。

送日子。女方同意这年出嫁后，男方要定结婚吉日，并在取得女方家同意之后，请媒人带上酒肉和衣服等礼物到女方家"送日子"，正式决定婚期。若女方不同意，男方则另择日子。

忙嫁。婚期确定后，男方要做好接亲准备，而女方则要准备嫁妆。无论贫富，女儿出嫁时，都要准备一两床"西兰卡普"(土家织锦)被盖，其他嫁妆则根据经济条件量力而行。土家族女子在出嫁之年一般不从事田间劳动，全力忙嫁。

过礼。婚前三天，男方请人到女方家送礼，俗称"过礼"。同时，还需问清楚，迎亲那天要多少人，几乘轿子（现在是车子），还有其他未尽事宜。等女方完全答复后，就准备迎亲。

哭嫁。土家族女子出嫁时，有哭嫁风俗，用土家语来哭诉离别之情，并且同村的女子也要来进行哭嫁，表示惜别之情。哭嫁大多在婚前的一月或半月之内，准新娘每晚都要哭嫁，出嫁前要连哭三至七个夜晚，新娘哭嫁时，邀约要好的姐妹一起陪哭、对哭。姑娘们边帮忙做针线活边哭，唱哭间杂，哭声悠扬婉转，极富乐感，流露出土家族姑娘的天真率性。其内容有哭爹娘、哭哥嫂、哭姊妹、哭媒人等。

戴花酒。结婚头天，为女方“戴花”日，亲朋好友来庆贺，吃“戴花酒”，给新娘戴花。戴花前，请贤惠有子女的妇女给新娘“开脸”（类似梳头、修眉、化妆、配饰），然后开始戴花仪式。仪式中长辈亲戚挨个给新娘戴花，新娘哭谢。

接亲。戴花酒这天下午，男方派花轿（车队）和乐队组成接亲队伍，由“头嘎”“二嘎”“摸米”带队到女家接亲。队伍中分工明确，一般由“头嘎”（媒人）引导，“二嘎”负责“三茶六礼”，“摸米”（新郎替身）搬新房的蚊帐和睡垫。到女方家门口时，女方需设置桌子，摆上酒，收取拦门礼，男方接亲人员隔着门与女方拦门者唱和问答，女方输了无条件开门，男方输了则要献上“三茶六礼”，请求开门。“摸米”代新郎向女方主人叩头，对女方祖先神龛三叩头。傍晚，陪嫁姑娘手沾锅底灰，去寻找“摸米”，事实上并不是仅仅寻找“摸米”，而是对迎亲队伍中的喜欢的男子抹锅底灰。女方抹黑，男方逃遁，青年男女闹成一团，热闹非常。第二天凌晨天蒙蒙亮时，新娘从闺房内哭嫁出门，经过土老司咬鸡冠血退轿煞，祭轿神，新娘登三次轿杆，女家向堂屋内扫三下等一系列礼仪，送亲客陪同新娘上花轿去男方家。花轿抬到男方家后要摆在院坝里，随花轿来的木匠师傅进新房内安床，索取谢礼。安床完毕后，请一个夫妻双全、家庭和睦、有子有女的妇女抱个孩子在床上滚几次，叫“放引窝蛋”。一切就绪后，准备在堂屋中拜堂。

拜堂。拜堂前还要经过一系列程序，如土老司退轿煞、点七星灯、跨七星灯、向男方祖先神龛作揖等。然后，由一位中年妇女引新娘，一位男士引新郎，男左女右准备行拜堂礼。新人依次拜天地，拜祖宗，拜父母，最后向四周拜一礼。礼毕后，新郎抢先入洞房，待新娘进门，新郎用双手揭去新娘头上的“蒙帕”，又抢新娘头上的插花，表示爱新娘如爱花。新娘则摘去胸前护身镜，表示一生清洁如镜。新郎随后出房，送亲娘子进房帮助新娘换装，随后新郎新娘在酒席上向亲友敬酒。

闹新房。新婚当晚，村寨中的青年男女闹新房，前后可闹三天，有“三天不分大小”之说。闹新房是青年男女一件有趣的活动，开新郎新娘玩笑，索要礼物，直到新娘将准备好的礼物给大家送完为止。闹新房后，引一男童揭开马桶盖上的红纸，抓出里面的糖果，然后在里面撒一泡“童子尿”，土家族人认为“童子尿”是最纯洁之物，可以引出一个吉祥的结果来。

敬茶。婚后第二天早晨，新郎新娘要给各长辈敬茶，茶盘里放一些吃食和布鞋，为长辈敬茶、送鞋，长辈则回赠茶礼、鞋礼。

（4）回门

新婚三朝，新郎新娘要回娘家省亲，俗称“三朝回门”。回门要带猪腿、糖果、酒、面食等礼物孝敬父母，不论远近，一般要当天去当天回。返回时，女方父母要给新婚夫妇红包。“回门”时新娘走前面，新郎走后面；返家时相反，新郎走在前面，新娘走在后面，并且不能回头张望。

随着社会生产生活发生了巨大变化，传统婚礼习俗也发生了较大改变，很多习俗经过简化现只保留象征性形式。以前多是村寨内或村寨间的联姻，现在土家族与其他民族，百型村人与外地人进行的婚嫁越来越多。即使在村寨内，这种传统婚俗也越来越少见，一套完整的结婚礼仪几乎已无法看到，现今更多的是作为一种文化符号，有时候甚至只用于非遗文化的表演。

7. 丧葬习俗[①]

土家族的丧葬，在改土归流前有火葬习俗，改土归流后均为土葬。丧葬仪式在改土归流之前由土老司主持，改土归流后，道士取代了土老司主

---

① 访谈对象：彭武庚，土家族，79岁，挖土锣鼓省级传承人，住靛房镇易地搬迁集中安置地牛栏坡；访谈时间：2020年8月3日；访谈地点：访谈对象家中；访谈资料整理：李超、黄建胜。

持仪式。丧事有五个程序:入殓、葬礼、送葬、安葬、服孝。

(1) 入殓

入殓前要给死者梳洗,穿寿衣寿鞋,并按死者享年数用白线缠在腰上,将死者放置在六尺长的白布上,四个人轻轻将死者提上门板,称为"下柳床"。同时,将死者的铺盖在十字路口烧掉,并分别烧三斤和六两纸钱,将灰烬分开包好放入棺材内,作为亡人费用和黑白无常的差费。灵堂设在本家堂屋,头朝神龛,用皮纸遮住神龛以防污染祖先神位。灵堂大门上贴"当大事"三个大字。

(2) 葬礼

举行葬礼的吉日一般由孝家自行选择,也可由道士推算吉日。从死者去世到下葬之日的这段时间称为"主葬日",孝男孝女披麻戴孝,为死者守孝。道士做法事的天数不定,但一定是单数,一般根据孝家经济状况来,最少一天,最多九天。灵堂供着死者灵牌,写灵牌的纸有一定规矩,不能随便乱用,以60岁为限,死者不到60岁的,用白纸书写;60岁及以上的,用红纸书写,称为"喜丧"。下葬前一天称为"大葬日",要举行葬礼,葬礼期间死者的后辈都要戴孝,持哭丧棒,配合道士完成相关仪式。"大葬"那天,亲戚前来祭奠,烧香作揖,死者的孝子陪跪还礼。"大葬"之日,亲友要来吃"烧香酒",晚上还要做一夜法事,要唱哀歌,哀歌内容丰富,如《十月怀胎》《十殿阎王》等唱词,听者众多。

(3) 送葬

"大葬日"举行葬礼,道士做完法事的第二天清晨,天不亮即出殡,必须在日出之前完成安葬。送葬时,一人在前撒纸钱,谓之"买路钱",长子抱灵牌,在前引路,遇到沟沟坎坎下跪告知亡人,其他孝男孝女一起下跪。死者为大,凡灵柩经过的地方遇到农作物或障碍物,可踩踏或拆除,主人不会干涉。

(4) 安葬

安葬死者的墓地一般会请风水先生(多为道士)在死者生前就已选定,多是自家山头向阳之处。挖井时,孝子先挖三下,喊三声死者,然后其他人挖好。井内要烧稻草麦秆一类进行“热井”，然后道士撒朱砂、鸡血，放鞭炮，落棺，棺上撒雄黄、喷酒，孝子先盖三锄土，然后由帮忙人堆坟。随后，孝子将哭丧棒都放在坟前，长子的插在坟头。安葬完毕，孝子回家的路上要为死者喊魂，到家后将灵牌放置屋内，随后烧掉。

（5）服孝

安葬完死者后的三天，要在死者坟前连烧三夜火，称“送火”。满三朝那天需准备酒肉到坟前祭祀，到坟上收魂装进纸筒，并将纸筒放在堂屋神龛里供奉，表示死者上了祖先神位。此后三天、六天、九天都要祭祀一次。死者在七月之前死亡，七月初一要“接亡”；七月之后死亡，则腊月初一“接亡”。孝子三个月不能剃发，要戴三年白头巾，孝子的服孝期满，整个丧事才算正式完成。

据彭武庚老人讲，他早年跟随老道士学习唱经，学了13年，42岁学会道士的经文，开始独立完成做法事的工作。当地一般是每天吃两餐，但做法事期间，早上、中午、晚上都要吃饭。晚上8—10点，每隔一个小时要唱一次经文，11点休息。现在移风易俗，这些丧葬习俗已经多年没有按照祖上传下来的规矩办了，他自己也很多年没有做过法事，也没看过别人做。很多地方的法事也已被简化或者已经不是按照原有的形式做了。

百型村土家族锣鼓展演（殷沙漫　摄）

8. 舍巴节

舍巴节是土家族传统节日中最为隆重的一个综合性

节日。舍巴节一般在每年正月举行,也有地方不在正月举行,而是三月或五月举行。舍巴节时间长短自由,一般要三天,也有长达半月之久的。[①] 舍巴节是湘西州土家族最隆重的传统祭祀节日,有着严格的祭祀仪式、独特的祭祀方式和丰富的表达内涵。土家族地区常见的毛古斯、摆手舞、梯玛歌、打溜子、咚咚喹等非物质文化遗产项目一般都会在舍巴节上展示,其中除了祭祀仪式,也有反映土家族男女爱情、婚姻习俗的内容。舍巴节既是土家族的隆重节日,亦是土家族文化荟萃的节日。

百型村及周边村落的舍巴节一般是在农历五月大端午(五月十五)前后举行。作为一种祭祀活动,舍巴节最突出的特点就是在祭祀仪式中,村中男女老少都会跳起摆手舞。

三、自然资源

百型村处于喀斯特地貌和砂岩地貌混合地带,属于高寒山区,境内没有河流小溪,仅有无数小沟,在有水源的地方形成村落,便于居民取水。因四周环山,山泉水水源丰富,这里适合人类居住。严氏、彭氏祖先正是看中了这里的风水,围着小山包建设村落,繁衍至今。这里奇山秀水,人杰地灵,有许多传奇而动听的故事。这里的高山有望云山、崚嶂山,溶洞更是遍

百年银杏树(黄建胜 摄)

① 对舍巴节的访谈只得到一个大致说法,文中信息来自湘西州博物馆展厅介绍。

布山野，洞外青山连绵，洞内钟乳石横生，怪石嶙峋，石笋、石花、石林、石塔随处可见，其景其观不亚于名山名景。这里的洞穴，有的叫观音洞，有的叫渴拉洞，有的叫山羊洞，还有的叫神仙洞、麻羊洞，等等。她们是深藏茫茫大山的闺秀，未曾有人知晓，有待人们去发现，去开发，去观赏。[①]

靛房镇属亚热带季风气候，其特点是四季分明、雨量充沛，多年平均气温16.8℃，森林覆盖率达到80%以上，是个天然氧吧。镇内有细叶楠木、红豆杉等各类名贵植物，森林、页岩气等资源非常丰富。百型村近山有许多古树，如银杏、楠木、岩砂子、玄楠树、黄连木等名贵树种。其中，村落内有两棵银杏，高耸入云，古根虬曲，一棵树龄320年，另一棵260年，是百型村的镇村之宝。

四、村规民约

百型村村规民约（版本一）

为进一步推动我村新农村建设，在广泛征求群众意见基础上，经党员和村民代表大会通过，特定如下村规民约：

一、热爱祖国、热爱党、热爱家乡，自觉遵守国家的法律法规及各种条例。

二、爱护公共财物，严禁在荒山周围焚烧秸秆、草木。发现在荒山周围放火者，给予处罚，造成严重后果者将依法处理。不得损坏村内及道路两旁树木，不得损坏公共设施，损坏者要照价赔偿。

三、讲究卫生，保持环境整洁，不得乱堆乱放、乱倒乱扔、乱写乱画、乱搭乱建。

四、讲文明、讲道德、促和谐。要尊老爱幼、赡养老人、家庭和睦、邻里团结、互帮互爱。

五、维护村社区治安，不得破坏和盗窃电力、通信、广播、水利、道路、气化等公共设施；不得聚众赌博和吸毒；不得打架斗殴、酗酒滋

① 资料来源：靛房镇政府提供的《靛房镇简志》。

事。望大家互相监督。

六、维护百型村稳定,自觉遵守《信访条例》,如有诉求先向村委会反映。

七、倡导村社区新风尚,不得搞封建迷信活动。提倡节约办事,反对铺张浪费。婚丧、嫁娶应从俭,不得大操大办。

八、严格执行村内规划,合理利用土地,不得违法超占。宅基地、空闲地一律属集体所有。猪圈、厕所属临时占地。居民建房要向村委会提交建房申请书,报批后方可建房。

九、创优发展环境,积极建言献策,坚持自主创业,促进经济发展。

十、自觉执行村委会的一切决议,认真履行村民应尽的义务,积极兑现合同,及时清偿集体往来款。

十一、本条约自即日起实施,望广大村民自觉遵守。

龙山县靛房镇百型村

2018年11月19日

百型村村规民约(版本二)

百型村 四龙绕 锅子山 梯田围 建设好 古村落 本条约 要牢记

村建设 按规划 未批准 莫动工 古街巷 证历史 古银杏 镇村寨

古水井 是资源 古石阶 需保护 古建筑 是根本 要爱惜 长维护

改旧貌 集智慧 立新风 树正气 讲卫生 人有责 倒垃圾 不随意

讲文明 行礼仪 宽待人 严律己 保历史 展山水 振乡村 都受益

(本章由黄建胜撰写)

第二章　万龙村

万龙村隶属龙山县靛房镇，是原坡脚乡政府所在地，距靛房镇政府11公里，距龙山县城107公里，村域总面积9平方公里，由多泥坪、亚木湾、昂超、太比、岩板上、苦及6个古村寨组成，有龙（山）坡（脚）公路从北至南穿过。万龙村历史悠久，土家语保留较完整，村内约90%的村民能使用土家语进行日常交流。勤劳朴实的土家族人在辛勤劳作中逐渐形成了具有民族特色的生产生活方式。村内人文历史遗迹众多，民族风情浓郁，有土家族摆手舞、咚咚喹、打溜子、毛古斯、花灯等非物质文化遗产。2013年8月，万龙村被列入第二批中国传统村落名录。

一、村落概况[①]

（一）地理生态环境

万龙村村貌（黄建胜　摄）

万龙村隶属湖南省龙山县靛房镇，位于该镇南部，是原坡脚乡政府所在地，距靛房镇政府11公里、县城107公里。万龙村总面积9平方公里，有耕地1735亩（水田714亩、旱地1021亩）。龙（山）坡（脚）公路从北到南将全村分成东西两片，由多泥坪、亚木湾、昂超、太比、岩板上、苦及6个古村寨组成，各寨隔田相望。村内修建了宽100米、长3000米的拦河大坝和长约4000米的灌溉渠道，构成了“一坝养六寨，六寨归一”的总格局。

古村处于三山环抱之中，村里的两个大组均选址于一面靠山、三面平坦的山间田野之上，背靠来龙青山，面枕村前玉带溪。民居建筑坐北朝南，又相互以对方靠山作为朝案之丘，好一片田园风光。

① 数据来源：万龙村村委会提供。

（二）村落历史①

万龙村历史悠久，村民依山而居。勤劳朴实的土家族人在辛勤劳作中逐渐形成了具有土家族特色的生产生活方式。村内人文历史遗迹众多，有近代抗日名将的四合院故居，历史久远的古民居、吊脚楼、水碾、榨油坊等特色古建筑，现都保存完好。村内民风淳朴，少数民族风情浓郁，有土家族摆手舞、咚咚喹、打溜子、毛古斯、花灯等非物质文化遗产。原生态的土家族非物质文化遗产项目丰富多彩，特别是打溜子、咚咚喹等表演已走出了国门。

万龙村，民国时期属坡脚乡。1949年，人民解放军进驻大湘西，湘西人民得解放。1950年，坡脚成立了4个乡人民政府：客寨乡、阿木乡、苏竹乡、报格乡。1958年，撤乡建社，成立了坡脚人民公社，原隶属于客寨乡的多泥坪自然村寨和阿木乡的阿木湾（现在多写为亚木湾）自然村寨联合成立了“万隆大队”。1984年，撤社建乡，成立了“万隆大队”。当时，村子里的多泥坪向氏和亚木湾田氏由于历史原因，磨合了30多年都不和睦，一位有学识的驻村干部为了两个自然村寨能够团结和睦，借用“万众一心一条龙，众人不和是条虫”的道理，建议将“万隆大队”改为“万龙村”。这位驻村干部的提议在群众大会上提出后，得到了干部和群众的一致拥护。从此，“万龙村”这个村名一直沿用到今天，改村名也使两个自然村的村民相处得更加团结亲密。2005年坡脚乡、靛房镇合并设立靛房镇，万龙村隶属靛房镇。在新时代，“万众一心一条龙”的精神，更是鼓舞着广大村民脱贫致富奔小康，将社会主义新农村建设得日新月异。

关于万龙村多泥坪地名的来历，还有这样一个传说：很久以前，多泥坪还没有人居住，有一天，这里来了伙赶龙先生（类似风水先生），手里拿着“龙鞭”和罗盘。从保靖的普戎翻过莫及坳，他们一路上凭借手里的行头，从东

① 资料来源：万龙村村委会2015年4月《第二次全国地名普查居民点（自然村）登记表》。

方、从北方、从南方赶着多支“龙脉”，不知不觉走到现在多泥坪一带的湾里，手头的多支“龙脉”忽然不见了。他们东寻西找，还是没有找到“龙脉”的去向，就认为这些“龙”都躲了起来，于是把这个地方叫作“躲龙坪”。不久，他们从辰州莲花池将向姓的一大帮男男女女带到“躲龙坪”（多龙坪）。不知经历了多少代，这里发展成现在的拥有五六百人的村寨，随着时代和人口不断发展，“躲龙坪”慢慢地演变成“多泥坪”这个地名，一直沿用至今。关于“多龙坪”为何演变成了“多泥坪”，万龙村村民向卫华说：是因为“龙脉”走到此处后断掉了形成一片泥潭，后人称之为“多泥坪”。

（三）村落人口

万龙村是土家族村落，村民除少数苗、汉等民族外，均为土家族。全村辖4个村民小组，6个自然寨，450余户，1300余人。村落主体由多泥坪、亚木湾两部分组成，因其最初便是以多泥坪田姓和亚木湾向姓两大姓氏发展而来的村落。目前村内主要姓氏为田、彭、向，次为刘、谢等，其他姓氏都是由别的地方嫁过来的人。村民根据族谱及老人传说，都认为村中田、彭、向等几大姓氏的祖先皆来自江西。

万龙村是土家族语存留区，语言和习俗保存完整，也是一个土家族原生态文化核心区。一是语言传承完整，村民之间常用土家族语交流。二是习俗保存完好，主要是饮食习俗、节庆习俗、歌舞习俗、婚嫁习俗等都原汁原味。三是文化旅游资源丰富，还涌现了不少知名人物，如抗日将领向凤武、溜子大王田隆信。

（四）物产与特色产业

万龙村主要以种植、养殖为主，粮食作物主要有水稻、玉米，其他经济作物有油菜等，养殖畜牧主要有鸡鸭、山羊、狗、猪、黄牛等。增收经济作物主要是烤烟，种植面积逐年增长，全村种植烤烟达千亩之多。目前村里以中老年人为主，青壮年基本在外务工，务工收入为村民最大的收入来源。

万龙村于2017年引进羊肚菌作为一种新式的特色种植品种。万龙村村民向飞作为村里羊肚菌种植的第一人，先用10亩地开始小规模试种，然后带动全村种植，种植面积逐年扩大，目前已经超过300亩。羊肚菌亩产达200斤，每年为种植户人均创收3.5万元。此外，村里种植烟草约300亩、油茶约400亩、迷迭香约300亩，有效提高了村民收入。

（五）经济社会发展现状

1. 教育

万龙村原属坡脚乡，位于坡脚乡政府驻地，坡脚乡合并到靛房镇后，原坡脚乡小学并未撤掉，而是保留了下来，这为附近适龄儿童上学提供了便利。村内大多数儿童都在坡脚小学上学，初中到靛房镇上学。高中则根据考试成绩选择县城里不同的中学升学。目前，由于很多孩子都随父母进城务工，入读了父母务工所在城市的相应学校，村内小学生源逐年减少。

2. 医疗

随着国家医疗卫生投入逐年加大，农村基本已经落实了基本医疗保险、大病保险、医疗救助等多重保障措施。万龙村村委会设置了医务室，配备了简易的医疗设施，有两名医生和护理人员不定期坐诊。小病到村里医务室诊断拿药，解决了部分村民看病难的问题。

3. 经济

万龙村属于深度贫困村，外出务工目前还是大多数村民主要的经济来源。全村共有建档立卡户111户437人，2015年，万龙村帮扶单位龙山县市监局先后派出31名帮扶干部，通过4年多的努力，帮助建档立卡户全部脱贫，完成了精准扶贫、脱贫攻坚的任务。

4. 公共服务

近年，全镇所有行政村都新建了村部，村部里有办公室、党员活动室、会议室、图书室和村计划生育学校(兼做“农民夜校”)。村民们一般在村部里开会讨论村务,也可以到村部借阅图书,在村部组织开展党员、村干的各项活动,还可以召开有一定规模的群众性的大会。村部已成为一室多用的群众性活动中心,更是社会主义精神文明建设的窗口。

2006年11月,靛房镇建成敬老院,第一批43名五保老人入住敬老院。敬老院实行集中供养,安排专人管护,并定期为入住的五保老人免费检查身体,发现疾病及时治疗。同时,对因多种因素还不想入住敬老院的老人实行分散供养,纳入农村居民最低生活保障对象,实行全额低保。

现在,村村都通了公路,村内修通了硬化的水泥路便道,已经从根本上解决了村民交通运输困难的问题。万龙村每天都有多趟去往靛房镇和县城的客运班车,十分方便。此外,村里还安装了自来水管网和通信网络,修建了引水灌溉系统,改善了村民的生产生活条件。

万龙村所在的坡脚片区设有集贸市场一个,该市场主要交易土特产及各类服装、日用品、化工商品、家用电器等商品,当地不少农民也从事商业或半农半商。①

二、文化遗产

(一)物质文化遗产

1. 传统建筑物②

村里的建筑体现出土汉民居相融合的建筑风格,由高大的马头封火墙构成封闭的院落,以灰色勾缝清水墙、白色线条、小青瓦、雕花木窗为特征,与古村风貌相协调。全村保存有180栋传统民居建筑,其中,还有人居住的有140栋,四合院建筑4栋,吊脚楼21栋。建筑以木结构建筑为主,分正屋、厢房、吊脚楼、封火墙等。

---

① 资料来源:靛房镇政府提供的《靛房镇简志》。

② 资料来源:靛房镇政府提供的2015年《中国传统村落档案(未定稿)》。

万龙村民居（黄建胜　摄）

万龙村多泥坪原有向家祠堂，曾先后作为摆手堂、第二中心国民学校，后被拆除，又被改建为村里的粮食加工厂。现因年久失修而倒塌，仅存遗址。曾有田家祠堂，解放后被借用为学校校舍，20世纪80年代，田家祠堂被拆除，修建了坡脚小学教室和宿舍。

传统民居保留下来的主要有向家大院、田家大院等。万龙村在多泥坪和亚木湾各有一处油坊遗址。多泥坪的油坊，在实行家庭联产承包责任制后分配给了油匠的儿子经营，不久被其改建为住房。亚木湾的油坊因年久失修，现在只能在油坊遗址处看到石碾盘和石碾槽。

村内有8座水碾坊，解放前有3座，解放后又修了5座，分布在昂朝桥旁(2座)、多泥坪(3座)、万龙水库(3座)。随着水碾坊退出历史舞台，8座水碾坊相继倒塌，目前还有水碾坊遗址6处和石磨、碾盘、碾槽等残缺遗存。

村内有井泉9处(多泥坪4处、亚木湾5处)。其中有一井名叫“弯里井”，井边有4个墓碑，大年三十村民要来井边求福水，保证新的一年泉水稳定流动。

在离多泥坪1公里处，有一个叫“磋澡”的地方，那里有一片形似公墓陵园的墓地，墓地里有一座悬棺古墓。据说，这座古墓是明末清初时的悬棺墓，墓主人是万龙村村民向积茂之父向凤秣的祖先。

此外，村内还有古塘4口；有石拱桥一座，位于昂超寨；有石板路12处。

2. 传统建筑文化

万龙村是先民躲避战乱，迁徙聚居于此而逐步形成的土家族聚居村落，村落的建筑是典型的防战患山寨民居建筑，外观如同普通山寨。村落内封

万龙村民居(黄建胜　摄)

火墙高耸,内部空间相互重叠,户户相通,有专门通道可容纳全村人自由流动;四周城墙设观兵防患亭台、枪炮孔眼等,十分科学。万龙村的土家族民居在选址规划、组合布局、营造工艺、外观形制、细部装饰、称谓等方面都有自己独特的风貌风格,体现了土家人的命理思想、审美范式、工艺特性和民俗民风,把“道法自然”和自然为我用的思想发挥到了极致。

万龙村传统民居多为木房,一般由正屋、偏屋、木楼、朝门4部分组成。由于家庭经济情况不同,一般人家只有正屋,经济条件较好的人家有正屋、偏屋和转角楼,富有人家加修朝门。豪门大户,则修四合院,砌封火墙,修冲天楼和晒衣台。正屋规模有三柱四棋、三柱五棋或五柱八棋以至七柱十二棋之分,多为四排三间,也有六排五间的。万龙村内,向家大院、田家大院即为豪门大户建筑的代表。万龙村向家大院、田家大院吸收了清代、民国以及中华人民共和国成立后3个不同时期的建筑技术、建设工艺,建筑艺术在传统与发展中不断升华。土家的传统建筑在居住方式、建筑形式特征、经济生活、“耕读传家”观念等方面,吸收了大量汉文化元素,如向家大院堂屋门匾上写有“恒古墨场,吉喜满堂”,田家大院朝门两侧则写有“勤学苦练学真知,勤俭持家过年月”。

以万龙村的向家大院为例,其艺术性主要体现在细节上。向家大院的细部装饰以雕刻、彩绘和结构布局为主。土家雕刻包括石雕和木雕,其技法主要有浮雕和镂空雕两种;土家彩绘以红、黄、绿、青、黑颜色为主。雕刻和彩绘的内容,大多以历史典故、生活情节、梅兰竹菊、花鸟虫鱼、琴棋书画为题材。细部装饰的主要对象为墙、窗、门、梁、柱、旗、天花板、屋脊、朝门等部位。这些雕刻、彩绘和结构布局使向家古宅院造型优美、色彩绚丽、结构精巧，古宅院的艺术价值得到充分体现。

万龙村被列入中国传统村落名录之后，村民正在着手对向家大院、田家大院、向德坪宅、向培华宅等4处重点传统建筑进行维修，包括日常保养、防护加固，对其残缺损坏的部分进行修补，对整体进行维护保养。保护原则是修旧如故，只修不建。

（二）非物质文化遗产

1. 万龙村非遗概况[①]

靛房镇被誉为“土家语标准音之乡”“全国民间文化艺术之乡”“湖南省群众文化艺术之乡”“全国民间文化艺术之乡”“中国咚咚喹之乡”和“中国溜子之乡”，是全国土家语保存最完好的乡镇，毛古斯、打溜子、木叶、摆手舞等土家非遗文化应有尽有，被称为“中国土家文化的原始森林”。万龙村所创造、保留、传承的土家族文化以其独特的魅力焕发出耀眼的光芒，为靛房镇众多光环、名片落地提供重要的力量支撑。

万龙村村民剪纸艺术作品（黄建胜　摄）

以前的万龙村，因为地理位置偏僻，信息、交通比较闭塞，经济、文化建设发展滞后，脱贫致富的速度缓慢。然而，也正是因为地理位置偏远，当地的土家族文化被极其完整地“保护”下来。这里的土家族文化原汁原味，是少数的土家族语言和土家族民间非物质文化遗产保存最完整的地方之一。

① 资料来源：靛房镇政府提供的《靛房镇简志》。

万龙村是土家族聚居的村落，非物质文化丰富多彩。土家族人民勤劳朴实，在辛勤劳作中逐渐形成了具有土家族特色的生产生活方式，培养出许多民间艺人，例如木匠、织锦、手工剪纸艺人等。全村90％左右的村民都能说土家语，人人能跳摆手舞，女人个个能吹咚咚喹，土家族文化底蕴深厚，村里还有专门的民族文化活动，如打溜子等。国家级土家族打溜子代表性传承人田隆信，曾把土家族溜子和咚咚喹表演带到长沙、北京，还到巴黎、俄罗斯做过巡演。小摆手，也是万龙村的专长，经常在县里演出。这些民族文化表演艺术家就生长在万龙村，他们将土家族文化带出村子，推向更多更广阔的舞台，使万龙村处处呈现出“红灯万盏人千叠，一片缠绵摆手歌”的文化盛况。

靛房镇的土家族文化积淀丰厚，因此，从事民族文化研究的人和从事民族艺术创作的人都很多。靛房镇有非物质文化遗产国家级传承人3人、省级传承人4人、州级传承人6人、县级传承人13人。专门从事土家语研究和土家语教学的人也集聚在这里：土家语研究权威专家田德森、湘西自治州土家民族语言与文化研究著名专家田荆贵、州级土家语传承人姚元森、州级土家语传承人彭英子、州级土家语山歌传承人田禹顺，还有从事土家语研究和教学的民间学者向卫华，都是靛房镇人。其中，国家级非物质文化遗产项目咚咚喹代表性传承人田隆信、土家语研究权威专家田德森、农民学者向卫华等，都是万龙村人。他们通过自己的方式向人们传播土家族优秀的传统文化。

2. 主要非遗项目介绍

(1) 土家族梯玛歌

2006年，土家族梯玛歌被确定为湖南省第一批非物质文化遗产名录项目；2008年，被确定为第二批国家级非物质文化遗产名录项目。梯玛歌表演主要分布在湘西酉水流域的龙山、永顺、保靖、古丈四县土家族聚居区，龙山县

靛房镇文化广场梯玛歌展演(黄建胜　摄)

非物质文化遗产保护中心为该项目的保护主体。土家族梯玛歌历史悠久，内涵丰富，特色浓郁，对土家族人文社会影响深远。《梯玛歌》是梯玛活动中一种用土家语演唱的古歌。

“梯玛”是土家语音译，既指土家族一种原始宗教仪式，又是巫师的土家语称呼，即“敬神的人”，汉语方言称之为“土老司”，也有的叫“端公”。土家族人认为，梯玛是人神合一的统一体，他既是神的代言人，向人传达神的旨意，又是人的代言人，能够“面神”表达人的祈求，消除人的灾难病痛。因此，梯玛在土家族人的心目中有着十分重要的地位。梯玛通过法事活动，代人们许愿、还愿。

梯玛歌是土老司跳神时边舞蹈边念唱的咒语神歌，跳神舞蹈叫铜铃舞，全名《八宝铜铃舞》，铜铃舞的音乐唱词后经整理为《梯玛神歌》。《梯玛神歌》格局宏大，篇幅浩繁，是一种吟唱式的长篇史诗，对土家族的历史、民族的迁徙、天文地理、信仰禁忌、宗教哲学、生产劳作、生活习俗等，都做了宝贵的记述。它以土家族民间祭祀仪式为载体，世代口口相传。它集诗、歌、乐、舞为一体，表现出土家族广泛的历史内容和社会生活内容。但是，由于土家族有语言无文字，无论梯玛代人求神还是代神传言，都只能用语言表达而不能用文字陈述。因此，梯玛歌一直以土家语为媒介，在世代土家人中口口相传。[①]

(2) 土家族哭嫁歌

土家族人能歌善舞，土家族哭嫁歌，就是土家族非物质文化遗产中的一朵奇葩。万龙村的土家人把哭嫁歌唱得原汁原味。哭嫁歌作为当地婚姻习俗的程序之一，一般是土家女子出嫁前十天至半月内进行的一项民俗活动。哭嫁时，新娘会邀请村里要好的

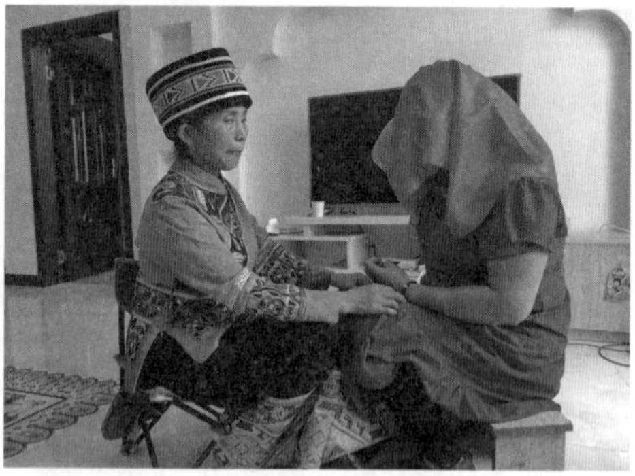

万龙村村民哭嫁(黄建胜　摄)

① 龙山县靛房乡志编委会:《靛房乡志》(内部资料)，2004年，第110~114页。

姑娘一起陪哭，姑娘们边帮忙做针线活边哭，唱哭间杂，哭声悠扬婉转，极富乐感，流露出土家族姑娘的天真率性。其内容有哭爹娘，哭哥嫂，哭姊妹，哭媒人等。

调研人员抵达靛房镇的时候，龙山县特意在靛房镇文化广场安排了一场土家族文化展演，节目包括土家族迎客山歌、打溜子、咚咚喹、毛古斯、梯玛、木叶歌、哭嫁歌、小摆手等。其中，田玉花女士和田宗玉女士精彩的哭嫁表演尤为突出。田玉花(61岁)是联星村人，县级哭嫁歌非遗传承人；田宗玉(56岁)是万龙村人，从十一二岁开始学习土家哭嫁歌，正在准备申报县级哭嫁歌非遗传承人。据她们介绍，她们表演的唱段是哭嫁歌中的母女对唱，大致意思是母亲表达对女儿出嫁的不舍和叮嘱，女儿表达对母亲的感恩和离别之情。

哭嫁歌在现代结婚程序中逐渐消失，但是，随着人们对非物质文化遗产保护意识提高，越来越多的人有意识地将其传承。万龙村就有许多哭嫁歌传承人，多是祖母传给孙女，外祖母传给外孙女，母亲传给女儿。

(3) 土家族打溜子①

打溜子，土家族人统称“家伙哈”，有的地方又叫“打挤钹”“打五子家伙”，是龙山土家族地区流传最广、土家族人民非常喜爱的一种民族传统打击乐，2006年被列入国家非物质文化遗产代表名录。溜子所用乐器为铜制锣、钹，锣外形如盘，锣面平坦无脐，锣壁较厚，锣身不镟光留有锤锻痕迹。锣钹大小不等，常用的锣面一般约33厘米，锣边宽约3.5厘米，锣边一侧钻孔系绳。锣槌由木棒制成，长约20厘米，头大尾小，质厚坚实，发音洪亮，槌头不包绸布。钹由两个圆铜片构成，铜片中心鼓起成半球形，正中有孔，可以穿绸条等用以持握，两片相击作声。铜钹配合能将各类乐器融于一体，并充分发挥每件乐器的演奏效果。艺人们多为民间艺人，是非职业性乐手，平时分散在各村庄从事农业生产，随时由班主召集去参加喜庆丰收、节日活动及民间婚丧等仪式的演奏活动。

---

① 龙山县民族民间音乐集成办公室:《中国民族民间器乐曲集·湖南卷》(内部资料)，1992年，第8页。

全套溜子由小锣(俗称马锣,土家人称“绞子闭”)、头钹、二钹、填锣4件铜击乐器组成。马锣领衔,控制全曲节奏,属击乐高音部分,起乐队指挥作用;头钹击奏强拍、强音;二钹击奏弱拍、弱音;两副钹交错敲击;填锣多用于填句和定段扫尾,俗有溜子骨架之称。有些曲牌还加唢呐、小边鼓伴奏。一般多由三至四人合奏演出,故有“三人溜子”“四人溜子”之分。有的地方将唢呐与打溜子混合演奏,将吹打结合,起相互烘托、渲染气氛的作用。相应地,增加演奏者至五人,称“五人溜子”。土家族溜子的演奏方法与发音效果,与其他兄弟民族的打击乐截然不同:小锣用于反面敲击,富于弹性,多压节奏,不留余音;头、二钹有“闷击”“亮击”“侧击”(俗称“闷钹”“亮钹”“侧钹”)之分,闷钹音质清脆,亮钹发音铿锵,侧钹模仿特殊效果,两副钹交错敲击,配合默契,可打出强弱有别,色彩各异的丰富音响。

打溜子这一土家族独具风格的打击乐,源远流长。从现今月食时,土家族人所保留的敲盆击鼓,驱逐所谓“吞月”之“天狗”的古俗来看,打溜子可能源于原始渔猎时代。当人们猎获了动物,为庆祝,大家敲起渔猎的工具和锅、碗、盆、罐、瓢、钵等“家伙”,至今,土家族还称打溜子为“打家伙”。进入铁器时代后,换成了铜铁“家伙”。锣、钹这些乐器的使用,显然更晚。从打的曲牌全无曲谱,只是用模拟自然的方式来体现人们对生活的感受,可看出其原始古朴性。

曲牌是溜子的主要内容,溜子曲牌由引子、头子、溜子、尾子4部分构成。引子起引导作用,头子是曲牌的主体,溜子是由桥子构成,形式较为固定。尾子是乐曲的终止,因曲牌不同尾子也不一样。土家溜子的传统曲牌非常丰富,历来大都以艺人口头流传,无文字记载,据传有两百多套,目前已经搜集的有一百多套,可分为绘声、绘形、绘意三大类。绘声主要描绘飞禽走兽的声响;绘形主要描绘飞禽走兽的神态;绘意主要揭示、渲染特定主体的意境和情绪,给人以安适吉祥的美感。较为流行的传统曲牌有《大梅条》《小梅条》《大梅花《小梅花》《一落梅》《二落梅》《三落梅》《小落梅》《喜鹊闹梅》《八哥洗澡》《鹦哥洗澡》《锦鸡拖尾》《燕摆尾》《野鸡拍翅》《单燕拍翅》《凤点头》《画眉跳杆》《半尾料子》《鸭咋口》《鸭子下田》《鸡婆抱蛋》《蚂蚁上树》《狗吠》《马过桥》《大牛擦痒》《小牛擦痒》《猛虎下山》《野鹿衔花》《鲤鱼赛花》《鲤鱼炎滩》《双龙出洞》《顽龙缠腰》《老龙困潭》《龙摆尾》《大纺车》《小纺车》《大弹棉花》《小弹棉花》《大一字清》《小一字清》《尖布里》《羽令牌》《闹年关》《四季发财》《观音坐莲》《单击头》《双起头》《四门进》《倒五槌》等。万龙村打溜子常见传统曲目有《大梅条》《小梅条》《喜鹊闹梅》《八哥洗澡》《半尾料子》《双龙出洞》《小纺车》《小一字清》《单击头》《四门进》等。

万龙村打溜子表演(黄建胜　摄)

在万龙村，打溜子是历史悠久、传播广泛的一种娱乐活动，它曲牌繁多，表现力丰富。土家族婚嫁、过节等喜庆场合都少不了它。笔者在万龙村调研期间，向卫华便召集了4位打溜子艺人，展示了一曲田隆信创作的曾在央视和国外艺术舞台表演过的作品《锦鸡出山》，精湛的表演让笔者有如身临其境。

(4) 毛古斯舞①

毛古斯俗称"玩拨帕"，它以近似戏曲的写意、虚拟、假定等艺术手法，表现土家族繁衍、迁徙、渔猎、农耕等生产生活内容，参加表演的有10～30人不等。毛古斯舞有人物，有简单的情节和人物对话，被誉为"原始戏剧的活化石"，被中外专家称为"中国民族舞蹈的最远源头"。毛古斯舞于

① 龙山县靛房乡志编委会:《靛房乡志》(内部资料)，2004年，第39页。

土家族毛古斯表演(殷沙漫　摄)

2006年5月20日经国务院批准列入第一批国家级非物质文化遗产名录。

毛古斯舞产生于土家族祭祀仪式中,是湘西土家族一种古老的舞蹈形式。毛古斯舞以近似戏曲的写意、虚拟、假定等艺术手法来表演土家先民渔猎、农耕等生产内容,既有舞蹈的特征,又有戏剧的表演性,对研究土家族最初的生活形态、生活方式有着十分重要的价值。其表演形态中所保留的自然、图腾、祖神崇拜等远古信仰符号,更是一笔弥足珍贵的文化遗产。

万龙村的邻村石堤村,有一位毛古斯舞国家级非遗代表性传承人——彭南京,他的合作伙伴大多是万龙村有此技艺的村民,"舞伴"有百人之多。在万龙村,会跳毛古斯舞的基本上都是老一辈的村民,这项非物质文化遗产在万龙村的传承面临着诸多难题。

(5) 土家族摆手舞

土家族摆手舞于2006年5月20日经国务院批准列入第一批国家级非物质文化遗产名录。土家族摆手舞源远流长。据同治本《来凤县志》卷三十二载:五代时,"施州漫水寨有木名普舍树,普舍者华言风流也。昔覃氏祖于东门关伐一异木,随流至那车,复生根而活,四时开百种花。覃氏子孙歌舞其下,花乃自落。取而簪之。他姓往歌,花不复落,尤为异也"。

土家族摆手舞(殷沙漫　摄)

这段文字,生动地记述了一千多年前,漫水土家人围着普舍树摆手舞蹈的情景。各地对摆手舞的称呼也不尽相同,龙山叫作“社巴日”,保靖称之为“调年”,永顺又叫“社巴巴”,但其民俗意义都是一致的——祈禳。

在坡脚敬老院里,笔者观看了万龙村和联星村的老人们联袂演出的摆手舞,他们表演的是小摆手。表演者之一的向吉香(58岁)还在敬老院做一些辅助工作。由于敬老院里的摆手堂是远近闻名的摆手堂,经常举行一些土家族文化活动,所以她经常参加摆手舞表演。

(6) 三棒鼓

“三棒鼓”又叫“花鼓”,是湘西流行最广、艺人最多、曲目最丰富、最受群众欢迎的曲种。它由2个或3个艺人以1只小锣、3根鼓棒和1个用6根细竹做成的鼓架,1面小鼓为主要道具(有的再加3或4把能抛用的专制尖刀),随时随地可以演唱。它的演唱内容主要有传统曲本、解放后新创作的曲本、即兴创作演唱3种,唱本有《花鼓根源》和现存下来的许多传统唱本如《劝世文》《大闹黄花院》《天仙配》《二十四孝》等。它原是汉民族的民间文艺,清代中期传入湘西,民国时期兴盛起来,至今不衰。

湘西地处湘鄂川黔边境交界地,容易受到不同文化的影响,同时,由于经济不发达,民众们选择的一般是经济负担小、场地方便、内容通俗的艺术形式。三棒鼓正适应了这种要求，所以得到人民的欢迎，在湘西广为流传。湘西解放以后，三棒鼓的题材范围有了新的开拓，歌唱湘鄂川黔老区的革命斗争和老一辈革命家的丰功伟绩，歌颂党、歌颂新生活，宣传先进模范人物的事迹、宣传党的政策，宣讲时事政治等都成了三棒鼓的演唱内容。

（7）土家族织锦

2006年5月20日，湘西土家族苗族自治州土家族织锦技艺经国务院批准列入第一批国家级非物质文化遗产名录。湘西土家族织锦技艺历史悠久，已有1500多年的历史，体现了中国少数民族织锦技艺体系的基本特征。土家族织锦用棉线织成，俗称“打花”，主要有打花铺盖（土家语称“西兰卡普”）和花带两大品种。其中“西兰卡普”最具代表性和典型性，它采用“通经断纬”的挖花技术，分为“对斜”平纹素色系列和“上下斜”斜纹彩色系列两大流派。“西兰卡普”使用古老的纯木质腰式斜织机织造，其技艺流程主要由纺捻线、染色、倒线、牵线、装筘、滚线、捡综、翻篙、捡花、捆杆上机、织布、挑织12道工序组成，另以“反织法”挑织成图案花纹。花带是土家锦中普及面更广的品种，它采用“通经通纬”的古老“经花”手法，几乎不需专用工具即可在织造者两膝间完成。土家锦的有400多种传统图案花纹，充分展示了土家人的创造力，是其民族文化心理和文化积淀的独特表现方式，对中华民族多元文化的形成与发展有积极的见证意义。①

明清时期，“西兰卡普”被称作“土锦”“花布”等，大量用于服饰，随着“西兰卡普”织造水平进一步提升，逐渐形成独特的织锦程序。据清同治年间编修的《永定县志》记载：“土锦绩五颜经线为之，文彩斑斓可爱，使用以为被，或作衣裙，或作巾，故又称‘筒巾’。”改土归流后，土家族“西兰卡普”的挑织技艺进一步提高。土家族姑娘从小便随其母亲、姐姐操习挑织技艺，姑娘出嫁时还必须有自己亲手编织的“西兰卡普”作陪嫁品，婚后的小儿被面、盖裙、背袋等物都得姑娘亲手编织，因而这种织锦技艺得以发扬光大，代代相传。②

① 《土家族织锦技艺详细介绍》，中国非物质文化遗产网。

② 罗源：《湘西土家族织锦技艺传承研究》，中央民族大学，2013年。

传统土家族织锦的类型有婚嫁产品，如土花铺盖、枕巾、帐帘；婴儿产品，如衣服、帽子、盖裙、脚被；服饰产品，如衣服，帽子；祭祀产品，如披甲、挂饰。如今，随着经济发展和旅游市场的开发，土家织锦增加了品种繁多、大小不一的装饰用品，如挂历、地毯、沙发套、背垫、桌巾、电视罩、手机套、书包等。土家织锦的传统图案有数百种之多，内容主要有勾纹、花鸟虫鱼、自然天象、日常生活、民俗风情、神话传说、历史故事和融合其他民族艺术而成的图案等，还可以从图案所属的物类分为勾纹类、植物类、动物类、生活器物类、自然天象类、文字类、档头类和其他类等。这些图案均来源于土家人民的生活，充分显示了土家妇女的聪明才智和精湛独特的织锦工艺，体现出人与自然的和谐之美。①

土家族织锦在万龙村传统婚俗中是不可少的，有着实用、礼俗和审美3方面的意义，不仅以经久耐用著称，而且也是土家族婚俗中的主要嫁妆，客观上更是女家经济地位的标志和女儿有无教养的凭证。万龙村的村民田满翠从奶奶那里习得土家族织锦的技术，织锦30余年，现在已成为当地颇有名气的“织锦巧手”。田满翠不仅教万龙村爱好土家织锦的妇女织锦，还被邀请到靛房镇的其他村落、专业织锦厂传授相关的织锦技术。

(8) 雕刻刺绣②

雕刻按照行业不同主要分为木刻工艺和石刻工艺两类，此外还有铜雕、玉雕、竹雕等。万龙村大多是木刻、石刻、竹雕3种工艺。木刻大多用于转角楼的门窗和木质家具等。石刻除了运用在日常生产生活中，如制作石磨、石碓、石碾、石槽等，更精细的石刻技术多用在修墓刻碑上。竹雕技艺在日常生产生活中随处可见，多与竹编共同呈现。土家族日常使用很多竹编竹器，如簸箕、蒸笼、背篓等。

土家族编织技艺是在土家族人的生产生活中产生的，服务于当地村民的生活，和民族风俗习惯息息相关，具有自己的特色，大致分为藤编、草

① 龙山县民族与宗教事务局提供《土家织锦文字材料》。

② 龙山县靛房乡志编委会：《靛房乡志》(内部资料)，2004年，第104～108页。

编、竹编3类。藤编是土家族人利用山区植物藤蔓众多的自然条件,就地取材,编织成日常生活用品。藤编制品在村寨内到处可见,常见的有藤箱、藤篮、藤椅、藤盘、藤席等。草编始于土家族人劳作间隙用狗尾巴草等编织成小猫小狗等玩具,后运用到生活中,编织一些生活用品,如草鞋、草帽、草蒲团、草席等。竹编是土家族人日常用品中品种最多、运用最广的技艺。土家人喜欢竹子,房前屋后随处都种有竹子,对竹子的利用也达到了相当的水平。不同的竹子种类可以制作不同的生活用品,比如楠竹质硬有韧性,可以用来做各种编织物的骨架,也可以用来做竹床、竹椅等家具;水竹质软,可以编织凉席;山竹坚硬而脆,可以做背篓;紫竹可用于装饰竹器花纹。

(9) 丧葬习俗

据调研观察在丧葬仪式上主持法事的道士叫彭岩友,是靛房镇石堤村人。法事一般要进行3天,每天上午、下午和晚上都要进行法事仪式。主要仪式有开荒仪式、寻母仪式、盖屋洗脸仪式等。

开荒仪式:仪式场所一般在孝家庭院之内,所需道具很简单,从孝家取5个凳子放在一边,道士即开始进行法事仪式,称为“开荒”。仪式过程是,道士引领孝子孝女绕8字念经,子女跟随其后双手执香叩拜。开荒仪式持续时间大约10分钟。

寻母仪式:主事道士身穿三藏法师服装主持在5个方位的寻母仪式,子女跟随其后,在每一方香烛跟前停留念经后,点着盖在该处瓦片上的黄纸,待黄纸燃烧殆尽后,用禅杖敲碎瓦片,子女跪地将还未完全敲碎的瓦片继续敲碎,找寻母亲遗魂。法师带领孝男孝女依次完成5个方位的相同程序,最后在事先放置好的大盆处找寻母亲的灵魂。大盆内有用特定染料染成的红色液体,代表母亲的血水,上面架有“奈何桥”,“血水”里有一只小船。在唱念经文后把“奈何桥”和相关纸扎烧掉,法师命子女用手捧起一小口“血水”喝掉,寓意不忘母亲的养育之恩。此时法师手持法杖在“血水”中来回快速搅动,最后用法杖把“血水”掀翻,之后在正堂下搬一张桌子,桌子两边放置两条长凳,法师命所有人手持香烛走凳过桌,代表翻山越岭，过桥后把亲人接回家里。

盖屋洗脸仪式：这个仪式比较简单，道士身穿法袍唱念经文，子女在后依次执香祭拜。

丧葬仪式全程需要孝家人员参加，尤其是子女，因此这段时间子女会放下一切生产活动。丧事会由村中德高望重的老者或者家族内长辈安排，请亲戚朋友和要好村民帮忙。一般丧事人员安排有总管、记账、菜厨、端盘、抹桌、打饭、添菜、洗碗、烧水、上酒、篾工、打杂。

（10）过赶年

过赶年对土家族人来说是最重要的节日，从内容到形式都比土家族的其他节日要隆重。湘西土家族过年，月大二十九，月小二十八，比客家提前一天，叫作“赶年”。

据清光绪《龙山县志·卷之十一·风俗》载：“土人度岁，月大以二十九日为岁，月小则以二十八日。相传前土司出军值除日，令民间先期度岁，后遂以为常。土民供土司某神位于堂上，陈以酒醴鱼肉，而置己祖先木主于门后。祭时将牛马鸡犬诸物藏洞中，老幼男妇务屏息以侍，谓某神在堂，不敢惊也。”

当地也流传着土王彭士愁和楚王马希范在溪州大战的故事。土王令军士提前一天饱食，算是提前过年，带领土兵趁着客兵腊月三十过年的时候突然杀出，打了马希范一个措手不及，从而赢得了战争。土家人为了纪念这次战争的胜利，从此，每年便提前一天过年，这一习俗一直流传至今。

三、自然资源

村域内青山环绕、绿树成荫，有青龙山、白虎山、靠山、湖格羊沟、葫芦沟、村南沟等，500年以上的灌木林和乔木林千余亩。形成于后山的溪流经古村落流淌进村前广阔的田野，形成一条由“青山—碧水—稻浪”组成的“古村甘泉、果蔬满园、溪水潺潺、田野稻香、古木参天、青山翠竹、曲塘玉莲”的完美山水田园图景。

万龙村两面环山，是典型的喀斯特地貌，山上树林郁郁葱葱，四周风景秀丽，生态环境优美，自然景点随处可见，寨中有一日三次涌泉的古老间歇泉，各种山洞、溶洞神秘多彩。这里气候温和，雨量充沛，为动植物提供了良好的生长环境。村域内森林资源十分丰富，森林覆盖率达到70%，其中有40%是原始次森林，树种繁多，生长着银杏、金弹子、楠木等十多种名贵树种，有三七、黄檗、黄连等野生名贵中药材。大山中珍稀动物颇多，有野猪、野鸡、穿山甲、刺猬、华南兔、娃娃鱼等。随处可见野生猕猴桃、樱桃、八月瓜、十月瓜等野生瓜果。

万龙村昂朝寨有一山洞，当地人称为“神仙洞”，洞内怪石林立、乳石涌起，是个流传着许多传奇故事的溶洞。相传很久之前，村寨里的婚丧嫁娶等大事，神仙们早就知道，乡民们可以到神仙洞“借”到碗筷、桌椅等物。不知后来谁家把从神仙洞借来的碗筷用来吃了狗肉，因为神仙忌讳狗肉，所以后来乡民们就再也“借”不到碗筷、桌椅等物品了。

村内还有一个溶洞叫“三羊洞”，是集天然溶洞群和地下河为一体的好地方，是先人们熬炼硝矿和狩猎的地方，流传着古时民族英雄向老官人和“三羊洞”的传奇故事。“三羊洞”下的矿泉水资源正在造福当地村民。

村内古树主要分布在亚木湾和多泥坪两个区域，计有古树名木8种，大约1200棵。

四、历史事件[①]

万龙村正式成为一个行政村虽然是在20世纪80年代中期，但村域内六大自然村寨都有着悠久的历史。万龙村一直都隶属坡脚，并长期作为坡脚乡政府驻地。村域内发生过许多历史事件，根据《坡脚乡志》及访谈对象向卫华介绍，选录一二。

---

① 中共坡脚乡委员会、坡脚乡人民政府编：《龙山县地方志丛书·坡脚乡志》（内部资料），2002年，179～182页。

（一）教育奠基

民国二十四年（1935年），坡脚多义坪（今多泥坪）有志之士向庭炳等创建坡脚联保国民学校，并于当年招生施教。民国二十六年（1937年），出生于坡脚乡多义坪的向凤武施义举捐款助学，在多义坪庙上的联保国民学校基础上，建立坡脚乡第二中心国民小学，向庭炳再任校长，任教课员7人，学生100多人分4个教室授课。中华人民共和国成立以后，坡脚联保小学扩建为6个年级，有14名教师任教，校名改为坡脚完全小学。

（二）向凤武擒匪

向凤武自幼天资聪颖，读书勤奋，善于独立思考，颇有见识和胆量。某天，一股土匪到坡脚坪抢掠，暑假回乡的向凤武得知后，立即召集一批青年，手持土枪前去抵抗土匪。向凤武冲杀在前，击毙土匪数名，匪众大骇，无心恋战，狼狈逃窜。此后数年，土匪再不敢来村里抢劫，向凤武击退土匪的壮举让乡民叹服，成为美谈。

1942年，明溪二梭（今属桂塘镇）一带，有个诨号叫“黄老鼠”的土匪头子，率领着100多土匪洗劫亚木湾，作恶多端后又转至多义坪。这个消息被正好回乡探亲的向凤武得知，他马上率领副官和卫兵，与时任乡长的向凤俊一起追到多松岭，生擒了匪首“黄老鼠”及匪徒，勒令土匪们退回所有抢夺的财物，将众匪赶回去，受到民众赞颂。

（本章由黄建胜撰写）

第三章　信地村

信地村位于龙山县东南部，隶属于靛房镇，距离县城约76公里，距离镇政府约17公里，北接高桥村，东临天桥村、合心村，南近半南村、云峰村，西至他砂村、齐心村，村域面积约为8.54平方公里，辖6个村民小组。村内主要有田、王、穆、刘、覃、向、彭等姓氏，约95%的村民通晓土家语，是土家族聚居区。村落地处谷地，民居依山傍水，错落有致。目前保留着清末民初传统建筑、田氏故居、古树、古井、庙龛、古墓等多处遗存，另有打溜子、咚咚喹、土家族山歌、传统石雕技艺和竹编技艺等丰富的非物质文化遗产。2019年6月，信地村被列入第五批中国传统村落名录。

一、村落概况

（一）地理生态环境

信地村处武陵山腹地，属典型的喀斯特地貌，整体地势四周高中间低，村落整体呈现“山—民居—田—民居—山”的环状分布格局。整个村寨依山、依涧而建，层层叠叠。村落主要呈现出两大自然空间构型，即建筑合围的自然空间和外部开敞空间。村寨内核心地带建筑合围的自然空间较为自由，总体上依山而建，且依山体的台地逐级升高，围合的空间不规则。另外，村落较为重要的外部开敞空间为村部的宽敞前坪。信地村平均海拔461米。该村属于亚热带季风气候区，四季分明，气候凉爽宜人，雨水充沛。年平均气温16.4℃，最高气温40℃，最低气温－7.2℃。无霜期年平均为270天，最长达299天。年均降雨量达1545毫米左右。适宜的气温，丰沛的降水，为动植物的生长提供了良好的条件。信地村内有麻料河水系，该地全年气温垂直差异明显，故适宜于各种乔木、灌木的生长，山林植被茂盛，多种野生植物在境内均有分布，林业资源丰富，有杉树、柏树、松树等植物100余种，植物类型丰富，森林覆盖率达90%

信地村民居（李超　摄）

以上。

村内已基本全面实现村组之间的路面硬化，路宽2米至3米不等。各个村组间、村组内部的道路主要顺应地形而建，形成较为自由的小路，道路网密度不大，村民步行可达村内所有小组。村内硬化路面公里数达20公里左右，交通较为便捷。

（二）村落历史

信地村北接高桥村，东临天桥村、合心村，南近半南村、云峰村，西至他砂村、齐心村，面积约为8.54平方公里。“信地”在土家语中称“xin—di”，无特殊含义。信地村有6个小组，在清代属董补里，民国属董补乡。1949年中华人民共和国成立后，该村设两个大队，现在的第一、二、三组为一个大队，第四、五、六组为一个大队，1972年以后白泽、麻料、信地合并为信地村。现如今，信地村仍有6个村民小组。据村民胡杂秀口述：“从前，3个兄弟来到这里，好像是从神州莲花池来的，他们建了3个祠堂，一个兄弟建了一个。这3个兄弟和村里的田姓居民慢慢通婚不分彼此了，他们在此安居，逐渐成了这里7个姓的祖先。”①

由于信地村通婚范围的不断扩大和外来人口逐渐增多，信地村的姓氏结构亦不断丰富与多元化，如今，已不止这“7个姓氏”。至于信地村村名的由来，胡杂秀亦有解释：“很久以前，有一位将军骑马经过我们这里，他是去送信的。结果，这封很重要的信丢在这里了，所以我们这里就叫‘信丢’，后来老人们就叫‘信地’了。”②

对于信地村的村名由来还有一种说法，因为该村位于三岔路口，以前这里树立了很多指路碑，立指路碑者多为可信之人，所以称之为“信地村”。

①② 访谈对象：胡杂秀，82岁，信地村二组人；访谈时间：2020年8月5日。

（三）村落人口

据最新数据统计，信地村共有村民272户，共约1107人，其中村内第一小组又细分为三个小组，即麻列枯、松扎列[①]、干比挑，共计50户，共189人；村内第二小组亦分为3个小组，即巴料[②]、他列[③]、拉枯列，共计50户，共189人；村内第三小组名为罗勇，共计36户，共134人；村内第四小组名为东堤，共计46户，共195人；村内第五小组为万比次，共计39户，共153人；村内第六小组为麻料，共计55户，共247人。[④]全村共有7个主要姓氏，即田、王、穆、刘、覃、向、彭。村内有95%以上的人口通晓土家语，中老年人基本可完全用土家语进行交流，年轻群体只能听懂而不能自由表达。

（四）物产与特色产业

信地村现有耕地面积1014亩，其中水田约620亩、旱地394亩、林地8960亩。主要经济收入来源于种植、养殖和外出务工。其中种植业包括玉米、水稻、辣椒、四季豆、青菜等。养殖业以猪、鸡、鸭、鹅等为主。粮食作物以玉米、水稻为主，经济作物以油茶、蓝莓、烤烟为主。2017年种植蓝莓100亩左右，村集体经济占30%，其余为村民入股。

（五）经济社会发展状况

近年来，全村围绕脱贫攻坚责任、政策、工作"三落实"，实施驻村帮扶"三个一"计划，狠抓教育、医疗、住房"三保障"，采取以奖代补形式，累计

① "松扎列"为土家语，含义为"围墙"。
② "巴料"为土家语，含义为"在石头上"。
③ "他列"为土家语，含义为"背后"。
④ 数据为信地村村民服务中心提供，查阅时间为2020年8月5日。

投入240万元，鼓励支持贫困农户兴产业、增就业、置家业，有效帮助村民增收。目前，持证残疾人38户41人，其中重度残疾25户26人，建档立卡低保户20户31人（含兜底户3户10人），建档立卡户以外低保户4户5人，散居五保2人。有建档立卡贫困户义务教育阶段适龄学生68人，享受学生教育补助政策69人（其中学前17人、小学34人、初中10人、高中4人、中职6人）。有大病重病户6户6人，慢病户11户11人，所有建档立卡贫困户均纳入基本医疗保险、大病保险并享受“先诊疗后付费”、慢病签约服务等医疗救助政策。累计完成易地搬迁8户34人，危房改造35户95人（2019年危房改造2户11人），集中供水户259户1070人，分散供水3户16人，安全住房和安全饮水实现全覆盖。累计投入资金240万元，新建了村级综合服务平台，2019年实现村组道路通畅通达，2017年完成农网改造，全村农户均通生活用电，整村于2019年实现贫困村摘帽。①

二、文化遗产

（一）物质文化遗产

信地村物质文化遗产较为丰富，目前仍保留着清末民初传统建筑、田氏故居、古树、古井、庙龛、古墓等多处物质文化遗存。

1. 传统建筑

经初步统计，信地村共有6栋清末时期建筑和9栋民国时期建筑。其中清代传统建筑全部以木制建构，建筑特点为土家族传统吊脚楼风格。以一栋半围式清末传统建筑为例，为悬山穿斗式木架结构，小青瓦屋面，立柱以柏木为主，多年后立柱虽有倾斜但主体尚且稳固，屋内穿拉枋为松木，杉木装板，传统雕花装饰，司檐悬空，木栏作扶手，台基为青石垒砌而成，天坪以青石板地面为主，主堂门前大约有10级石头台阶逐级而下。

① 数据来源于信地村村民服务中心，查阅时间为2020年8月5日。

另外，主体建筑东西两侧各有一处转角楼，台基比主体建筑低1.5米左右，两侧转角楼的一楼为杂物间，二楼的传统雕花护栏依然保留至今，斗拱挑檐尚存。院落中以石板路面为主，如今并未重新修缮。这座类似于四合院的半围式清末传统建筑在信地村传统村落建筑中较为罕见，保存较为完好。

信地村民居（李超　摄）

信地村民国建筑修建的具体时间已无法考证。建筑特点为土家族传统吊脚楼建筑样式。台基以石板为基，建筑用材以全柏木为主，屋檐以青瓦铺盖两侧，屋檐下设有木制横梁用以日常晾晒粮食与衣物之用。房屋主体结构为大三间布局，堂屋居中，左右两侧厢房分布。东侧厢房有小隔间用作厨房，东侧墙壁不作实体修建，板木之间留有空隙，用以厨房烟雾外排。

信地村除清代、民国时期的传统建筑以外，还有修建于20世纪50年代至80年代的建筑，建筑风格与民国时期的建筑相类似，均为吊脚楼式传统土家族建筑风格，木制墙体保存尚且完好。此类建筑在全村内大约有47栋[①]，在建筑风格上都保持了传统村落的整体古朴风貌。

2. 田氏故居遗址

信地村现存一处田氏故居遗址。据信地村书记黄家生介绍，该遗址为解放前后当地大族“田大榜”为了躲避和抵御湘西匪患修建而成。

据了解，田氏故居原为一进式院落，大门台基尚存，院落主体现已毁坏，只有残板存留于此，院落内围墙依然清晰可辨。解放前夕，湘西匪患

① 数据源于《龙山县靛房镇信地村传统村落说明书》，查阅时间为2020年8月6日。

较重，当时“田大榜”为了保护亲眷免受匪患侵扰，遂加固加高围墙，特别是在墙体的南侧建有一处碉堡，碉堡上有一处50厘米见方的枪口，用以抵御外敌来犯。现如今碉堡遗址已成一片野竹林。田氏故居主体建筑如今已经倒塌，原址处有一户居民居住，但这户居民与田氏故居的“田大榜”并无血缘关系。故居四周墙体已经倒塌一半，仅有残余墙体可见。

3. 古井

信地村内共有6口水井，供平日居民用水，第三组和第五组的水井为古井，其他水井均为人工水井。

(1)三组古井

第三村民小组的古井名为“瓦泽蒙古井”，位于村口，与省道S529公路仅20米之隔。该水井清代便已存在，一直存留至今。山泉水由山体内流出，外留一处取水口，水流沿水槽流至浅水潭处，村民常在此洗衣洗菜。该古井已于2017年6月由龙山县环境保护局农村环境综合整治办列入饮用水源保护工程。水井外围已修建棚顶予以保护，浅水潭处修建有景观亭。据村民介绍，如连续高温且天气晴朗20天左右，该水井内的水量就会明显减少，井水不能依地势自动流出。反之，如连续降雨10天左右，井水便可溢出井口，顺着水井景观栅栏台流出，形成像瀑布一样的微景观。目前，该水井主要用于三组村民饮用和日常用水。

信地村水井(李超　摄)

(2)五组古井

信地村古井(李超　摄)

第五村民小组的古井名为“新美泉井”,位于信地村第五小组乡村公路旁。该水井规模比三组的规模略小。水井整体为圆拱形,上有楷书“新美泉井”四字,相传为清末所建。古井的出水口较小,水槽较浅,井水可直接饮用。古井虽水量不大,流速较缓,但只要没有极端天气,该井水一般常年保持稳定流量。

4. 古树

信地村共有古树2棵,均被龙山县人民政府与湖南省古树名木保护单位联合保护。

古树名为黄连木,位于信地村四组,原名楷树,为漆树科黄连木属植物,落叶乔木。该树已有350多年村龄,清康熙九年(1670年)种植,属国家二级保护树种,编号为43313001476。此株黄连木已由龙山县人民政府和湖南省古树名木保护单位于2017年5月联合保护,并明文规定“禁止破坏、砍伐和移植”。该树不仅是优良的木本油料树种,而且其树皮、根、枝、叶等皆可入药,价值较高。

古树名为枫香树,位于信地村五组古井“新美泉井”附近,为金缕梅科枫香树属,此株枫香树已有160多年村龄,清咸丰十年(1860年)种植,属国家三级保护树种,编号为43313001473。同样,此株枫香树已由龙山县人民政府和湖南省古树名木保护单位于2017年5月1日挂牌联合保护,并明文规定“禁止破坏、砍伐和移植”。据村民介绍,该树种树脂可供药用,有清热解毒之效,根、叶及果实皆可入药,价值较高。

信地村古树(李超　摄)

5. 古墓

信地村目前保存较好且年代最久的古墓是“道光古墓”。这座古墓大致为道光年间所立,位于信地村第二村民小组。据笔者实地考察,茔冢封土已基本不复存在,但墓碑保留较为完好。墓碑由5块青石板组成,分别为正碑文、一对楹联侧碑、前额碑与碑顶。碑顶雕饰为挑檐式建筑样式,寓意房屋之意。整个墓碑历经风雨侵蚀,碑文已较为模糊。楹联书写“满□文峰朝宝座·□□□□□□灵”,碑额上的文字已基本不能辨认。碑额下方的额匾还留存有清晰的兰花图案。墓碑正文文字已模糊,不得辨别,落款处依稀有“道光”二字,故推测该墓年代大致在清道光年间。正碑左右两侧雕有两位灵童,手执尖刀呈跳跃状,类似门神形象。故通体看来,这座石碑不仅记载了墓主人的生平信息,而且更涵盖了墓门的表征意义。如今这块墓地处于二组居民的田间,村民们自觉地对其原址进行保护,并无破坏。

6. 庙龛遗址

信地村内的传统庙龛遗址共有4处,其中村内二组分布有一座祠堂,一组、二组、三组各分布有一处小庙龛。从现有保存状况来看，目前只有二组的土地神庙龛依然保留至今，其余的均已损毁。

信地村第二小组的乡村公路旁有一神庙龛，此庙龛为供奉信地村土地公的神龛，具体建置年代无从考实，据村里老人讲，很久以前这里就有土地神龛分布。神龛通体较小，总体大约有1立方米，用镂空石雕模拟古代建筑，“屋顶”亦由石雕篆刻而成，“屋顶”下沿雕刻有主体房屋建筑样式，中央开一拱形小门。“屋门”雕刻花纹俨然清晰。“房屋”两侧雕刻有汉字，上书“□修通·诚达格”，寓意在拥有土地公保护的情况下，诸事顺利，道路通达。信地村只有二组的土地公神龛保存完好，其他村的土地公神龛已损毁倒塌，无迹可寻。

关于二组祠堂。据调研，信地村内二组的祠堂已被毁，地基已几近全无。据田家记介绍，二组祠堂在过去具有一定规模，里面曾供奉3座菩萨。如今二组祠堂的遗址处已种植庄稼，基本台基已全然不见。

7. 旧时遗物

信地村历史遗留物件较为丰富，常见的有石磨盘、舂米器具、民国时期的桌椅瓦罐等。其中旧时石磨盘，是手动磨制黄豆和谷物的农业器具。笔者所见仅为两个磨盘底座，上方圆形凹槽内原有手柄器具，现已散佚。舂米所用器具由两条木板组成，较短的为连接轴，起到固定臂杆的作用，中间连接轴两侧有石墩作为支点。臂力杆有用圆柱体所做，亦有用平板木所做，一端可用于舂米。民国时期的桌椅造型均与现代桌椅不同，通体厚重端庄，椅背宽展，坐面与椅背均有精美雕花修饰。民国时期的条凳与现代条凳亦有不同，

信地村石磨盘（李超　摄）

凳面两侧有精美花纹雕饰,彰显条凳典雅大气之风格。

(二)非物质文化遗产

信地村的非物质文化遗产较为丰富,包括民间故事传说、传统音乐(打溜子、咚咚喹、土家族山歌)、民间传统体育游戏、传统石雕竹编技艺、民族传统医药等。信地村虽未有县级非遗文化传承人,但村内多人熟练掌握各类非遗文化技艺。

1. 民间故事、谚语

(1)"三把锁"传说

信地村流传最广的一则传说为"三把锁"的故事。据信地村当地热衷于整理民俗文化的老人田孝胖口述:"我们村原来有三把锁,是自然形成的石头锁。三把锁位于村里的三个路口,一个路口有一个。第一把锁在第一组,锁一组的路,在搓咱列田发文屋对面土地祠附近;第二把锁在第二组,锁二组的路,在他业田家空房前原来老路的内坎附近;第三把锁在第三组,锁三组的路,在罗勇罗田,现在被新建的公路覆盖了。这三把锁主要是防止外边的坏人进来,外面的人若想欺负我们,我们就把路锁起来坏人就进不来了。"①

"三把锁"传说出现的年代已无从考证,据村民描述,新中国成立前后"三把锁"还依然存在,是在三个村民小组的主路上自然生成的,"锁身"和"钥匙"皆为山石自然形成。至于"三把锁"何时消失,笔者走访中没有找寻到答案,如今只能依稀根据"三把锁"的传说想象其原先的样貌。

(2)谚语、俗语

信地村如今依然流传着许多谚语和民间俗语。该村田孝胖先生虽已近耄耋之年,但热衷于地方民俗文化,农闲之时亦有采集、收录、写作的良好习惯,在笔者采访老人时,他已有未出版专著一部,正在编写的丛书一

① 访谈对象:田孝胖,土家族,77岁,热衷于收集整理当地民俗文化;访谈时间:2020年8月6日。

部。其中不乏一些信地村谚语、俗语。

2. 打溜子

打溜子是湘西北土家族地区人们最喜闻乐见的原生态民间打击乐。最普遍且最具民族特色的土家族打溜子，流行于湘西龙山县的坡脚、靛房、他砂、农车等地。信地村在过去原属他砂乡，故该村亦有打溜子非遗文化存在。

(1) 信地村打溜子现状

据信地村刘应文主任介绍，万龙村现有两个村组的人还掌握着传统打溜子民间技艺，一者为四组成员，另一方为六组成员。六组掌握打溜子的人名为刘林万(大锣)、田仙林(小锣)、田安民(小钹)、秦进生(大钹)。原先六组打溜子团队中还有一位吹奏唢呐的人员，演奏时一般吹奏先开始，之后大锣、小锣等乐器才加入演奏，但遗憾的是吹奏唢呐之人去年便过世了。另外信地村四组也有两套打溜子的班子：第一套班子成员有王焕胜、王笨金、王笨荣、王笨益；第二套班子成员有王笨强、王笨信、王先胜、王笨义。①笔者在实地走访中发现，现如今上述各位成员大多都在外务工，不在家中，故一时很难凑齐一套打溜子的班子。一般而言，每逢春节时候务工人员返乡，才会凑齐打溜子成员进行演奏。

(2) 信地村打溜子乐器

信地村把打溜子又称为“打挤钹”，也叫“打家伙”。溜子世家是一代传承一代的，村民传承这项技艺并没有文字记录，大多只是口传身教。信地村打溜子的乐器分为5种，即唢呐、大锣、小锣、大钹、小钹。唢呐一般为打溜子的前奏序曲，待唢呐吹奏完毕后，其他乐器才能开始奏乐。其中小锣节奏均匀、流畅，主打曲牌节拍，起着溜子开头与指引的作用。小钹节奏强劲，有合拍、柔击、闭打、亮打等几个明快旋律，起着承上启下的作用。大钹节奏感较弱，节拍较为柔和，主要为提示音节开头，附和小钹的节奏，闭亮相挤，节奏轻松圆滑。大锣负责控制整首曲子的节拍，起到核

① 访谈对象：刘应文，土家族，52岁，信地村村主任；访谈时间：2020年8月5日。以上内容由刘应文口述、作者整理而成。

心和骨架作用，音有轻重之分，抑扬顿挫、婉转流畅，以浑厚清晰的锣声见长。以上5件乐器各有分工，各司其职，其声韵犹如泉水潺潺、鸟鸣幽转，丰富多彩、惟妙惟肖。值得注意的是，信地村打溜子团队中，并不是每一位成员只通晓一种乐器，有时往往一个成员精通各种乐器。有时打溜子的班子缺少唢呐，只有大锣、小锣、大钹、小钹同样可以一起吹打，而加入唢呐的溜子队伍则多运用于传统婚礼仪式中。

(3) 信地村打溜子的曲牌

信地村打溜子的曲牌与靛房镇、坡脚乡等地相近，但也具有自己的特色。信地村常用的打溜子曲牌为《巴列冬(之三)》《乃呦乃(之三)》《鸭子下田》《蚂蚁上树》《马过桥》《大牛擦痒》《鲤鱼赛花》《龙摆尾》《羽令牌》《四季发财》《观音坐莲》等10余种。信地村打溜子的曲牌并不是固定不变的，有时在文艺表演和地方性演出时，同样也会借鉴其他村的曲牌，取长补短相互借鉴，共同进步。

3. 咚咚喹

信地村称咚咚喹为“dong—dong—kui”(土家语读音)，多用细竹尾制作而成，亦有用稻、麦秆制作而成的。咚咚喹身长最多不超过25厘米，用于吹奏的一端保留竹节的基本形态，另一端则用小刀沿着竹面斜下方45°切出一个切面。之后在竹身上等间距挖刻3个小孔，在靠近吹奏端几乎180°斜切一个簧片，用于吹奏发声使用。咚咚喹制作简单，但想做出质地较好的咚咚喹则不是易事，一般制作一个咚咚喹需要2~3天，制作更精美的咚咚喹则需要1周左右的时间。制作精美的咚咚喹音质脆亮，最擅于模拟雀鸟之声。咚咚喹也拥有其固定的音乐曲牌，在龙山洗车河流域的坡脚、靛房、他砂、苗儿滩、隆头等地，普遍流行的传统曲牌有《咚咚喹》《巴列咚》《呆都哩》《乃呦乃》《拉帕克》等二十多种。有词有曲，可吹可唱，吹唱结合。信地村现流行最多的曲子便是《巴列咚》，遂笔者将歌词记录如下：

(土家语)巴列咚，巴列咚，巴列茶池思列翁。恩列翁没过夺翁，嘎公卡不巴底胡，沙米直嘎克底胡，哪页哪思瓦底胡。

（汉语音译）巴列咚，巴列咚，巴列嫂子坐了月。坐月她就坐，外公外婆看月了，团馓挑来了，种种样样背来了。①

咚咚喹在演奏时多为竖吹，左手食指按舌簧下第三音孔，右手中指、食指分别按第二、第一音孔，用口衔住上部舌簧处吹奏。左手专打节奏，右手专按旋律，乐器的固定音孔发音相当于简谱中的“1、2、3、5”或“5、6、7、2”。在吹奏形式上，信地村多以单管形式吹奏。

信地村目前掌握咚咚喹技艺的人主要是王德秀，但遗憾的是此次调研没能采访到其本人。据田家生介绍，王德秀是目前信地村唯一一位会吹奏咚咚喹的人，但由于其常年患病在身，一直居住在龙山县城养病。2019年信地村申报国家传统村落时，其作为信地村咚咚喹代表性传承人曾有一段演奏视频上报，但其本人并没有申报县级非物质文化遗产传承人。

4. 山歌

信地村目前熟练掌握非遗文化土家族山歌的传承人为田孝胖。田孝胖今年77岁，土家族人，居住在二组，常年以收集、整理、书写信地村当地历史民俗文化为乐，年轻时常在田间地头跟着父辈学习唱山歌。目前，虽然老人已年近八旬但依然能熟练演唱多种山歌曲目。

据田孝胖口述得知，现在信地村传唱最多的山歌为劳动歌，其中又分为多种类别，例如长工歌、采茶歌、栽花歌、织花歌、匠人歌、农事歌等。另外，除了劳动歌之外，仍有生活歌、情歌、时政歌、仪式歌、盘歌等多种类型。田老师演唱了《十二月劳动歌》等山歌，歌律婉转悠扬，歌词可用土家语与汉语配合演唱，现将歌词记录如下：

二月去了三月忙，三月清明早下秧；谷雨抓紧把田犁，家家户户耕种忙。八月去了九月忙，九月一到是重阳；寒露过后摘茶子，霜降

① 田发奎：《龙山县非物质文化遗产名录集锦》，未来出版社2007年版，第83页。

赶快种冬粮。冬月去了进腊月，腊月天冷不能歇；快把塘坝修整好，杀猪宰羊过大节。[①]

据田孝胖介绍，日后他还会将诸多山歌歌词逐一整理写出，给子孙传唱学习用。

5. **传统体育游戏**

信地村流传着诸多民间传统体育竞技游戏，其中最为重要的便是纸牌“上大人”、打纸包、跳房子、“老师学生”、打岩板等。

(1) “上大人”纸牌游戏

“上大人”纸牌游戏是湘西土家族地区广为流行的体育纸牌竞技类游戏，几乎遍及整个龙山县，信地村自然亦有“上大人”纸牌游戏。这种游戏使用的纸牌从头至尾由24种图形共同构成，这些图形是艺术化了的文字，它们分别为上大人、丘乙己、化三千、七十士、尔小生、八九子、佳作壬、可知礼。其中每种图形有4张牌，整副纸牌共有96张。“上大人”游戏是集启智、娱乐、书法、绘画、识字为一体的纸牌益智类游戏。

关于“上大人”纸牌游戏的玩法有多种，据调查基本玩法为三种，即对对符、追口符与四家飞。信地村的玩法是较为简单的对对符。对对符是一种初级式打法，参与游戏的人数为2至6人不等。游戏时每人抓取12张字牌，用抓上来的或别人打出来的字牌与自己的手牌组合，如果能够形成对，就将手中的牌“飞走”。谁率先将手中的牌全部“飞走”，谁就获胜。

(2) 打纸包

打纸包游戏在信地村主要流行于5～12岁的青少年群体中。玩法比较简单，一般2～4人参与，用质地较好的纸张叠成一个个大小不等的方形纸包，一个人用自己的纸包用力拍打地面上属于他人的纸包，如果纸包翻转过来，则该纸包归属于拍打者，赢得纸包最多者为实力最强选手。青少年群体参与这项体育游戏能够充分锻炼自身上肢力量，达到强身健体

① 访谈对象：田孝胖，土家族，77岁，信地村二组人；访谈时间：2020年8月6日。

之效。

(3) 跳房子

在信地村青少年群体中还流行着另一种体育游戏,跳房子。跳房子并非真的在房子上跳跃,而是用砖石在水泥地板上画出一个长方形方块,并在长方形内画出1~9个格子,模拟房子的造型。跳房子的玩法很简单,参与游戏的人数一般为2~5人,参与者依次将石子抛入第1个编号的格子,之后单腿跳跃并踢打小石子进入第2个房子,以此类推。游戏胜负的关键在于谁先将石子从房子1移至房子9,先到者先胜。调研获悉,此类游戏只是小朋友课间娱乐的小游戏,青少年群体通过此项游戏可以大大提高下肢力量,具有锻炼身体之效。跳房子作为民族传统体育小游戏应该提倡和推广。

6. 传统石雕技艺

信地村目前尚存传统石雕工艺,石雕场位于信地村四组靠近地坝附近。此石雕场主要经营墓碑制作,笔者前后到访两次均未寻得制作匠人。虽然,石雕场的部分青石板条石为机械化切割,但涉及花纹雕刻的作品,仍能看出是手工雕刻而成,雕刻的花纹主要有人物纹、动物纹、植物纹、几何纹四大类。制作过程大致为,首先在量好尺寸之后,将主体结构进行切割定型;然后将客户要求的花纹进行分类雕刻;最后再进行拼接组合。据田家生书记介绍,信地村的墓碑基本都要在这里订制,这里的订单也涵盖邻近的齐心村、他砂村等。

7. 婚姻习俗

信地村的结婚习俗中一般包括问亲、定亲、过礼、迎娶、回门等主要程序,其间具有浓郁土家族特色的习俗,特别是具有信地村特色的程序主要有拜堂送鞋、拦门语、女方喊礼求亲人语、求淑女、求高亲语等。

问亲。旧时信地村年轻男女结婚一般是由媒人中间牵线所成,婚后男方要给媒人答谢礼,礼品一般包括猪头肉、伞、鞋子和袜子,这几种物品缺一不可。新人双方没有经过媒人介绍而成亲,也需要择良辰吉日带着聘礼前来说和。

定亲。据田家生介绍，旧时结婚需要看定亲的日子，一般要选择双数作为大婚的日子，例如初二、初四、初六、初八、十六、十八等，选择日期前还要合新人的八字。

过礼。在正式迎亲的前两天，男方要向女方赠送聘礼。旧时信地村的聘礼一般为烟酒、蔬菜、猪肉、家具（一般由男方打制）等。这些聘礼必须在结婚的前一天送到，并在女方亲自清点清楚后方可礼结。

迎娶。旧时信地村村民迎亲时必须要请打溜子的队伍参与，以增添喜庆氛围。另外，男方到女方家门口时，女方要进行“拦门礼”仪式。女方的“督官”会在门口摆张桌子，在桌子上摆放3碗酒并点燃蜡烛后开始互相提问，如男方“督官”能够答完所有问题，就可以顺利进门；如果不能流利作答，则需要在脸上抹黑条以示惩罚。田孝胖为笔者展示了一段信地村的“拦门礼”词：

行妙见礼，内外寂静，执事者各执事，旁观者苦笑香盈，前知美酒一瓶，阴阳八卦定分明，昔七胡良尊美酒，一片冰心积宝盆，主东转我栏其富，乃关前朝新礼新，周氏文王去访殿，拜今自我寒舍门，两边点着香和蜡，明心凡凡照如今，抬头呼声炮声响，忽然礼官到门临，礼官先生驾到此，下马三杯有人转，一让二声变二音，便把美酒四杯尊，理官先生有转，一杯酒漫之尊，一朝天子一朝臣，二杯酒漫之尊，前人知礼后人新，三杯酒漫之尊，周公知礼到如今，四杯我不尊留以礼官老先生。①

唱完“拦门礼”词后便是双方“督官”的相互提问环节，这个环节在结婚仪式中最热闹，笔者将采访到的部分拦门问答词实录如下：

问：理官时才把酒尊，我要把你问问看，何人醉酒定国安邦？何

① 摘自田孝胖：《信地村地方民俗文化汇编》（内部资料），查阅时间：2020年8月6日。

人醉酒修造华堂？何人醉酒诗吐百篇？何人醉酒醉了几年？何人醉酒苦结良缘？何人醉酒醉了几天？

答：昔日文王醉酒定国安邦，鲁班醉酒修造华堂，太白醉酒诗吐百篇，刘伶醉酒醉了三年，雷超醉酒苦结良缘，阮籍醉酒六十天。

问：即是迎亲，你从旱路而来，水路而来？

答：我从旱路而来，水路也来。

问：你从旱路而来过了几十几座山，从水路而来过了几十几个滩？

答：从旱路而来，雾云沉文不见山；水路而来，洪江飘水不见滩。

问：你从旱路而来何树为公，何树为母？从水路而来，何水为公，何水为母？

答：我从旱路而来，柏树为公，梅树为母；从水路而来，江水为公，海水为母。①

拦门礼之后，由男方将新娘迎娶至家中。晚上，男方的亲朋好友要闹新房，一般闹新房的人要说一些吉利的话，例如："闹了新房转回头，新郎新娘早安宿，来年生个胖小子，长大以后封诸侯。吃了烟茶转回还，新郎新娘听我言，养儿超过薛丁山，养女赛过薛金莲。"

回门。回门一般在结婚后第三天，一般而言阴历十九那天不能回门。回门时，新郎要陪新娘一同回娘家，并带一些猪腿、糖果、烟酒等物品。新郎新娘一般当天返回，也有在女方家住几天回的。②

8. 丧葬习俗

龙山县土家族丧葬礼仪虽然整体而言大同小异，但信地村丧葬习俗亦有着自己的特色与讲究之处。③

信地村丧葬仪式流程。如果家中有老人不幸离世，要先报丧，然后入殓，入殓过程中家中灶台灰烬不能倒掉，要留存着铺放在棺材的底部，并用碗倒扣上几个圆印，这叫"铺灰"。同时在逝者枕头下放7个瓦片，用一

---

① 摘自田孝胖：《信地村地方民俗文化汇编》（内部资料），查阅时间：2020年8月6日。

②③ 访谈对象：田家生，土家族，51岁，信地村二组人；访谈时间：2020年8月5日。

个煎蛋把逝者嘴巴盖住，待封棺时（最后一个晚上）拿出用火烧掉，逝者嘴里也要放入铜钱。棺木一般在家中停放3天、5天、7天不等。一般凌晨4时、5时出殡，当地有日出之前必须下葬的说法。下葬后的第三天清晨要进行喊三魂仪式。要将一张质地较硬的纸张做成笔筒状，在坟前燃香之后引入一只蜘蛛，再在其内放入一些米粒，把纸筒的两头扎紧后带回家放在事先准备好的坛子里。待3年后开坛将蜘蛛放生，整个丧葬过程结束。

信地村丧葬法事概况。葬礼上一般要请道士、法师来做法事。村民一般就近从他砂村（乡）、冉家寨等地请法师，有时也会请靛房镇和永顺县的道士。每个道士的法事流程都有不同，但大致都有祭奠、生祭、熟祭、散花解结、解五方灯、解大灯、解小灯、发丧、扫屋等仪式。完整的丧葬礼仪需要至少2名道士参与。主家在举行丧事时要杀一头猪和一头羊备用，主事道士会分得猪头，副手道士会分得羊头。一般棺木之上要放两只活公鸡，待事毕，道士每人分得一只。据调研，一名道士一天的报酬为200元左右，主事道士的报酬为200～500元。旧时，大多数村民请不起道士，一般邀请“三棒鼓”来进行表演。

信地村丧葬禁忌与相关事项。一般，老人在世时会自己选择墓地，对棺木停放时日和出殡时辰都有事先规定，儿女们不得轻易更改。如果老人生前没有专门为自己遴选墓地，则待去世后由道士自由安排。据村民介绍，即使老人生前有安排，下葬时也要根据实际情况，如果时辰不吻合或方位不对，也是禁止下葬的。这时，要把事先准备好的桃木枝干放在棺木下方，待时辰和方位都合意后方可下葬。

9. 祝寿礼仪

信地村独具特色的民间习俗还有祝寿礼。村内老人在70岁、80岁和90岁生日时都要由儿女为其举行寿礼。寿礼一般由仪式语与九项仪式组成。

祝寿礼语。其言：“行妙见礼，内外寂静，执事者各执其事，旁观者苦笑香盈，关关雎鸠，在河之洲，窈窕淑女，君子好逑，林之子苦家临苦，林之定苦家临苦，一也乾坤定日是也。”[1]

祝寿仪式。“第一项：由贵子敬祖先；第二项：请寿星点燃蜡烛(60点6根，70点7根，以此类推)；第三项：寿星就位；第四项：奏乐，鸣礼炮；第五项：寿星亲属代表讲话；第六项：子女叩拜寿星(从大到小依次行鞠躬礼)；第七项：唱《八仙祝寿歌》；第八项：寿星吹蜡烛；第九项：依次向寿星敬酒。”[2]

在整个仪式中第七项最具信地村民族特色，其《八仙祝寿歌》以四言七字为一个段落，内容庞杂，笔者节选摘录如下：

口喊三党和六亲，在座边凡与邻近，贵府堂上祝寿庆，恭贺寿庆登府门。其它(他)书来我不熟，愚下不好唱出吼，唱则八仙来祝寿，共同恭贺老督督。……八洞神仙上兰(蓝)天，瑶池老母的寿旦，各种宝物带身上，各人合手的不一样。第一神仙汉钟离，又吐气来又扬眉，瑶池圣母寿旦期，快快起身驾马移。手中敲的是铜板，口中唱的祝寿延，富(福)如东海一样宽，寿高如同似南山。第二神仙吕洞宾，腾空驾起五色云，鲁鼓签板代(带)上身，前去瑶池祝寿星。身上带的葡萄酒，佳肴美味最可口，特跟圣母来祝寿，万秋万秋万万秋。[3]

信地村的《八仙祝寿歌》基本涵盖了汉钟离、吕洞宾、张果老、曹国舅、韩湘子、蓝采和、何仙姑、铁拐李的祝寿词，言语押韵、朗朗上口。此外，信地村在祝寿时，对《敬酒词》也有特别规定，其言：

一杯酒敬寿星，周公知到如今，前人有礼后人新。二杯酒敬寿星，头发白了又转青，牙齿脱了又生根。三杯酒敬寿星，彭祖寿高八百春，你比彭祖高几春。三杯寿酒请你饮，叫你家发人也兴，家发如

① 摘自田孝胖：《信地村地方民俗文化汇编》(内部资料)，查阅时间：2020年8月6日。
② 摘自田孝胖：《信地村地方民俗文化汇编》(内部资料)，查阅时间：2020年8月6日。
③ 摘自田孝胖：《信地村地方民俗文化汇编》(内部资料)，查阅时间：2020年8月6日。

圆涨大水，人发如同笋子生。天无忌，地无忌，年无忌，月无忌，日无忌，时无忌，阴阳无忌，大吉大利，千年发达，万代兴旺。①

10. 传统建筑礼仪

信地村在传统建筑的修筑过程中一般要遵循一定礼仪规范，大致有选址、地基、起屋、上梁、盖瓦、油漆等6个步骤。

选址。无论是在传统土家吊脚楼的建筑还是在现代砖瓦房的建筑过程中，选址都是最开始亦为最关键的一个步骤。首先主家要请道士或者先生观看风水以确定具体的建房方位与地址，确定好之后，择一良辰吉日破土动工。

地基。传统土家吊脚楼的地基与现代砖瓦房不同的是需要以混凝土来加固地面，确保房屋立柱的稳定与可靠，并且在房屋的每根立柱之下都要有石墩作为支点和“基石”。

起屋、上梁。起屋、上梁的工作是建造房屋的主体工程，亦是最费时费力的过程。由于土家木制吊脚楼大多都采用榫卯结构，建造过程中不用一颗钉子，此时便需要众人合作将裁好的木料一一装拼起来。待主体建筑建造完毕后，上梁便成为最为重要的仪式。信地村的上梁仪式一般分为《敬鲁班语》和《上梁语歌》（又称《讲梁语》或《上梁歌》）。其中《敬鲁班语》为：“此鸡不是非凡鸡，王母娘娘报小（晓）鸡，头一高，尾一低，身穿五色红毛衣，别人拿来无用处，弟子拿来采梁吉，天杀归天，地杀归地，年杀归年，月杀归月，日杀归日，时杀归时，吾奉泰山老君，句句（急急）如律令。”②

按照信地村的地方习俗，一般敬鲁班的时间不能超过晚上12点，建房主人要事先准备一个茶盘、一个果盘，外加4个油粑粑、两碗豆腐、一碗米饭，另仍需准备鞋、袜、伞、纸钱等物品。师傅念完《敬鲁班语》后，要用

① 访谈对象：田孝胖，土家族，77岁，信地村二组人；访谈时间：2020年8月6日。

② 摘自田孝胖：《信地村地方民俗文化汇编》（内部资料），查阅时间：2020年8月6日。

嘴咬下鸡毛放在梁头、梁腰、梁尾等地方，并且在自己的斧、尺等工具上画一个“井”字，最后还要唱讲梁语。现将采访获悉的信地村《讲梁语》节选摘录如下：

东风吹开一枝花，百般苦气到今家，世上只有文章贵，主东双全定不差，东风吹花花正开，赐福天官下瑶街，观见主东多好善，特奉圣旨到此来。

日吉时良，天地开昌，紫薇到此，正好讲梁，脚儿走忙忙，双脚踏进你中堂，我与主东来上梁，主东华堂起得大，代代儿孙代（戴）乌纱，主东华堂起得高，代代儿孙穿子（紫）袍，主东华堂起得宽，代代儿孙代（戴）凤冠，主东发（华）堂起得乖，代代儿孙捆玉带。……

上一步，一步天官来赐福，一母生下二龙虎，一举成名自上书。

上两步，二块排，二月桃花遍地开，二支金标头上戴，二班文武下金阶。

上三步，三元照，三人结义贺龙朝，三支金标三青照，三代为官称英豪。

上四步，四季红，四马投唐封国公，四支金标财源式，四代为官受皇封。

上五步，五元方，五虎兴隆去上唐，五龙归位登宝殿，五子登科把名扬。

上六步，六阴阴，六名远照受玉恩，六郎宋朝掌帅印，六国宰相是苏秦。

上七步，照七星，七姐下凡配董永，七贤猛虎下东京，七进七出小赵云。

上八步，八百秋，八名远照贺龙楼，八百寿高是彭祖，我贺主东九百九。

上九步，久长庆，九抽文宫坐龙头，久占鳌头登金榜，九头口内出贤人。

上十步，十阳景，十月梅花当小春，十大功劳是赣文，十全十美贺东京。

十步云梯我上完，犹如仁贵救唐王，后来封他成元相，薛家代代保唐王。[①]

信地村的《上梁歌》一般由两个上梁师傅一起来唱念完成，梁头一位，梁尾一位，配合完成。《上梁歌》歌词众多，以上只是部分重要内容节选。有些主家甚至要求持续唱《上梁歌》一个晚上。所以唱《上梁歌》是建房仪式中最具仪式感的一个重要环节。

盖瓦、油漆。传统建筑的建房仪式最后的大致环节为盖瓦和油漆。屋顶一般做成“山”字形，利于排水。在屋顶用青瓦顺势叠加铺盖下来。最后在屋内及房屋主体，用桐油粉刷一至三遍，达到保护实木材质的功效。

11. 节日文化

信地村是传统土家族村落，目前仍有部分节日保留着独具特色的传统节日文化内涵。

(1)“四月八”

“四月八”在信地村被称为“敬祖敬牛”节。相传，历史上“四月八”这一天，土家族先人在一次战斗中打了败仗，被敌人赶到河边，情况万分紧急，又恰逢洪水暴涨，一条大水牛游了过来，于是，先人们就拖着牛尾巴过了河，脱离了险境。自此以后，土家族人用这一天来纪念牛王。[②]在“四月八”这天，村里的牛都要休息，不准耕田犁地。牛主人会准备上好的饲料、鸡蛋、肉给牛喂食，并将牛棚清扫干净，为牛梳毛去除虱子。甚至要用酒来祭祀“牛王菩萨”。当“四月八”遇到“辛卯日”时，土家人还要摘取瓜豆来祭祀祖先和田神，请祖先、田地尝新，保佑来年丰收，预祝五谷丰登、六畜兴旺。

---

① 摘自田孝胖：《信地村地方民俗文化汇编》（内部资料），查阅时间：2020年8月6日。

② 访谈对象：田家生，土家族，51岁，信地村村书记；访谈时间：2020年8月5日。

(2)“七月半”

“七月半”在土家族传统节日中称之为“祭祖节”或称“鬼节”,信地村称之为“月半节”,一般是在农历七月十五过节。信地村附近的他砂村(乡)一般在七月十五当天过节,而信地村必须提前一天过,即七月十四过节。节日当天,富裕一些的家庭要杀猪,将猪头及猪肉祭祀祖先,晚餐时要吃猪肉。如果家里人在外居住,“月半”前一天(七月十三)就要返家,七月十四过节,七月十五再返回,这一点与其他地区有明显不同。还有人在“月半”当天晚上焚烧“灵衣”“灵屋”等纸扎,给去世的亲人送去新“衣物”和“居所”。

三、自然资源

信地村的自然资源主要有阿头洞、仙人洞、燕子洞和麻料河。

阿头洞。阿头洞邻近信地村第五村民小组,靠近省道S529公路。在五组与省道S529的交叉路口有一石阶,可顺阶而下进入溶洞内。溶洞口现存有旧时的豆腐磨坊设备,现已残破,一旁碎石遍地,系建设省道时有碎石落入洞内。溶洞大约一百平方米,为自然形成的喀斯特地貌,洞内的地面和顶端有钟乳石接连隆起、垂下。溶洞的东侧有一处泉眼,从山体内自然渗出,泉水冰爽之极可直接饮用。溶洞内向山体延伸至5~8米,是夏天纳凉的好去处,相传旧时曾有诸多居民、商贩在此避难。

出水洞。出水洞位于信地村第四村民小组附近,需沿山路步行3公里左右方可抵达。出水洞亦是自然生成的喀斯特地貌,地表由众多石芽和溶沟组成,呈漏斗状,溪水呈翠绿色,流速较缓。现今,出水洞已由该村自发进行

信地村溶洞地貌近景(李超 摄)

生态保护，曾有许多建设工程规划于此，但皆被禁止。

麻料河。麻料河是信地村唯一的一条河流，地理位置靠近四组。麻料河每逢夏季水位明显增高，故河岸已建起堤坝用以防洪减灾。现如今信地村实行河长制，河长每周都要实地巡河检查，对麻料河的生态情况予以监测、汇报。

四、村规民约

信地村村规民约①

为加强新农村建设，实行村民自治，推动男女平等，倡导乡风文明，促进信地村和谐发展，依据国家相关法律法规，修订信地村《村规民约》。

一、村庄事务

第一条　村组干部、党员应积极学习、宣传、执行国家各项法律法规和政策，廉洁自律，带头履行《村规民约》。村两委处理村内事务要公平、公正、公开，保障村民权益，为村民服务，接受村民监督。

第二条　全体村民遵纪守法，诚实守信，自觉遵守《村规民约》，积极参与村内各项集体活动。反对邪教，抵制黄、赌、毒。

第三条　凡村内大事要事，严格按照“四议两公开”程序讨论通过，由村两委负责实施，监委会监督落实。

第四条　严格执行财务管理制度，做到日清月结，公开上栏。组账村管，村账由监委会审核、签字、盖章后交镇三资中心审理监管，杜绝挪用公款、白条顶库。

第五条　村民事务调解组积极调解民众纠纷，努力做到大事村里解决，小事组里解决。

---

① 摘自靛房镇信地村村民服务中心，查阅日期：2020年8月6日。

二、集体资源

第六条　按照国家《土地法》有关规定，严格执行土地审批手续。若有人擅自占用土地，村民组长应及时上报，由村两委出面制止，并追究当事人责任。

第七条　贫困户、低保户的名额，由个人申请，组长及代表评议，报村两委依据相关政策审议，村监委会审核签字后，向全体村民公示，无异议后再上报。

第八条　每年1月1日—6月30日死亡的村民，享受上半年村民待遇；7月1日—12月31日死亡的村民，享受全年村民待遇。1月1日—6月30日出生的村民，享受全年村民待遇；7月1日—12月31日出生的村民享受下半年村民待遇。（村民待遇即村级分配待遇，下同）

第九条　按照我国《婚姻法》规定，婚入男女须达到法定婚龄、领有结婚证并将户口迁入者，依照户口迁入时间，享受本村村民待遇。

第十条　婚出男女如户口仍在本村，但常年不在本村居住者，自婚出之日起继续享受一年村民待遇。一年后无论户口是否迁出，均不再享受村民待遇。

第十一条　非农业人口不享受本村村民待遇。

第十二条　节约水电、爱护公共财产与公共设施人人有责，损坏者照价赔偿。维护村庄道路，不得破坏公路和私自占用路面。

第十三条　按照国家《森林法》有关规定，管理我村森林公园。

1. 保护花草树木，严禁乱砍滥伐。

2. 严禁带火种进山，在景区附近不准焚烧杂草、燃放鞭炮，上坟烧纸必须在火苗彻底熄灭后才能离开。

3. 不准在景区放牧，违者按《森林法》有关规定处罚。若造成损失，根据实际损失赔偿。

4. 严禁捕杀、药杀野生动物。

三、男女平等

第十四条　支持、鼓励妇女参政议政。在推荐的入党积极分子中，女性比例应达到50%；换届选举时，女性村民代表应达到50%；女性入选村两委、村民组长，及其他村民议事机构的比例不低于三分之一。

第十五条　纯女户、有儿有女户婚嫁自由，男到女家、女到男家均可，享受本村村民待遇。对男到女家落户者，在推荐入党积极分子、选举村民代表及村组干部时，同等条件下优先。

第十六条　婚出男女户口没有迁出，或已经离开本村愿意返回并将户口迁回者，常年在本村居住，履行村民义务，接受村庄管理，可享受村民待遇。

第十七条　婚出男女因离婚或丧偶将户口迁回本村，常年在本村居住者可享受村民待遇，所带子女以有效法律文书为准。若再次婚出，其户口仍在本村的子女可继续享受村民待遇。

第十八条　婚入男女离婚后愿意留村，户口仍在本村并常住者，继续享受村民待遇。若再婚，其配偶及所带子女将户口迁入者，可享受村民待遇。离婚妇女招婿，享受男到女家落户的优惠待遇；若出嫁，待遇同第十条。

第十九条　提倡男女村民平等参与社会活动，共同分担家务劳动。

第二十条　认真执行国家计划生育法律法规及相关政策，村民依法享有生育的权利和执行计划生育的义务。夫妻双方共同负有计划生育责任。

第二十一条　在本村举行婚礼并居住本村的新婚夫妇，不论户口是否迁入，均应接受本村计生管理。育龄妇女应积极参与生殖健康服务，参加定期康检，无故不参加并未及时补检者，按照《湖南省计划生育条例》有关规定处理。

第二十二条　反对非法鉴定和人为选择胎儿性别，违反者由人口和计划生育部门按有关规定处理。

第二十三条　已领取了独生子女证的独女户，优先享受各项相关待遇，并增加一份本村村民待遇。若又生育二胎，双倍返还所得款项。

第二十四条　违反政策生育者，依法缴纳“社会抚养费”后，子女方能享受本村各项待遇。

四、村风村貌

第二十五条　树立婚育新风，推进婚俗改革，提倡文明节俭的婚礼，倡导集体婚礼。凡男到女家的婚礼或集体婚礼，村两委提供适当的支持或奖励。

第二十六条　实行殡葬改革，村民去世后火化，提倡安葬在公墓。葬礼力求节俭，推进葬俗的男女平等。纯女户老人的葬礼，村两委给予支持和帮助。

第二十七条　提倡姓氏改革，子女姓父姓、母姓、父母双姓均可。

第二十八条　反对任何形式的家庭暴力，村两委有责任预防和制止家庭暴力。

第二十九条　关爱未成年人，保护未成年人的合法权益，特别是女童的生存权和受教育的权利。父母不得以任何理由和形式虐待未成年子女。

第三十条　尊老、敬老、养老。

1.子女须承担赡养老人义务，不得以任何形式遗弃或虐待老人。

2.子女或其他赡养人不得以任何名义，强迫老年夫妇分开居住、赡养。

3.夫妻应平等对待双方老人。

4.保障单身老人再婚权利，子女不得加以干涉。

第三十一条　本村举办公益事业，无劳动能力的残疾人不承担筹资筹劳义务。

第三十二条　增强环保意识，维护环境卫生，不准乱贴乱画，垃圾集中放置在村内指定地点。

五、执行修订

第三十三条　村两委负责执行《村规民约》具体条款，监委会负责监督落实。执行中若遇争议，首先由村两委协调，协调不成，可召开村民代表大会决定。

第三十四条　三分之一以上村民代表或十分之一以上村民联名可提议修订《村规民约》的具体条款。修订《村规民约》应遵循"四议两公开"程序。

第三十五条　本《村规民约》自村民代表大会表决通过之日起公示七天后生效,同时上报苗儿滩镇政府备案。

第三十六条　本《村规民约》的解释权归信地村两委。

信地村村民代表大会

2018年1月1日起实行

（本章由李超撰写）

第四章　巴沙村

巴沙村位于龙山县里耶镇东北部，距镇政府32公里，东与裴家堡村相邻，南与东桃村相接，西与咱果乡相连，北与苗儿滩镇毗邻，是一个具有土家族传统文化特色的古村，现有6个村民小组。村内土家族人口占总人口的80%，主要有彭、刘、覃、李、王、张、吴、蔡、谢、吕、万、邓等姓氏，保留了较多土家族传统风俗，如过赶年、过大端午、过大重阳等节庆活动。现今，该村古风浓郁，传统民居建筑保存较完整，于2016年被列入“全国乡村旅游扶贫重点村”名单，2017年获评湘西土家族苗族自治州同心示范乡村。2016年12月，巴沙村被列入第四批中国传统村落名录。

一、村落概况

(一) 地理生态环境

巴沙村村貌(殷沙漫　摄)

该村位于里耶镇东北部,东与裴家堡村相邻,南与东桃村接壤,西与咱果乡相接,北与苗儿滩镇相邻,距镇政府40公里,距龙山县城103公里。该村以山地为主,总体地势四周高中间低,属山间盆地。耕地和居民点集中分布在中部,北部主要以林地和耕地为主。属亚热带季风气候区,四季分明,春多寒潮,秋多连绵阴雨,冬多风且严寒。年平均温度为16.5℃,最高温度39.5℃,最低温度−2℃,年无霜期275天。年平均降雨量1420.5毫米,年平均日照时间1608.5小时。全村总面积12平方公里,有耕地930亩,土壤为沙质土壤,旱地645亩,水田285亩,现可开发旱地400亩以上。

(二) 村落历史

1. 村名来源

巴沙村原属大达乡,中华人民共和国成立后,巴沙村归贾市乡管辖。20世纪50至80年代,巴沙村组建巴沙大队,主要分为13个生产队;80年代以后,改成了4个自然寨,分别是岔溪寨、巴沙寨、王家寨和马洛寨;再后,巴沙村重新划分为5个村民小组,只在原来的4个自然寨的基础上,将巴沙寨下分2个小组。2015年新一轮乡镇区划调整后,撤贾市乡与里耶镇合并,巴沙村改属里耶镇管辖。2019年精准扶贫政策实施,贫困户易地搬迁,增设何家桥安置区,因此,巴沙村现有6个村民小组,即岔溪一组、巴沙二组、巴沙三组、王家四组、马洛五组、何家桥六组。

"巴沙"是土家语音译词,意为有水的地方。关于村子的原名,还有"巴沙虎"和"巴沙府"这两种说法。据村民向某林介绍,先辈们初来此地时,见山下有田,山脉呈猛虎下山之势,因此称此地为"巴沙虎","虎"与"湖"谐音。又有传言,巴沙村的向氏家族庞大,在当时富甲一方,修建了古堡式的村寨,俨然如同一府邸,故称此地为"巴沙府"。

2. 巴沙向氏溯祖追源

巴沙是一个土家族村寨,向氏占据了绝大多数人口。可以说,向氏的迁徙发家史,就是巴沙村的建村史。

据《巴沙湖向氏宗谱》载,向氏始祖向宗彦的十七代孙向臬动,在明末清初时期,为避战乱,携妻带眷从莲花池迁往永顺县高坪村,接着迁至龙山县苗儿滩镇捞车河的"撮咱里"(现红光村),随后又迁到了里耶镇巴沙村(原贾市乡),住在名为"羊头沟"的地方,当地土语也称之为"撮咱里"。

巴沙村向氏祖训古屋(殷沙漫　摄)

初到巴沙时,向臬动曾与此地的土著冉姓人家因地界问题发生过争斗。[①]经过一番争斗,向臬动最终在此安居下来,并带领子孙们将巴沙的四大沟两岸开垦成上千丘水田,使这里的五梁十面坡变成了千百亩梯田,并且广植桐油树,做起了桐油买卖。经过向臬动的努力经营,巴沙村从最初的一户人家发展到一千多人口,曾富甲龙山南半县,名震湘、鄂、川、黔。

① 资料来源:《巴沙湖向氏宗谱》,巴沙村民向安异提供。

据村民向安敏介绍，向氏自远迁至巴沙后，繁衍了五房十代子孙，现在世的向氏子孙还有八代，其字辈顺序为弘、文、启、有、志、国、世、恢、能、安、邦、大、孝、良、成。①

3. 巴沙兴盛：向氏“六大家”桐油致富

巴沙村因向氏家族的努力经营逐渐兴盛，村里的向家人一提起家族历史，便满是自豪。令他们最为之称道的就是向氏“六大家”的桐油致富史，巴沙村也随着向家桐油产业的兴盛而兴盛。

在向安异老人编著的《百年巴沙湖》一书中，用大量篇幅讲述了向家桐油致富的艰苦创业历程。据该书记载，向氏“六大家”的父辈是清代贡生，但终身以农耕为本，不事官场，坚持自力更生、艰苦创业，他常常教育自己的六个儿子要吃苦耐劳，不断开垦荒山，种植桐油树，以此发家致富。于是，这六个儿子听从父亲的教导，用日复一日的辛勤劳作换取了丰硕的劳动成果，凭借巴沙村得天独厚的自然条件，将成千上万亩荒山开垦成桐油树林。巴沙村的山林面积就占了原贾市乡面积的五分之一，每年九月能收五万多挑的桐籽，可榨油四万多斤。向氏将桐油从贾市码头经酉水河销往常德，形成了产供销一条链，并设立了向氏商号。清朝末年，桐油的出口价格大幅上涨，向氏“六大家”的财富越积越多。民国初年，向氏的家族势力和经济实力达到鼎盛，成为龙山县颇有名望的商户。②

于是，向家人开始买田、置地、收租，贾市的大米价格都被向家人垄断。不仅如此，向氏六兄弟开始在巴沙大兴土木，修建了十四栋三进深的封火墙大院和护村围墙，为防匪患，还在村子四周交通要道处筑有碉堡，组建了向家自卫民兵团，负责全村安全。更重要的是，为了使巴沙村长治久安，在向氏族长的号召和指导下，制定了村规民约，如：

1. 村内族人一律平等，贫富一视同仁，不准以富欺贫，坚持以理服人，无力者以族法行事。

---

① 访谈对象：向安敏，土家族，50岁；访谈地点：巴沙村；访谈时间：2020年7月29日。
② 资料来源：《百年巴沙湖》，村民向安异编著，为内部印刷作品。

2. 凡族人不准“打烂账”（外出谋生），如哪家遇到天灾人祸，生活困难，由族长出面，带领“六大家”出钱出粮解决。

3. 在五黄六月时，村内富户一定要低息放贷，扶持生产，不准乘人之危放高利贷。

4. 村子周围的五大风景林，不准随意砍伐，枯枝败叶固定专人收拾。

5. 族内发生意外灾害，全族人要齐心协力，共渡难关，有钱出钱，有力出力。

6. 族内人员干了偷扒抢劫的坏事，一经查出，从严惩办。[①]

…………

向氏“六大家”经过祖孙几代人的努力，财富不断积累，同时，在村规民约的制约管理下，巴沙村形成了“道不拾遗，夜不闭户”的淳朴民风。但兴衰有时，向家因矛盾纠纷，赔付了十万银两，多年积蓄花费一空，这使得向氏“六大家”开始走向衰落。

据村民向春林介绍，以前土匪肆虐，里耶的土匪与巴沙村唯利是图的人内外勾结，在村内放了一把火，由于民居住房比较拥挤，烧毁了大量的屋子，歹徒趁乱洗劫了向家大量的黄金、银圆。[②]至此，向氏“六大家”完全衰败，巴沙村也失去了昔日的繁华。

随着时代的发展，巴沙村已不再是由向氏“六大家”完全管控的古堡庄园，而是新时代民风淳朴、古韵犹存的传统村落。

（三）村落人口

巴沙村共6个村民小组，总户数为360户，总人口为1327人。有向、彭、刘、覃、李、王、张、吴、蔡、谢、吕、万、邓等姓，但主要姓氏为向，占全村半数以上的人口。主要民族有土家族、汉族、苗族，其中，土家族占总人口

① 资料来源：《百年巴沙湖》，村民向安异编著，为内部印刷作品。

② 访谈对象：向春林，土家族，41岁；访谈地点：巴沙村；访谈时间：2020年7月31日。

的80%，主要聚居在一组、二组、三组、六组；苗族与汉族占20%，主要聚居在四组和五组。在年龄构成方面，18岁以下人口占总人口比重为25%，18岁至60岁人口占总人口比重为60%，60岁以上人口占总人口比重为15%。全村村民的文化结构基本是，文盲和半文盲占10%，小学文化占60%，初中文化占25%，高中以上文化仅占5%。

（四）经济社会发展状况

巴沙村易地扶贫搬迁新村貌（殷沙漫　摄）

巴沙村传统民居建筑群（殷沙漫　摄）

巴沙村传统民居（殷沙漫　摄）

村民经济收入主要来源于外出务工和柑橘、白皮柚种植，农作物多为玉米、大豆、稻谷，以自食为主。2019年全村总产值465万元，外出务工收入220万元，柑橘产值120万元，农业总产值60万元，其他产值65万元。

巴沙村是凤凰、里耶、八面山、火岩、惹巴拉、洗车河、张家界旅游线上的核心区域，东连洗里路，西通龙里路，南达里耶机场、张花高速，北接吉恩高速、黔张常高铁。依托深厚的土家文化底蕴，以及良好的自然生态环境，该村从2015年开始进行旅游资源开发，对村寨中的古民居建筑、青石板路进行了修缮和维护，在重要的村道都设立了指示标，供游客寻路观赏游玩。此外，还打造了集观赏、休闲、科普、娱乐、康养等为一体的特色生态民俗文化旅游综合型景区——“紫薇天下”。该景区占地6416亩，是一个“五点一寨一街”布局的具有土家文化特色的乡村旅游景区。自2017年8月15日试营运以来，累计接待游客8万余人。

二、文化遗产

（一）物质文化遗产

1.传统民居建筑

巴沙村向氏祖训古屋内景（殷沙漫　摄）

巴沙村的古典风貌保存较为完整，大量历史古迹存留其间。向氏家族常年在外经商，与外界交流频繁，多元文化的交往交流活动较为活跃，因此，城堡式的明清巴沙古寨借鉴了徽派建筑风格，青石板路、封火院墙、窨子屋、冲天楼等依山而建，既保存了传统土家族风格，还融合了大量汉文化元素。巴沙村保存较完整的古民居有118栋，其中有窨子屋4栋、土家转角楼21栋，多为清雍正年间（1723—1735年）的建筑，有大量彩绘和雕刻图案。

其中，向氏“六大家”庄园由14栋封火墙大宅院组成，均依山而建，高低错落，依序排列。每栋都是三进三厅，门窗浮雕镂空，雕梁画栋，锦堂玉壁，院、墙建筑讲究，封火墙曲翘得度，贴有蓝色、黛色瓷饰或琉璃瓦面，有彩塑彩绘的花鸟虫鱼。庄园用条石和火砖建造，院子的岩石朝门用青石拱立做成牌坊，青石上雕刻有各种奇花异草图案和名言警句。台阶、院坝、阶檐、院墙奠基都是用石块建造。木质房屋周身上下反复刷上桐油。巴沙古村的明清建筑群保存完整，石雕彩塑在建筑装饰上的使用遗存随处可见。石雕所用石料就地取材，多用青石，厚20～40厘米。匠人用石材加工成的石雕构件有门框、拦板、抱鼓石、台阶、柱础、梁枋、井壁、石狮、石碑、石香炉等。①

祖训古屋是向氏“六大家”庄园残留的古迹，朝门与封火墙保存较为完好，占地约三百平方米，已有近两百年的历史。朝门上方题有“谦受益”三个大字，是向氏家训。现住于此的是向氏六房的后代。

巴沙村向家大院（殷沙漫　摄）

18世纪中叶，巴沙向氏宗族桐油产业已形成一定规模，桐籽年产量达两千多挑，可榨桐油十多万斤。因担心后辈族人骄傲自满，遂请人在自家朝门上题写了“谦受益”三个字，以此警醒族人，教化子孙。在向世荣任族长期间，他不仅注重兴新学、办团防、施仁政，还特别注重用“谦受益”家风来管理和教化族人。他修订完善了家风家训，其内容大到人伦道德、公平正义、扶弱帮贫，小到唱歌讲话、环境卫生等，都做了详尽的规定。②

村民向安亮所住的向家大院，于19世纪40年代建成，约占地四百平方米，已有近两百年历史，院内住了四户人家。大院保留了完整的朝门和部分封火院墙。据向安亮老人介绍，朝门是整个家屋最重要的门，“普通门四两重，朝门千斤重”，是设在主建筑正前方的岩石大门，门的两边建有封火围墙。③

① 参见湖南省龙山县里耶镇志编纂委员会编《里耶镇志》，方志出版社，2019年版。
② 资料来源：《百年巴沙湖》，村民向安异编著，为内部印刷作品。
③ 访谈对象：向安亮，土家族，56岁；访谈地点：巴沙村；访谈时间：2020年7月31日。

2.“龙眼”古井

村中有两口古井，修建于明崇祯末年，一口叫农会水井，大约深2米，另一口叫两山亭水井，大约深1米，是在同一时期开掘出来的，分别在寨子的两边，村民称这一对水井为“龙眼”，又名“龙井”。两口水井已有一百多年的历史，井水冬暖夏凉，即使下暴雨，井水也不会浑浊，冬天在水井边洗菜的人特别多。

对于古井的使用，有一定的风俗与禁忌。据村民向安清介绍，每年大年初一，村中每户人家第一次到井边取水时，都要在井口上方放置三炷香和一点香纸。如家中有老人去世，需要到水井边取水带回家，用井水给逝去的老人洗脸、擦身，在去水井取水的路上、取水过程中以及返回途中，都需要敲打铜锣，直至回到家中。而且，这两口水井只能用于饮用和洗碗、洗菜，是万万不能用来洗衣服、鞋子的，如果有人违反了这个规矩，村中德高望重的族长就会惩罚这个人将井水全部抽干，并且将水井清洗干净。①

3. 清朝封山碑

光绪二年（1876年）向世荣为禁止砍伐风景林，首次在巴沙立下石碑。石碑高2.5尺，宽1.4尺，正面正中刻有“示严禁不许放伐”七个大字，右刻“首士向世荣”，左刻“光绪二年正月初八”，上刻“永禁不朽”。禁山界限分明，为东起克落油房，南至黄天西扇子山，北到田家沟。如有人犯此禁令，则需杀羊见血，挂纸封山。②

（二）非物质文化遗产

1. 节庆风俗

巴沙村的节庆风俗保留了较多土家族传统，主要体现在过赶年、过大端午以及过大重阳。这三个节日也是巴沙村最为隆重的节日。

---

① 访谈对象：向安清，土家族，83岁；访谈地点：巴沙村；访谈时间：2020年7月30日。

② 资料来源：《贾市乡志》，村民向安异提供。

(1)“赶年”:礼仪与禁忌

关于“过赶年”的来历,有多种传说,其中流传最为普遍的是“土司听从明王朝调征,赴东南沿海抗倭剿寇;出征除日,令民间先朝度岁,后遂以为常”。现今,巴沙村的土家人仍然保持着“过赶年”的传统,同时也保留了相关的民俗活动和过年禁忌。

但在巴沙,对于“过年”的叫法则有所不同,巴沙人习惯于称其为“抢年”或“抢早”。过年前,家家户户都杀年猪,做大糍粑和糯米团馓。在过年那天,只要公鸡发出第一声啼叫,家家户户都点燃烟花爆竹,待敬拜了神龛后,便在早上吃年饭。饭桌上摆有蒸肉和腊八豆等菜。大年初一时,大家都去摆手堂跳摆手舞,一直跳到正月十五。在这十五天的时间里,还会开展“请七姑娘”民俗活动。至元宵节这一天,梯玛大师需要去摆手堂做法事,以敬拜八部大王和跳毛古斯舞,土语称之为“帕帕尼噶”。过年期间,村里的孩童最为欢乐,他们会玩“打秋千”“打飞棒”“青蛙抱蛋”“羊子摆尾”“踢毽子”,整个新年都热热闹闹。

除了热闹,在巴沙“抢年”也有一定的禁忌。首先,在过年之前,要去山上砍“柴火蔸”,在三十晚上烧掉,火烧得越旺寓意来年的猪杀得越大。其次,在吃年饭的时候,狼吞虎咽是万万不可的,大伙都得细嚼慢咽,吃得越慢越好,寓意家里有吃有剩,来年更兴旺。再次,大年夜当天,每个人都必须洗脚,若脚洗得干净则显得家里吃得好,晚上睡觉时不能直接说“睡觉”,要用土家语说“挖窑去”。最后,拜年时,需要从家中最大的长辈开始,拜完自家的亲人后,还要给其他村民拜年,对此村中有一说法:“初一拜年,家家到。”言外之意为,大家同在一个村中,抬头不见低头见,需要相亲相爱、和睦共处,不得有偏见。拜年时不需要带什么礼物,只是到别人家中拜访、闲坐、拉家常。此外,还有过年期间只能讲吉利话,不能踩火坑上的三角铁架等风俗。[①]

(2)大端午:迎亲接客最热闹

过完喜庆的新年,家家户户又开始农忙,投入到春耕劳动中,直到迎

① 访谈对象:向安异,土家族,80岁;访谈地点:巴沙村;访谈时间:2020年7月30日。

来第二个盛大的节日——端午节。在巴沙村，根据姓氏的不同，有过农历五月十五的“大端午”和农历五月初五的“小端午”之分，除了向氏六房的后代过“小端午”之外，其余的向氏家族和其他土家人均过“大端午”。但无论是“大端午”还是“小端午”，对于巴沙人来说，这都是和过年一样隆重盛大的节日，整个寨子要杀四五头猪。在这一天，家家户户都敞开门迎接亲戚朋友的到来，谁家接客接得最多、最热闹，就寓意这户人家越来越兴旺。长居于此的汉族人，如高姓和刘姓两家，受土家人的影响，也逐渐入乡随俗，既过赶年，又过大端午。①

（3）大重阳：纪念逝去的老姑婆

巴沙村第三个最热闹的节日是重阳节。按惯例，重阳节本在农历九月初九日，然而巴沙人却过农历九月十九，并称之为“大重阳”。这是因为土家人过重阳节时，需要杀鸡敬拜土地神。巴沙村原有一个土地堂，位于河对岸，有一年，一个老姑婆在过河敬土地神时不幸被大水冲走了，随后村民便把土地堂迁到了寨子里。为纪念这个逝去的老姑婆，从此，村民们都只在农历九月十九这天过重阳节。②

2. 民俗活动

巴沙村还保留着许多传统民俗活动，如“给菩萨过生”“玩菩萨”“烧蛋”“请七姑娘”“讲梁”等。从这些民俗活动中，能窥见一代代巴沙人的生命观和价值观，这些民俗活动也映射出人们生产劳作的经验智慧。

（1）“给菩萨过生”

巴沙村一直有敬拜观音菩萨的信众，“给菩萨过生”也成为该村一年之中较为重要的信仰活动。巴沙村民的祖先四百多年前在离村不远处的一座独立石峰上建了一座敬奉观音菩萨的庵堂，四周松柏遍布，有一条石径能直达峰顶。因白天站在石台上可以俯瞰山脚的河水，晚上的月亮和星辰能投映在庙潭的水中，所以将此庙称为“水月庵”。但这座庙宇早在几十年前已被毁坏，现在村民们只能在遗址处进行祭拜。每年农历二月

①② 访谈对象：向安昇，土家族，80岁；访谈地点：巴沙村；访谈时间：2020年7月30日。

十九、六月十九和九月十九是观音菩萨的生日，村民们便在这一天带上香纸、蜡烛、刀头（方块状的猪肉）等物前往庙宇遗址进行祭拜。①

（2）“玩菩萨”

“玩菩萨”是一种土家梯玛道场。“玩”是“恭请”的意思，“菩萨”是祖先和神仙的代表，“玩菩萨”即为恭请祖先和神仙的意思。这种道场一般在孩童出生之日举行，如果希望孩子长命富贵，就需要“玩菩萨”两天。第一天主要是祭祖和请神，具体为在孩童家中的堂屋里做道场，先敬家先（神龛），然后请玉帝、十八罗汉等神仙，最后主人家杀鸡宰羊，请全村人过来一起吃饭、凑热闹。第二天主要是“送白虎”和“升天灯”，“送白虎”又叫“赶白虎”，“白虎”是小孩的一个官煞，“天灯”是在房屋中间悬梁垂下一盏灯。②

（3）“烧蛋”

这是盛行于湘西少数民族地区的民俗活动，在巴沙村尤为盛行。“烧蛋”主要是为了“取黑”（方言音译，意为辟邪去煞）。具体过程为：首先，把鸡蛋和烧蛋人的手指甲、脚指甲和内衣放在一起烧，如果是男的来烧，就要左手的指甲，如果是女的来烧，就要右手的指甲。其次，烧的时候，需要念：“一划为天，二划为地，三划人有路，四划鬼无路，五奉泰山，急急如律令。”最后，将鸡蛋烧一个小时后，取出给来烧蛋人吃掉。“烧蛋”师傅不会摆摊，想烧蛋的人需要亲自上门，在烧蛋师傅家中烧。③

（4）“请七姑娘”

在正月初一至十五期间，巴沙村还盛行“请七姑娘”，主要是村民们为看收成、求子、问婚姻以及保家平安而举行的文化表演活动。当天，有一位专门唱《请七姑娘词》的师傅，还有一位扮演七姑娘的人，这位“七姑娘”的人选也有特定要求。据唱《请七姑娘词》的师傅向安志介绍，“请七姑娘”需要在师傅家里请，并且当天全村人都会前来观看和“请教”七姑娘，这个七姑娘的扮演者需要是一个“纯净”的人，必须思维清晰、头脑清醒，

---

①②③ 访谈对象：向安志，土家族，72岁；访谈地点：巴沙村；访谈时间：2020年7月30日。

眼能看、耳能听，但不限男女老少。正式开始“请七姑娘”时，要用头帕把“七姑娘”的头盖住，师傅手持一根点燃的香，边唱边走圈，“七姑娘”跟在师傅后面，观众全程不能出声，整个过程持续一到两个小时，唱完后，村民们便可提问题，师傅则拿出占卜的道具，根据占卜情况来回应问题。最后，师傅围着“七姑娘”转，边走边念“牛吃麦子，马吃面，回转回转”。至此，“请七姑娘”活动才算完整结束。

(5) “讲梁”

巴沙村人修房子时有很多规矩，如砍梁木是偷梁，不允许主人家知道，搬抬时路上不能歇气，不能让人坐在梁木上。上梁时要“讲梁”，先开梁口，讲梁师在中堂的东西边各架一架木梯，拾梯而上。[①]“讲梁”内容为：“喜洋洋，笑洋洋，双脚迈进新华堂，华堂四角四子方。红漆桌子摆中间，瓷器杯子摆一对……”一直讲到第十步，直至上到梁上。

巴沙村民居房梁，中间为主梁（殷沙漫　摄）

巴沙村吊脚楼（殷沙漫　摄）

讲梁师其实讲的都是一些吉利话，东西两位讲梁师此间会互相盘问，如东问：“讲此梁说此梁，讲起此梁根源长，此梁长在何处生在何方？”西答：“讲此梁，说此梁，此梁长在西眉山上，生在九龙盘上。”这样两人互相答问，如果哪个人回答不上来了，就算输。

① 访谈对象：彭丝武，土家族，56岁；访谈地点：巴沙村；访谈时间：2020年7月31日。

三、自然资源

巴沙村现保护完好的两片次生林中,均有较多的古树,主要品种为枫香树和猴栗树等。据向春敏老人介绍,他曾听七八十岁的老人讲过一则古树成精的故事。

在凉山亭水井边有一棵桂花树变成了女树妖,村民们戏称这棵树为“花大姐”。有一天,村里一个名为王桂花的姑娘从树下经过,被这桂花树的枝丫给缠住了,不得动弹,随后她便失去了理智。村里人见此情景,认为她是“中邪”了,于是请村里的道士前来作法。道士将耙田的铁钉钉在桂花树上,树干中流出了黄色的汁液,缠绕王桂花的树枝随即就自然解开了。但摆脱树枝缠绕后王桂花却疯疯癫癫死去了,这使得寨子里的人认为这棵桂花树对人有害,不能再让它存活下去,于是,村民们便联手把这棵桂花树砍了。[①]

四、历史事件[②]

(一)打黔军之战

民国十五年(1926年)八月北伐军入湘,贵州军阀袁祖铭参加北伐,担任西路的北伐总指挥司令官,而湖南军阀谭延闿怕袁祖铭占住湘西地盘不走,派周斓一个师进驻常德,布下阴谋,暗算刺杀了袁祖铭。袁被刺杀后,黔军无人指挥,于是民国十六年(1927年)二月初左右,袁的第三师毛凤祥部沿澧州、大庸、永顺进驻龙山城。四月,有一个团的兵力分驻贾家寨。团长姓邱,驻在贾家寨街上苏俊仙的家里。此时刘紫梁、师兴吾、向恢忠三个支队长均接到陈渠珍统令指示,要就地消灭黔军。刘紫梁、师兴吾两支队的一部分人从贾家寨下街打来,当时黔军大部分兵力经毛坡退

① 访谈对象:向春敏,土家族,50岁;访谈地点:巴沙村;访谈时间:2020年7月29日。
② 资料来源:《巴沙湖向氏宗谱》和《百年巴沙湖》。

往苗儿滩，一个营兵力拟退往巴沙湖村，既可解决军粮急需又可解决暂时扼要把守，然后经凤溪退往苗儿滩会合，不料正退到巴沙湖村口的何家桥边，被巴沙湖向恢忠支队阻击，于是开始一场护村的保卫战。

由于黔军没有退路，想打开一条血路，几次冲锋争夺何家桥。因向恢忠、向恢远两兄弟亲临督战指挥，黔军反复冲锋未能前进一步。加之此时团丁们在神枪手彭三连长的直接率领下，勇猛战斗，从早上到夕阳西下，打得黔军一个营的兵力尸横遍野，何家桥头一带死伤惨重。因此，黔军只好把大旗倒挂着，以表示投降。不料，巴沙湖向氏团丁们都不懂得是投降之意，仍然向黔军猛烈开火，打得黔兵四处逃散。于是，向恢忠发出冲锋命令，全部村民听令出动，配合团丁追杀散兵，使黔军全部覆没。

（二）打“神兵”之战

民国十六年（1927年）秋末，四川省酉阳县（今属重庆）的一支“神兵”队伍听闻巴沙村的向氏家财万贯，便前来巴沙打劫钱财。在一天深夜里，这支队伍拉拢了百余号人偷偷地来到巴沙村的岔溪组，于第二日凌晨攻打巴沙村。那天清晨大雾弥漫，马夫们打开寨门去放马时，发现几十匹马齐声嘶鸣，赶出门后又都跑回村内，似乎是一个不祥的预兆。但这些“神兵”们也不敢轻举妄动，在离村约三百米处的名叫“落比库”的一丘干田里，吹牛角，摇师刀。他们请了作法的师傅，想借神威吓倒向恢忠的团丁们，以便一拥而入，冲进寨子。

当时的族长向恢忠听到哨兵和马夫的报告后，马上传令，集合部队准备战斗，同时派一人前往冬瓜坪，调王义清连长的人马前来增援，又号召村内的青壮劳力准备好梭镖、马刀，与“神兵”决一死战。向恢忠还急忙安排了一名十分强壮的男性村民搬来一门合炮（又叫猪槽炮），并往合炮内灌了五升火药。他亲自来到离“神兵”集结处约1000米的地方，都来不及架炮，就让村民搬着炮把引火点了。于是，一声震天动地的巨响，炮内的数百片铧口碎片射向入侵的敌人。那些“神兵”们十分震惊，立即散了队形。就在“神兵”们四处逃窜之时，连长贾裕昌率领团丁们冲向“神兵”，在猴梨树湾与神兵们展开了肉搏战。因众寡悬殊，贾连长虽然手持双枪猛射，但“神兵”越来越多，十多个“神兵”把他扳倒在田里。这时，王连长援兵到达，朝敌人一阵猛射，及时救下贾裕昌。最后，族长号召的团兵们抢占了高地，并切断了“神兵”的归路，将他们团团围困在一个叫白杨树湾的地方，只有少数“神兵”得以逃脱。

这一战使得川鄂交界处无人不知巴沙湖向恢忠的大名，他管辖的地盘也不断扩大，上至招头寨，下至哪寨塘口。同时，巴沙村的名声也变得更大。

附　录

《请七姑娘词》(节选)[①]

一、师傅唱

青眼管青天，师傅在身边
隔山喊，隔山应
隔水喊，隔水应
隔河喊，隔河应
不叫自应

二、十二天门

第一门
男：七姐到了第一门，
第一门上你莫停。
女：第一门上我要停，
门庭之上花层层。
男：手拿钥匙去开门，

① 访谈对象：向安志，土家族，72岁；访谈地点：巴沙村；访谈时间：2020年7月30日。

专请七姐下凡尘。

第二门

男:七姐到了第二门,

第二门上你莫停。

女:第二门上我要停,

门庭之上花层层。

男:手拿钥匙去开门,

专请七姐下凡尘。

第三门

男:七姐到了第三门,

第三门上你莫停。

女:第三门上我要停,

门庭之上花层层。

男:手拿钥匙去开门,

专请七姐下凡尘。

…………

(以此类推,唱到第十二门)

三、十二桥

第一桥

男:七姐到了第一桥,

第一桥上你莫摇。

女:七姐到了第一桥,

桥头桥尾我要摇。

男:急急忙忙往前走,

前面还有第二桥。

第二桥

男:七姐到了第二桥,

第二桥上你莫摇。

女:七姐到了第二桥,
桥头桥尾我要摇。
男:急急忙忙往前走,
前面还有第三桥。
…………
(以此类推,唱到十二桥)

四、十二街

第一街
男:七姐乖来七姐乖,
七姐到了第一街,
第一街上你莫嗨。
…………
男:七姐打马往前走,
前面还有第二街。
第二街
…………
(以此类推,唱到十二街)

《讲梁词》(节选)

喜洋洋,笑洋洋,
双脚迈进新华堂,
华堂四角四子方。
红漆桌子摆中间,
瓷器杯子摆一对。
乌木筷子摆一双,
金打的壶瓶银接嘴。
主东坐朝守夜仙位,

先出富来后出贵。
脚踩银梯上天堂,
玉帝差我上木梁。
来得不早又不迟,
主东上梁正合适。
上一步一个财,
荣华富贵滚滚来。
上二步朵朵花,
天大的喜事到东家。
…………
身坐梁头望四方,
主东得座好屋场。
前有二龙来抢宝,
后有双凤来朝阳。
二龙抢宝生贵子,
双凤朝阳中状元。[①]
…………
东问:
讲此梁,说此梁,
讲起此梁根源长,
此梁长在何处生在何方?
西答:
讲此梁,说此梁,
此梁长在西眉山上,
生在九龙盘上。
…………

(本章由殷沙漫撰写)

① 资料来源:《百年巴沙湖》,村民向安异编著,为内部印刷作品。

第五章　街上村

街上村位于龙山县东南部，距县城98公里，距里耶镇29公里，东与苗市镇相接，南与原水坝乡相接，西与内溪乡相接，北和咱果、凤溪两乡相接，是贾市社区的下辖村寨，原贾市乡政府所在地，下辖3个村民小组。街上村在历史上是集贸繁荣的街区，各民族之间的交流交往密切，村内保留了较多的古迹，现存明清古街1条、封火院墙古建筑10栋、木瓦结构乡土建筑108栋、土家族吊脚楼30栋。当地村民在长期的劳作过程中，依据劳动的内容、时令等创作了摆手舞、毛古斯等土家族文化活动，该村于2013年被评为湖南省历史文化名村。2016年12月，街上村被列入第四批中国传统村落名录。

一、村落概况

（一）地理生态环境

贾市河（殷沙漫　摄）

贾市街上村位于龙山县东南部，距县城98公里，距里耶古城29公里。东与苗市镇相接，南与原水坝乡相接，西与内溪乡相接，北和咱果、凤溪两乡相接。贾市社区总面积29.8平方公里，有耕地2360亩、林地3260亩。街上村占地面积17.8平方公里，古建筑占地面积为村庄建设用地面积的68%，其他村庄建设用地面积仅占约0.24平方公里。街上村四周高、中间低，东有天水坡，南有火烧坡，西有松坡，北有脉龙界。四周海拔均在900米以上，最低处为海拔250.4米。年平均气温16℃，年平均降水量1303.3毫米。冷水溪发源于东风刘家河，最终汇入贾市河。

（二）村落历史[①]

明朝时，贾家寨属土司配管，名为“大哪司”。清雍正七年（1729年），因改土归流，废除土司制，永顺设府，龙山设县并下设十六里，贾市乡属于“大哪里”辖区范围内，以原凤溪乡、贾市乡、内溪乡、咱果乡、贾坝乡的向家坪为

① 资料来源：《贾市乡志》《贾市乡简志（2015年修订版）》，巴沙村村民向安异提供。

街上村“农业大学”旧址(殷沙漫　摄)

界,里府设在贾市。1912年,改原十六里为十六乡,把“大哪里”改名为“大达乡”,辖区未变,乡府仍设在贾市街上。中华人民共和国成立后,龙山划为5个区,贾市属第五区,区府设在里耶,贾市仍用原名“大达乡”。土改时,全县划为12个区,贾市划归咱果区,区府设在咱果,为第九区。1956年,撤区并乡把原194个乡并为45个乡、4个镇,原“大达乡”改名为贾市乡。1958年贾市改名为贾市人民公社,辖区为原凤溪乡、贾市乡、内溪乡,共10个大队。1980年贾市公社又更名为贾市乡。

明万历年间(1573—1620年),贾金山、贾汉山、贾东山三兄弟由江西吉安府滴水县贾路桥来到贾市定居,第一年住冷水溪卡檫木,第二年三兄弟分居。贾汉山去内溪哪洞坡住,贾东山去内溪坡松住,贾金山搬到梯马朝棹(现贾家坡上)定居。他们在这人烟稀少的地方繁衍生息,这里土地肥沃,又有一条得天独厚的河流,直通隆头、保靖、沅陵、常德等地。贾金山的儿子在朝廷担任过把总令官,又因贾姓人来得早、人口多、势力大,就把这里叫作贾家寨。随着时间的流转,迁来这里的人越来越多,蔡家由河南迁至湖南衡阳后从衡阳迁至贾市,李家则由原龙山县西龙街迁来,除了蔡、李两家,当时还有龚家和郑家都先后迁到这里,沿河修街建房。民间一直流传着这样的说法:“龚挑担,蔡煮饭,郑家抱得水烟袋。”当时龚、蔡和郑家均为贾家服务。后来贾家衰败,蔡家用两斤半锅巴盐买了半条街,其他家族也相继购置资产,则形成了不同的自然寨。

这里曾是酉水的重要中转码头,一度成为湘鄂渝川黔的边区重镇和物资集散地,也是兵家必争之地。

（三）村落人口

街上村下辖3个村民小组，共638户2315人，其中农业人口2115人，劳动适龄人口1308人，常年在外务工劳动力517人。常住人口有1580人。主要民族构成为土家族、苗族和汉族，分别占70%、10%和20%。年龄构成为6～15岁的青少年275人，60岁以上328人，81岁以上41人。村民大多为小学和初中学历，大学生约30人。

（四）物产与特色产业

农业为全村的主导产业，村民大多种植柑橘，主要经济收入来源于农业产业和外出务工，粮食作物以水稻、玉米为主，经济作物以柑橘、烤烟为主。

（五）经济社会发展状况

全村共有水泥硬化路4公里、村级卫生室一个、乡卫生院一所、中心小学一所。

近年来，全村围绕脱贫攻坚责任、政策、工作“三落实”，实施驻村帮扶“三个一”，狠抓教育、医疗、住房“三保障”，时常鼓励支持贫困农户兴产业、增就业、置家业，有效帮助村民增收。全村有低保户29户46人（兜底4户7人）、残疾人80人、散居五保12人、集中供养五保5人，有建档立卡贫困户义务教育阶段适龄学生98人、享受学生教育补助政策98人、慢性病签约25户25人，所有建档立卡贫困户均纳入基本医疗保险、大病保险，并享受“先诊疗后付费”、慢病签约服务等医疗救助政策；累计完成危房改造89户284人，集中供水553户2184人、分散供水13户36人，安全住房和安全饮水实现全覆盖。2014年之前有村级综合服务平台、通村（组）道路、农网改造，全村农户家均通生活用电，整村于2016年脱贫出列。

二、文化遗产

（一）物质文化遗产

街上村现存明清古街1条，封火院墙古建筑10栋、木瓦结构乡土建筑108栋、土家吊脚楼30栋。规模较大的清代建筑有上街蔡家2个大院、中街周家大院、黄家老屋和下街郑家大院等，占地面积均在400平方米以上，有封火墙、朝门、四合水天井，院落三进，房屋均有两层以上。

1. 贾市老街与集市

贾市老街隐匿于新街的背后，于明万历年间沿河而建，占地面积11.5万平方米，宽2.2~4米，长1140余米，街面一律用青石板铺成，街两边的古民居系清一色木石结构建筑。后来，上街因火灾烧掉100米、修公路毁掉120米，现存924米。街道分为上街、中街和下街。临街房屋排列紧凑，前为铺面，后为居室，保存完好。

明朝天启年间（1621—1628年），贾市建街后成为集市，每逢赶集时，周边的村民都来此买卖农副产品和日常生活用品。到清朝乾隆年间（1736—1796年），由于桐油、漆培等土特产值钱，这里又有一条河道通往隆头大河，人们就想借用水运把这些土特产远销出去，所以货物都由贾市上船，远销常德、汉口等地，换回南杂百货等日常生活用品。当时有3个码头、70多只小木船，往返贾市运货，贾市街上商贾云集，有店铺40多家、餐馆8家，还有10多家小吃馆，每逢赶集可交易30多头肉猪、100多头仔猪，牛

贾市老街（殷沙漫　摄）

行每场有80多头牛出售。贾市成为凤溪、内溪、咱果、召市、桂塘、四川等地的货物集散地，在民国时期最为繁华。当时流传着这样一句话：“上街豆腐、中街酒、下街秀才多如狗。”意为上街豆腐有名，中街酒家多，下街秀才出得多，充分体现了昔日贾市老街的繁荣盛况。①

据村民敖小军介绍，农历逢三、八是贾市的赶集日，苗儿滩、内溪、可达湖、招头寨等周边村寨的人都纷纷到贾市街上买卖，商铺以卖盐、布匹、红糖和副食品的居多，当时的周家、蔡家、郑家都有自己的商号和船只。②随着陆路交通的飞速发展，水运已不再能满足贾市的商贸往来，大约在20世纪60年代，贾市增建了一条新街，由大桥直到乡政府所在地。此外，贾市古街也于2014年开始得以修缮，保护并整修了沿街古屋。

贾市老街一隅(殷沙漫　摄)

2. 百年老屋

与古街共生、共荣、同衰落的，还有一栋栋残存的百年老屋。历史的脉络写在这片街区的每一块青石板上，刻在每一片瓦砾中，敲开的每一扇门，都藏着一个古老的故事。

郑家大院进士府第。位于贾市老街下街，建筑坐南朝北，为典型的家族合聚式居民建筑体，悬山式穿斗梁架结构，小青瓦屋面。前后分别为前厅和正厅，两厅之间是天井。前为两层木质楼房，吊脚式木栏杆，棂子格

① 参见《贾市乡简志(2015年修订版)》，巴沙村村民向安异提供。

② 访谈对象：敖小军，汉族，55岁；访谈地点：贾市社区；访谈时间：2020年8月3日。

郑家大院进士府第(殷沙漫　摄)

扇门、花窗。花窗雕刻精美,有花草、飞禽走兽和龙凤等图案,代表喜庆、吉祥。四方天井,青石板铺面。天井两侧有青条石台阶,各7级,中间3级台阶到正厅。厢房两侧为回廊,回廊上镂刻有喜鹊闹梅、万字格、龙凤呈祥等图案。前厅二楼万字格镂空花罩,正厅上壁横匾镶有行书纂写的"瑞铭仁表"四个大字,此匾为清光绪年间物品,原为与郑氏叔侄同科进士的一位官员所赠。

周家大屋。原建于清朝末年,因当时此地为中转码头,处繁华地段,保和隆商号又是贾市当时的首富,为此该屋建造宏大。大屋平面近方形,坐南面北,硬山式砖木结构,分三进,朝门的门楣上留有"农业学大寨"5个字。前屋设铺台,额枋硕大,装隔扇门,二进设石朝门,三进设台明,均为牙斗式梁架,斗墙封脊,有门面20多个、仓库12个、落地柱头48根。遗憾的是,1949年大屋因被土匪抢劫而部分损毁,重新修复后不如原貌。

周家文堂。建于清光绪三年(1877年),占地面积800多平方米,分前、中、后三进,后边有孔子的神位。正面是看屋人的住处,后边是人们朝拜孔子和看戏的地方。中间的平坝一律用青石板铺成,有400多平方米;四周的围墙由青石板和火砖堆砌而成,约有5米高;侧面的耳门和前面的朝门上都刻有精美的浮雕。在近代,这里曾为地方政府的办公用房。

黄家老屋。清咸丰初年(1851年),黄家先祖黄顺公迁徙此地,生有四子,取名单字曰龙、凤、麒、麟。长子黄龙,曾在四川省做过道台;次子黄凤在永顺府任过职;三子、四子在贾市定居经商,修建了此屋。老屋的大门均为青石构建,门柱为两根一丈多高的青石柱,门梁也是丈余长的青石条,屋脊上有双龙抢宝、丹凤朝阳等精致的浮雕。两扇大铁门上用乳头钉镶嵌有16个大字:“江夏名家、黄新顺公、五桂联欢、万宝来朝。”屋内天井中置有一深绿色大鱼缸,为清代彩陶。

蔡家大院。始建于清乾隆年间,前有青石朝门,中有四合天井,四周有封火院墙,两边耳房系上等木质结构,门窗均有精雕细琢的浮雕装饰。现在的蔡家大院已挂上了“敖家大屋”的牌匾,这是因为大院曾被分给两户人家,一户姓蔡,另一户姓敖,两家合住。大约十年前,蔡家人将自己所属的那一半屋子卖给了敖家。据敖家大屋现在的所有者敖小军介绍,大约在20世纪六七十年代,他的祖辈从江西迁到保靖,又从保靖到常德,最后来到贾市生活,敖家人已在这个大院中繁衍了三代。[①]

3. 古码头与问津桥

明清时期当地居民都是从贾市河水路进出,因此,周边的桐油等物资在贾市河码头集散。贾市有3个水运码头,最兴盛时有70多只小木船往返运货。在中华人民共和国成立之前,贾市还没有公路,只有水运,从贾市坐船可以到隆头、常德、汉口等地。据村民蔡隆进介绍,在集贸繁荣时期,重庆秀山可达湖、龙山县招头寨、湖北百福司等周边地区的桐油都集中运到贾市码头上船。[②]改革开放以后,由于各地都修建了四通八达的公路,码头的物资集散地位不断被削弱,贾市现今已不通水运,仅剩中街的一个码头遗址。

连通上街与中街古码头的是一条古桥,名为“问津桥”,建于明万历年间,长约1.2米,是过往行人的必经之道,由青石板铺成。1992年,此桥过桥岩板从中间断裂,变为危桥,随时有垮桥的危险。同年12月,首事人郑桂云、秦菊莫、杨子英、向世容4位老人到街上村各户募集捐款主持修补问津桥,1993年,在四位老人的主持下,第三次修补好这座桥,并在桥边立下“问津桥”石碑。如今的问津桥已少有人“问津”,码头的热闹也已不再,只留下桥边苍翠的青苔和肆意生长的野草。从此间走过,岁月的沧桑感油然而生。

---

① 访谈对象:敖小军,汉族,55岁;访谈地点:贾市社区;访谈时间:2020年8月3日。

② 访谈对象:蔡隆进,汉族,61岁;访谈地点:街上村;访谈时间:2020年8月3日。

问津桥(殷沙漫　摄)

4. 古树与古井

见证街上村历史的还有许多古树，在离村子不远的土寨山和一片封禁的山林中，分布着许多未挂牌的百年老树，大约有100余棵，其中最大的一棵古树围径约3米，直径约50厘米。村子里头的老树有4棵，一棵是百年松树，在古码头附近，另外两棵是樟树，在贾市社区中心小学里面。

村中还有4口古井，均匀分布于贾市老街上，供人们饮用和盥洗。其中有400多年历史的古井有2口，分别是魏家水井和蔡家水井，另外2口也有300余年历史，分别是当阿坡水井和水井湾水井。

(二) 非物质文化遗产

贾市街上村作为历史上集贸繁荣的街区，文化开放包容，汉族与少数民族之间的交流交往密切，因此，形成了多元文化交织的非物质文化遗产。

1. 土家族毛古斯舞

街上村的土家族文化底蕴厚重，在长期的劳作过程中，当地村民们依据劳动的动作、时令等创作了土家族摆手舞、毛古斯舞等独具少数民族特色的文化活动。摆手舞的基本内容和其他村相近，整个过程包含单摆、双摆、砍火煞、烧火煞、筛灰、搭苞谷、锄草、撒小米、摘小米、扯苞谷、背苞谷、捡棉花、纺纱、搭黄豆、打黄豆、抖虱子、老鹰打鸡和拜佛等内容。而街上村的毛古斯舞则具有较多独创性，是贾市毛古斯县级非物质文化遗产传承人徐克斌老人在吸纳周边土家族村寨的毛古斯特色后，依据具体的生产生活实践进行编排的贾市毛古斯舞蹈。创新的毛古斯舞有10个剧目，具体内容如下[①]：

(1) 借山

借山表现的是老毛古斯向老爷借地的情景。其动作与对白大体如下。

伴随着锣鼓点，老毛古斯从摆手坪场左侧的树林里跑出来。他围着摆手坪场先跑两圈，之后来到摆有香案和蜡烛的供桌前，跟老爷进行问答。老爷："帕布卡！帕布卡！帕布卡！"（"帕布卡"是土家语的直译，意思为最大的老太公，也是最大的"帕布"。要求连着叫三声，每次声音逐渐加强）老毛古斯："哈！"（叫第一声时老毛古斯仍旧是用碎步左右跳摆，没有听见老爷的叫喊。当被叫到第二声时，老毛古斯隐约感觉有个声音在叫自己，于是把自己的耳朵弄几下，想仔细听听。等叫到第三声的时候，老毛古斯终于发现是老爷在叫自己，就"哈"地应了一声）

整个借山舞段的表演中，老毛古斯始终保持驼背、弯腰、屈膝等体态，同时左右两脚交替跳动，身体伴随着脚的跳动左右摆动，全身的茅草唰唰作响。

(2) 扫进扫出

扫进扫出舞段，表现的是老爷说村里湿气、瘟气太重，于是拿出扫帚，让老毛古斯在摆手堂前"扫进扫出"。扫进，是指拿着扫帚做出往摆手堂里扫的动作。扫出，是指朝着摆手堂外面和村子外边扫。其寓意是将风调雨顺、家宅平安、五谷丰登扫进神堂，扫进土家村寨，将偷盗、抢劫等邪气、不顺扫出寨子。整个扫进扫出舞段带有一些即兴发挥的成分，扫的次数由扮演老毛古斯的演员自己决定。

老毛古斯："把那些偷盗的、抢劫的，都统统扫到岩坎脚下去。"毛古斯一

---

① 资料来源：由毛古斯传承人徐克斌收集整理，由村民蔡建军保存。

边在地上扫，一边在嘴里念叨着。然后双手拿着扫帚，快步往摆手堂外冲去。之后他双脚高高跳起，同时高扬手中扫帚，再用力将扫帚在地上猛拍几下："把那水牛角一样的苞谷，统统扫到摆手堂里边来。"老毛古斯转身，做相同的动作，但这次是往摆手堂里边扫。"把不做好事的，专做坏事的，统统扫到岩坎脚下去。"（往外扫）"把缆绳一样的小米穗子，统统扫进摆手堂里边来。"（往里扫）"把那些骗人、害人的，好吃懒做的，统统扫到岩坎脚下去。"（往外扫）"把那些风调雨顺的，都扫到摆手堂里边来。"（往里扫）

土家族人相信经过扫进扫出的表演，能将所有的不顺都统统扫出村子，而且未来一年都将兴旺发达。

（3）做阳春

做阳春反映的是土家先民原始农耕时期刀耕火种的生产方式，表现了毛古斯们伐木烧畲、播种粮食的劳动场景。表演内容较丰富，包括烧山、砍山、种小米等舞段。其对白及动作大致如下：小毛古斯们跟在老毛古斯后边，手里拿着敬菩萨的纸，点燃后开始烧山，同时嘴里发出"呜——呼——呼"的声音。烧山的场景有点混乱，毛古斯们手里拿着点燃的香纸，相互嬉闹着随意点火。有的毛古斯会一不留神把身上的茅草都点着，引来同伴一阵阵的笑声。烧山之后是砍火畲。毛古斯们随手从路边、树林里找来木棍，比画着做砍柴的动作。老爷："你们多挖几下。"毛古斯们拿起工具，在锣鼓点伴奏下，一块儿挖土。为了激励大家的干劲，老毛古斯唱起了《锣鼓歌》，众毛古斯则用"呜——呼——呼"不时地伴奏。老毛古斯唱："挖土的儿孙多得很，大家一起挖生土。" "有的挖，有的看，有的人没有用力气。""你也挖来，我也挖，有的人没有汗水。""挖到岩坎脚下，大家一起好休息。" "你也挖来，他也挖，挖到山顶好收工。"

（4）休闲娱乐

辛勤劳动后，众毛古斯三五成群地坐下休息。闲暇的间隙，有的毛古斯坐在地上相互间挠痒，有的在玩耍嬉闹，也有的毛古斯帮同伴找虱子。坐不住的小毛古斯们玩着各种游戏，有抵杠、观音坐梁、摔抱腰、唱山歌。在大家休息的时候，老婆婆和姑娘出现了。

(5) 挑葱

挑葱表现了老婆婆和姑娘两人一块儿用木头挑胡葱的场景,还有姑娘与小毛古斯的情歌对唱。老婆婆背着背篓,姑娘手里提着篮子。老婆婆与姑娘出场挑葱时,小毛古斯们见有女子过来,就调皮地往她们的背篓里扔草、小木棍,故意惹她们俩。姑娘有些害怕地往婆婆身后躲。小毛古斯们就扯姑娘的衣服。老婆婆生气地说:"哪个家里没有姑娘姊妹?哪个家里没有女子?"

(6) 捉鱼

捉鱼表现了几个毛古斯用罩鱼笼捉鱼的场景。这段舞蹈的对白比较简单。捉鱼的表演一般在火把前进行,因为以前没有电,在火把前表演会比较亮。表演时,一个毛古斯下到"水塘"里边,将手中的罩鱼笼抛出几米远罩住,然后在笼里用双手捉鱼。其他的毛古斯就围着鱼塘转,看着他捕鱼。表演时罩鱼的次数没有限制,可以即兴发挥。如果捉了一阵,仍旧没有收获的话,周围的毛古斯就会起哄。

(7) 狩猎

"赶肉"(土家族对狩猎活动的俗称)是土家先民最喜欢和擅长的活动。狩猎表演前要在梅山神龛前敬拜猎神——梅山。祭拜动作跟之前祭祖时的敬香、作揖、磕头程序一样,只是在人物上多了一个咕噜子,祭拜的场所变为摆手堂左手边的梅山神龛前。

请梅山时,除了动作之外,还必须讲一些吉利话,请梅山将山打开,把猎物放出来,让猎人们在里边顺畅通行。其动作及对白大体如下:

老爷问:"你们今天做什么去?"

老毛古斯:"我们今天赶肉去。"

老毛古斯:"东方的梅山、西方的梅山、南方的梅山、北方的梅山,你们把野兽都要放出来。""你不准野兽到任何地方去,把野兽都要放到我们枪口上来。""我们不要小的野兽,要大的野兽。""你莫把蛇放出来,你要把好的都放出来。""我们打得野兽就敬你。"

毛古斯们相信在这一敬一跪一请之间,就能请神打开山门,让猎物出来,保证狩猎成功。随后的打猎表演里毛古斯们都有明确的分工,有的理脚迹,有的围山,有的堵卡子。他们蹲在地上查看猎物留下的痕迹,并不时用土家语讨论着是什么猎物。凭借着经验,他们能从足迹判断出是什么猎物,有多大,朝什么方向去了,于是狩猎的队伍就顺着足迹寻去。到了围场大家按照地形堵上卡,围好山。有的负责堵截猎物,有的模仿猎物的叫声引诱猎物,剩下的人则准备围场。只听见“嗦——呀”的一声大叫,“猎物”受惊仓皇逃窜。毛古斯们情绪激昂,齐声呐喊助威,不一会儿就将猎物捆绑好,供奉在梅山的神龛前。跟之前开山请神一样,毛古斯们重复三次跪拜礼,并在口中念致谢词,以叩谢梅山的庇佑。敬完梅山后,众毛古斯剥野兽皮,大家对猎物进行分配。

(8) 卖皮子

卖皮子表现的是狩猎成功后,毛古斯们将猎物的皮剥下来卖,结果被咕噜子骗的场景。

老毛古斯:“卖皮子,卖皮子!”(众毛古斯抬着皮子,老毛古斯边走边喊。)

咕噜子答道:“我买皮子。”

老毛古斯与咕噜子两人这样一个叫,一个应,大家伙儿绕着摆手坪场跑了几圈。

咕噜子问:“我来看看皮子,你要好多钱?”

老毛古斯:“你讲一下看。”

咕噜子:“你的皮子,你讲。”

老毛古斯:“十块。”

咕噜子:“钱要多了,我给两块。”

老毛古斯:“钱少了,我不卖。”

咕噜子:“我给你三块,你卖不卖?”

老毛古斯手里举着皮子,扭过头跟小毛古斯们商量。乘老毛古斯不注意时,咕噜子将皮子偷走了。等老毛古斯扭过头时,才发现皮子丢了。

众毛古斯责备老毛古斯:“让你好好拿着皮子,你怎么把皮子弄丢了?

你怎么不好好拿着?”

老毛古斯答道:“被别人抢走了。”

老毛古斯自己也解释不清,究竟皮子是怎么丢的。小毛古斯责备老毛古斯粗心,老毛古斯则不断为自己争辩。大家一路争吵着走下场。

2. 正月舞龙:“赶寨不赶家”[①]

舞龙是街上村除毛古斯与摆手舞之外,另一传承较好的非物质文化遗产。以前街上村一直保留着一支舞龙队伍,由贾市乡文化站管理,并配有一定的经费支持。在贾市撤乡并镇之前,舞龙队常常参加文艺会演活动,但是自从贾市乡并入里耶镇,改为社区之后,便无专人组织管理这支队伍了,改由村部或村民自行组织活动,经费也相应地没有了。

据舞龙传承人滕建生老人介绍,他自25岁开始和父亲学习舞九节龙,并且每年过春节都会参加舞龙活动,现已是舞龙队中经验丰富的领头人。现今的舞龙队有14人,均为村中喜爱舞龙的村民,这14人的具体编排为龙身9人,敲打响器3人(锣、鼓、钹),以及龙头、龙尾的替班2人。队伍中,年纪最大的将近70岁,年纪最小的40岁左右,因年轻人都外出打工,过年回来后又忙于走亲戚,来舞狮的人越来越少。对此,滕建生老人非常惋惜,他说:“我们年纪大了,舞不动了,跑不得、跳不得,没有年轻人来舞了,很是可惜的。”

每到正月里,舞龙队会到每家每户去串门,意为把瘟气带走。但在舞龙活动的最开始,要先到庙里舞完,才能进村入户。进入一户人家时,必须先敬拜神龛,结束时有的主人家会给龙头“上红”(系上红绸布),每一家从进去到出来大概持续5分钟。此外,舞龙队非常注重“赶寨不赶家”的习俗,宁可绕寨,也不得遗漏所到村子里的任何一户人家。到了正月十五时,要去河边舞龙,因为龙要下海,河边有水。舞完后就得把龙身烧掉,寓意烧掉所有的瘟气、霉运等不好的东西。以前的龙身是村民们自己用纸

① 访谈对象:滕建生,汉族,67岁;访谈地点:贾市社区街上村;访谈时间:2020年8月3日。

扎的，现在已不再耗费时间精力做纸扎，而是在网上购买。因网购的龙身价格较高，做工更好，舞龙队的人并不舍得像以前一样，每年在河边舞完就烧掉，而是改用烟熏的方式来代替最后的烧龙环节。

3. 日常文娱：九子鞭[①]

街上村村民跳九子鞭（殷沙漫　摄）

跳九子鞭是村民们的日常文娱活动，在不需要劳动耕作的闲暇时间，村中的妇女常常或三三两两又或成群结队地玩起九子鞭，春节时候更是有更多人一起。村民们使用的九子鞭是由一根长1.3米、直径2厘米的细竹竿做成的，头尾两边用彩色毛线扎成散花样式，在头尾的三分之一处扎有铜钱。

据善于跳九子鞭的村民向佳花介绍，跳九子鞭时，右手握住鞭的中间，左手拍打鞭头，用鞭尾分别敲打左肩和右肩，再拍打鞭尾，鞭头敲打左腰，鞭尾再倒过来敲打右腰，左脚内勾和鞭尾相碰，右脚外勾与鞭尾相碰，换脚跳左脚与鞭尾相碰，这便是一个简单的跳九子鞭的过程。

4. 土家祖先神崇拜：彭公爵主[②]

贾市社区是个土家族占绝大多数人口的聚落，社区内土家文化特色较为突出，这也体现在民间信仰方面。据访谈了解，贾市社区高田村三组建有彭公宗祠，供奉着土家祖先彭公爵主，当地彭氏土家人每逢过节便纷纷前来祭拜。

中华人民共和国成立以前，彭公宗祠就已存在，历来都有祭拜的风

① 访谈对象：向佳花，苗族，56岁；访谈地点：贾市社区街上村；访谈时间：2020年8月2日。

② 访谈对象：彭昌禄，土家族，70岁；访谈地点：贾市社区街高田村；访谈时间：2020年8月2日。

彭氏祠堂(殷沙漫　摄)

俗。现在的彭公宗祠所在地是曾经的小摆手堂,占地面积约150平方米,为木质结构。由于年久失修,2014年时宗祠内部的中柱坏了,于是村干部以及彭氏家族协会就组织村民们一起凑钱重新建了现在的水泥砖房结构的彭公宗祠。

在宗祠的正殿里,摆放着三尊神像,中间一尊是彭公爵主,两边是左臣右相(文官和武官),为2014年请远在吉首的木雕师傅所雕刻,之前的神像是石雕的。以前这里还是供村民开会的地方。

正月初一村里大多数人都会在上午10点钟后,带着香纸、猪肉去宗祠祭拜彭公爵主。祭拜方式为集体祭拜,由村中有威望的人主持,周边各地彭氏家族代表都会过来,如湖北恩施来凤县、龙山县城、吉首市、兔吐村、街上村、巴沙岔溪村。2020年正月初一来了四五百人,摆了50余桌,彭昌禄是宗祠祭祀活动的理事人员,主要负责书写捐款名单、行程安排、活动对联等。集体祭拜时,全部人站在宗祠大坪上,按照班辈的先后顺序逐一进去,先点香、烧纸,然后作揖或者跪拜。全体人员拜完后,会一起跳摆手舞,同时进行一些文艺表演活动。除了在正月初一集体祭拜,一般在“四月八”、六月六和九月九也有人以家庭为单位去祭拜,就不需要再另行组织。

(本章由殷沙漫撰写)

第六章　兔吐村

兔吐村位于里耶镇东北部，深处马南坡山梁二级盆地之中，群山环绕，是一个典型的土家族聚居村落。村落总占地面积为7.8平方公里，辖4个村民小组，90%以上村民是土家族人，另有苗族、汉族等，主要姓氏有彭、贾、向、游、丁、盛等。村内保留了较完好的传统建筑，如始建于清雍正年间的“古风远绍”大屋以及土家族吊脚楼。在兔吐村，大多数村民都会跳摆手舞、毛古斯舞，能唱土家语山歌的人也不在少数。兔吐村的毛古斯舞保留了浓郁的土家族原始部落风情，村里的小端午节、舍巴节、“四月八”等节庆活动尤为盛大。2019年6月，兔吐村被列入第五批中国传统村落名录。

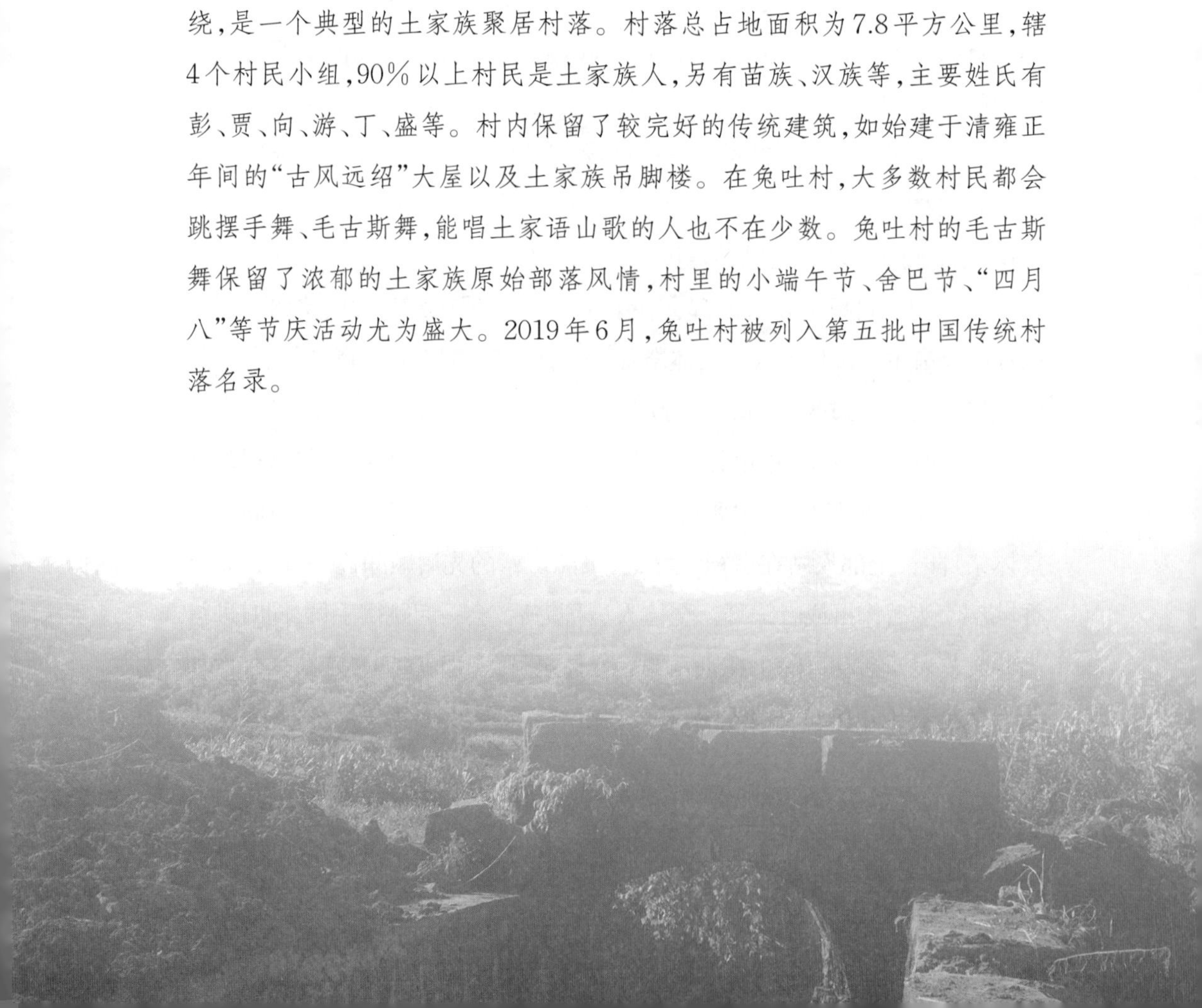

一、村落概况

（一）地理生态环境

兔吐村位于海拔600多米的山梁盆地之中，由赖竹坡与兔吐坪两个自然寨构成。兔吐村的地理条件较为特殊，它处于马龙山脉中山梁的腹地之中，进出山寨只能通过三大坳，在很长的时间里，村寨都处于一个相对闭塞的状态，以至于“山外不知有人家，山内不知外世界”竟是常态。虽然兔吐村处于如此自然封闭的状况，但当人真正踏足其中却感到风景如画，安静祥和。整个村落被板栗坳山分为两个盆地，形成了两个自然寨。山寨周围群山环抱，中间是稻田，村民的房屋就依山而建。背靠大山，面朝稻田，这就是古时来此定居的人们小小的生活智慧，这里的村民热情淳朴。踏上山头赏景的话，可以俯视周围的村庄。站在西北方与八面山遥遥相望，有群山渺小，万物静谧之感。

兔吐村村貌（殷沙漫　摄）

（二）村落来源

兔吐坪原称“虎兔坪”，这个称呼来自于一个传说。传说彭公爵祖子嗣众多，其中的一支想要迁徙到有湖水的地方生活。当这一支彭氏族人走到兔吐坪的时候，天已经暗了下来，他们发现此地水源充分，树深林茂，正是他们的理想之地，便想停居此地，在这里生活繁衍。但在入寨口，一个被称为神堂堡的地方，有两只老虎和两只兔子守护在那。两只老虎凶猛异常，并不想让彭氏进去。彭氏初来乍到，想要吓走老虎进入山寨，便以棍棒相威胁，企图打走老虎。彭氏与老虎僵持了两天，老虎更加感到被挑衅，反而更加凶狠地阻拦。彭氏族人中有一人相信老虎是有灵气的动物，便带头用食物敬拜老虎。敬拜了几天后，老虎竟然真的自动让开了路口，不再阻拦彭氏进入村寨。彭氏族人自此迁徙到兔吐坪，在这里生息繁衍至今。也是自那之后，兔吐坪的彭氏视老虎为守护村寨的神物。为了感谢老虎对他们的恩情，每到腊月二十八那天，彭氏族人都会用猪腿等食物敬拜老虎。而这个村寨也被那时初来的彭氏族人唤做“虎兔坪”，虎兔即指神堂堡上的那两只老虎与两只兔子。

但这个名字又很快发生了演变。因为旧时人们信奉神灵、风水之说，每当瘟疫或其他病症来袭，村内的孩子往往很难存活，那时的老人认为这是神灵给予村寨的惩罚。而这惩罚正是因为村子起名为“虎”，太过于威风，以至于触犯了神灵，才以此警告村民。所以“虎兔坪”又改名为“兔兔坪”。关于如何演化成“兔吐坪”，就不再有什么神奇的故事了，村内的老人大多认为是后来外来人的错译。

关于兔吐坪的称呼也有不少其他的说法。有人认为“兔吐”二字是土家语的音译，意思为“跪倒”。据传在乾隆年间，有一条隆头至贾市的官马大道途经兔吐坪，而古语有言“文官落轿，武官下马”，于是当地的人便在官道跪拜，以求仕途顺利，故此地便取名为“兔吐坪”。还有一种较为少见的说法，据传当地的彭氏后代在翻阅古籍时，发现“兔吐”实际是“屠堵”的错译。相传舍利子曾在此地的一座高塔里出没，佛教徒视浮屠为高塔，为了追寻到舍利子的踪迹来到此处，将村子命名为“屠堵”。但这种说法究竟有多少可信度，目前难以考证。

（三）村落人口

兔吐村分为4个村民小组。一组位于赖竹坡，二、三、四组位于作为主寨的兔吐坪。村落总占地面积为7.8平方千米，共有209户，总人口为802人。在兔吐村居住的90%以上是土家族人，少数是汉族以及外嫁而来的苗族。土家族人较多住在兔吐村的主寨兔吐坪，以彭氏、贾氏、向氏家族为主；汉族主要居住在目前属于一组的赖竹坡，以游氏、丁氏、盛氏、李氏、姚氏为主。据世居于此的土家族大族彭氏记载，彭氏于清雍正六年（1728年）从龙头大喇司迁至兔吐坪，在这里繁衍生息并与周边地区的人通婚，如今已传至第十三代了。目前，留在兔吐村内的村民仅有140多人，大部分村民选择了外出务工谋生，其中往浙江、广东一带务工的村民较多。留在村内的这140余人大多是老人和孩子，最高龄的是一位90多岁的老人。村民的文化水平不均，青年人中约有10人接受大学教育，老年人大多是小学或初中文化水平。

（四）经济社会发展状况

20世纪80至90年代，因贸易需求，村内曾一度盛行种植烟叶，很多村民都靠种植烟叶生活。烟叶生意最为繁荣时，村内有几百亩烟叶地。现在，村内还有好几座烤烟房遗址。兔吐坪的烟叶种植随着烟叶贸易的凋敝逐渐消失，村民们纷纷外出务工，不再种植烟叶。目前，村内有耕地2400亩，林地4600亩，主要的粮食作物为水稻、玉米、红薯、土豆，经济作物为油茶。对于这个总人口800多人的封闭的村寨来说，外出务工仍然是村民们的主要经济来源。

二、文化遗产

（一）物质文化遗产

1.“古风绍远”大屋

兔吐村“古风绍远”大屋（殷沙漫　摄）

“古风绍远”大屋于清雍正年间（1723—1736年）建成，是彭氏的族人彭云兰在世时，她的儿子彭金华中了探花后所修建。兔吐村在1961年遭遇了一场大火。据说是因为几个孩子玩火，点着了一个草屋，很快大火乘风势蔓延到整个村庄，这对当时几乎全是木制的房屋来说，简直是灭顶之灾。村庄的三分之二都淹没在了大火之中，很多古老的建筑，如当时祭拜所用的庙宇与摆手堂等都毁于一旦，唯一留存下来的古建筑便是彭家的宅院。

整个宅院占地300多平方米，门廊为青石板地面，保存完好。墙外左侧题“古风”，右侧题“绍远”，故称“古风绍远”大屋。“绍”有“继承”之意，或许当时的屋主正是希望后代能长长久久地延续继承家族的风貌与精神，才如此题字的吧。大门后堂屋的门楣上刻有莲花、鱼跃龙门、农业耕作图等精细的图案。窗户架上雕有福字图案，四角刻有四只蝙蝠，意为“五福临门”。其图案雕刻精巧，活灵活现，至今非常清晰。院落内还有近百平方米的天井，天井地面亦用青石板铺成。正堂同所有土家族宅屋一样，亦高悬“天地国亲师”的帘幅，下面摆有神龛，神龛上有供品、香烛与先祖的遗像。

据说土家大屋的封火墙不仅意味着防火防水防土匪，更意味着如果族内出了对家族不利的丑闻，便封住这个家，不再出门了。尽管这一说法不知几真几假，但封火墙确实是土家族建筑的特色所在。“古风远绍”大屋的封火墙在1961年的那场大火里，起到了保护大屋的主要作用，让这栋历史悠久的古建筑得以保存至今。

兔吐村老屋门雕(殷沙漫　摄)

2. 神堂庙

在灾难中被毁掉的还有兔吐村人祭拜八部大王的庙宇——神堂庙，当地人又称“土王祀”。它还是兔吐坪的小摆手堂。清光绪三年(1877年)兔吐坪彭氏族长主持在油坊坪修建神堂，于光绪四年(1878年)神堂修建落成。神堂占地面积91平方米，建筑西、南、北三面为泥土筑墙。神堂设三间两层戏楼，从戏楼中堂进入神堂。堂内为四合小天井。神殿正中置彭公教祖神像，下有神台端放供品，左边置八部大神神像。小天井右方架上置有枣红大鼓一面、大对子锣一面。鼓一响，三五里可闻其声，鼓声的快慢、点数均有章法。小天井前方十字架上有报时的铁钟一口，高82厘米，直径60厘米。每年正月初一，族人每日轮流在小摆手堂跳摆手舞；正月十五，全族合跳帕帕[①]。1994年11月，中央电视台在摆手堂拍摄土家族摆手舞、毛古斯。1997年冬，一场大雪，神堂被积雪压倒。

每年初一族人按房族顺序依次跳摆手舞的规矩也有一段传说。据说彭氏旧时有4房，有一年第四房不服这个按房族排序的顺序，想要从自己这一房开始跳摆手舞。那一年便是从第四房开始跳小摆手舞，结果那一年里村中很多人因病而亡，于是村民惶恐情绪四散，认为是此举违反了宗族派序，不吉利。于是，从那以后仍旧按照从大房依次向下的顺序跳摆手舞。

① 一种毛古斯舞，帕帕麻麻是土家族人的送子娘娘和婴儿的护佑神。

3. 古桥和古井

在赖子坡凉亭附近，有一座约200年历史的古桥，桥长2米左右，用青石板堆砌而成。因为年代久远，桥身有些下沉。传说桥后的空地正是寨内盛家在鼎盛时期建的跑马场。

村内有一口老水井，由人力搬来的5块几百斤重的青石板搭成，让人不禁感慨先人力量的伟大。水井有200多年历史，从前村内人的饮用水都依靠着这口水井。现在也还有不少人家的自来水管接的便是这口老水井的地下水。传说老水井通人性，若家中缺少什么东西，村民就到老水井前烧香祭拜，祈求水井赐予，祭拜的村民回到家后果然发现老水井赐给了他们缺少的东西。但有一点，和猪母娘洞借猪崽的规矩一样，借来的东西用完后必须还给老水井，不然就再也借不到东西了。正应了那句老话："有借有还，再借不难"。

兔吐村古桥(殷沙漫　摄)

兔吐村古井(桂江珊　摄)

在这样一个历史悠久、崇拜神灵的古老村落，甚至每一处地名都有一段神奇的传说，或许这些传说听上去有一些荒谬怪异，但都体现了当地质朴纯真、敬畏自然、团结一心、诚实勇敢的风土人情。他们对白虎知恩图报，知道愤怒与武力无法获得平静与和平，于是敬畏动物，祭拜天神以求和平。他们认为水井有灵，能帮助他们获得缺少的东西，但又自我告诫，做人不能贪婪无止，要好借好还。他们诚实聪慧、勇敢坚毅，一心对抗外来的侵略者，维护村内的和平与安全。这些奇妙的传说，是代代人口口相传的闲谈故事，在无形中告诫兔吐村的下一代人应该具备怎样的品质。这样一群以山为生的土家族人，敬畏山，依靠山，走出了大山，又把最质朴的土家文化留在了山内。

（二）非物质文化遗产

1. 民族舞蹈

土家族的摆手舞与毛古斯舞早在2006年就被列入首批国家级非物质文化遗产名录。这些舞蹈的音乐与节奏、动作与队形，把土家族人的勤劳勇敢、开拓进取、乐观向上的精神一一表达，把言语无法表达的生活片段用身体的张力生龙活虎展现在我们眼前。当地的土家族人会用土家语对唱山歌，用他们的话来说："山里人，不唱山歌不快活。"土家族的山歌是一种随性表达心情的方式，节奏只是载体，重要的是如何随机应用歌词来唱出自己的感受。歌词的内容取材多样，涉及生活生产的各个方面。

（1）摆手舞

目前在兔吐村，有3位毛古斯与摆手舞的县级非遗传承人。48岁的彭辉是彭家的第十辈，按照大喇司彭氏字辈①的排序，他排在"大"字辈，不过他并没有遵循辈分起名。彭辉是目前兔吐村摆手舞的第二十七代传承人，师从他的伯父彭昌凤先生，跟彭老先生学习摆手舞的动作技巧，角色以打鼓为主。在伯父的影响下，他逐渐深谙土家族摆手舞的文化内涵，并立志于摆手舞的传承与保护。彭辉十分注重对下一代传承人彭大富、向珍玉、石发娥等人的培养，近些年他们也参与了众多各级文化主管部门举办的各项活动，表演土家族摆手舞，让更多人欣赏到摆手舞的魅力。

摆手舞，是土家族人传承已久的群众性文化活动。清光绪版《龙山县志》有记："土民赛故土司神，旧有堂曰摆手堂。供土司某神位，陈牲礼。至期既夕，群男女并入，酬毕，披五花被，锦帕首，击鼓鸣钲，跳舞歌唱，竟数夕乃止。其期或正月或三月或五月不等。歌时男女相携，翩跹进退，故

① 大喇司彭氏字辈：兆泽御荣华、肇美祖昌大、承宗毓彦长、应征世纪泰。

谓之摆手。”土家族人民为了祭祀土司神，在名为摆手堂的地方，供奉土司神的神龛。每到祭祀的节日，男男女女做足礼数前来祭拜，祭拜完毕后击鼓鸣锣，欢歌燕舞，连续几天才结束。一般在正月、三月、五月等不确定的时间内祭拜。唱歌时，男男女女一起携手围圈，共同进退，所以称为摆手。

摆手舞分为大摆手与小摆手，大摆手主要集中在桥上村与柳坪村等地，而兔吐村的摆手舞被称为小摆手舞。大、小摆手舞的差异主要体现在祭拜对象、动作内容、鼓点节奏、人数多少上。

在跳摆手舞之前，祭祀是非常隆重的环节。对于土家族人来说祭拜天地是首要大事，因为天地赐衣裳，神农赐五谷。大摆手舞通常主要祭拜八部大神①，而小摆手则主要祭拜自己的同姓祖先彭公爵祖。

跳舞时由1至2人在中间敲鼓锣，跳舞的村民们围成一个圆圈，随着锣鼓声，共进共退，变换着舞姿。从跳舞的人数上来看，小摆手汇集的人更少一些，围成的圈要小一些；大摆手则范围更大，人数更多。大摆手舞的动作主要是生产活动与日常生活两大类，如砍火、挖土、插秧、割草、打谷子等生产类动作，抖虱子、老鹰展翅等生活类动作。而小摆手舞则更注重对刀耕火种文化的情景展示。

摆手舞的动作形式以单摆、双摆、回旋摆等为主。兔吐村的小摆手一般以单摆入场，后做双摆，紧接着是一些毛古斯舞中的情境动作，如砍草、放火、播种、撒种、除草、收割等生产类动作，也有如照太阳、梳头发、抖虱子、做团馓等的生活类动作，又有一些如牛打架、青蛙跳坎、赶猴子、围老虎、捕鱼等与动物或原始生活相关的动作，最后以小摆手收场。

在不同的动作里，节奏与鼓点发生改变。一般来说摆手舞出场时，以“扁②咚③/扁咚/扁咚乙④咚/扁咚”的单摆节奏出场，随后是“扁咚/扁咚/扁咚乙咚/扁咚/扁咚乙咚/扁咚/”的双摆节奏。大、小摆手舞的区别在于，大

① 土家传说中的八个部落酋长。

② 锣鼓同时敲。

③ 鼓单击。

④ 锣单击。

摆手的节奏为“扁咚/扁咚/扁咚乙咚/扁咚”与“扁扁咚咚/扁扁咚咚/扁咚乙咚扁咚”，小摆手的节奏为“扁—咚/扁—咚/咚扁咚扁咚扁—咚”。在节奏上，大摆手舞的鼓点偏于直爽大气，而小摆手舞偏于激昂快速。伴随着节奏，大家一起哼唱由旋律构成的简单歌曲。比如在兔吐村表达农事活动的歌曲：“哎唉嗬怀吔/哎哎/吔嗬嗬嗬怀哈/直嘎多(啊)里嘎/多(哈)食嘎(那个)多没(哎就)……”在单音节的节奏演唱中齐唱“要吃饭，先挖土”“要吃肉，快喂猪”“要喝水，先挖井”“要穿衣，快种棉”等表达生产的歌词。古时的时间划分与农业生产密切联系，农民是要靠天吃饭的，故而歌词中出现“正月到了，喜鹊报春了；二月到了，锦鸡啼鸣了，春光明媚了；三月到了，阳雀叫了，催种秧田了；四月到了，黄莺叫了，准备插秧了；五月到了，野猫叫了，准备踩秧了；六月到了，布谷鸟叫了，要锄草了；七月到了，蝉鸣了，阳春上岸了；八月到了，猫头鹰叫了，快到收割季节了；九月到了，蟋蟀叫了，要摘茶籽了”等内容，以此来表达四季与农事活动的密切联系。

摆手舞是兔吐村几乎人人都会的舞蹈，无需刻意学习，早已融入他们的日常生活中，无论是在重要的节日里还是日常的休闲娱乐中，他们都会用跳摆手舞的方式来表达自己的愉快与放松。土家族人在日常生产与生活中自发组织跳摆手舞，只为了自娱自乐，它作为目前土家族人最庞大最日常的文化活动，在点滴之中已融入民族的血液当中。尽管摆手堂已经不在，但村部门口的广场每晚都聚集着一些村民，他们的休闲娱乐不是跳广场舞，而是跳摆手舞，这是属于土家族的“广场舞”。

(2) 毛古斯舞

毛古斯舞，是舞蹈界与戏剧界公认的中国舞蹈及戏剧的活化石。兔吐村65岁的彭石化在2017年被评为毛古斯舞蹈的县级传承人。在20世纪80年代后，20多岁的彭石化首次接触到村内老人跳的毛古斯舞，遂拜彭昌凤为师，开始学习毛古斯舞。彭石化在舞蹈中扮演的是掌堂人的角色。毛古斯舞中需要有三位掌堂人，即祭祀人员。这样的角色大多以威望较高的老人担任。他们头戴青丝帕，身着黑色长衫，将猪头肉、酒摆上神坛，点燃蜡烛，一一祭拜彭氏的祖先彭公爵祖。祭拜时，掌坛人双手叠

兔吐村毛古斯传承人彭石化(殷沙漫　摄)

放举于胸前,左、右腿交替向前作揖,向前时双手打开。这一动作按彭公爵祖的方向,向前、左、右各做一遍。掌堂人不直接参与跳毛古斯舞,但在跳完毛古斯舞后会一起加入摆手舞的队伍中。毛古斯舞既是最原始的祭拜仪式活动,也是一项庆祝丰收的喜庆活动。

兔吐村的毛古斯舞保留了浓郁的土家族原始部落风情,有很多地方不同于龙山县其他村落的毛古斯表演。兔吐村的毛古斯舞者着“绿八茅”编制的服饰,服饰整体分为4个部分,上衣、下裙、帽子、草鞋,均由“绿八茅”手工制作而成。在跳舞时,帽子要完全遮住脸部。因为据传毛古斯舞者的面部如果被大家看见,他就会得病而亡。制造舞蹈服饰的原材料“绿八茅”,在开花的季节才可以被采摘,开花后被剥下来的壳就是它的叶子。“绿八茅”每年农历十月开花,故只有冬天才能找到这种稻草。手工做一整套毛古斯的服饰并不轻松,大约需要2天时间。当地的人最早使用茅草编织,并不好制作,后面才换成这种稻草。其他土家族聚集区的毛古斯表演者通常使用棕树叶子编织服饰,并在表演时露出面部。

兔吐村毛古斯仪式服饰(殷沙漫　摄)

在祭祀之后，就是毛古斯舞的经典片段之一，用来展示在古时恶劣的环境中，人们如何运用自己的聪明智慧进行生产生活。首先，扮演的野人下山，掌堂人问他："平时吃什么呀?"野人答："吃树叶和果子。"又问："居住在哪里?"野人答："住在树下。"紧接着村民们邀请野人同他们一起来学习刀耕火种，舞蹈展现砍山、烧柴、播撒种子、扯草、收割、打粑粑、接亲等一系列生产生活的内容。展示结婚环节时会有新娘和新郎，都着土家族的传统服饰。

2. 传统服饰

在过去，兔吐村的土家族男人着无领大袖的满襟衣，穿青色便裤，裤腰很大，由蓝布加白布拼接而成，没有松紧与拉链，叠穿而系。脚下穿青面白底鞋。女士穿对襟衣，向右边开襟胸。襟胸与袖口绣有五色花梅条或丝绣花条。脚下鞋稍尖，青面白底。男女头上都裹有青或白的布帕，呈人字路。在配饰上多以女性的金银制耳环、戒指和银质或玉质手镯为主。20世纪90年代中期，村内庆祝节日跳摆手舞还有着传统服饰的，但之后逐渐消失。如今人们在日常娱乐中并不特意穿传统服饰，但在大喜之日为显隆重，有些人会着土家族服饰。

3. 传统节日

兔吐村较为隆重的节日有正月的春节、小端午节、舍巴节、"四月八"等。土家族大部分村寨对这几个节日都较为重视。

与汉族不同的是，春节时兔吐村过的是"赶年"，即比汉族地区的除夕要早上一天，在腊月二十九过年，故称之为"赶"。在春节期间，人们每日载歌载舞，从正月初一跳到正月十五。

每年的腊月十八，是当地的舍巴节，这一天也是人们跳舞唱歌表达心情的日子。无论在哪个节日，祭祀都是土家族人必不可少的一环。在舍巴节当天，兔吐村的人们会进行一场盛大的祭祖活动。早上9点，人们聚集在神坛，点燃香纸与蜡烛，供奉猪头、粑粑、团馓等食物，按照家族与房族数进行祭拜。祭祀结束后就开始跳毛古斯舞蹈，在村里人多的时候，最多能聚集30多个村民参与进来，人少时也有十多个人。紧接着就是全村一起跳摆手舞。摆手舞不讲究人数，只图一个热闹，全村会跳的人都会加入进来。这场盛宴大约持续到下午2点之后才各自散去。在旧时，兔吐村这样的盛况甚至会吸引邻村的人过来观赏，一起加入这场盛大的欢庆。

村内还有过大端午与小端午的传统，小端午节在农历五月初五，是土家族人最隆重的节日。在这一天，他们走亲访友，联系亲情。

4. 婚嫁习俗

在改土归流之前，土家族的男女共同劳作，男女之间没有汉族所谓“七岁不同席、八岁不同桌”的规矩，自然他们的婚恋观也相对自由无拘。改土归流后，土家族人受到了汉族“父母之命，媒妁之言”的观点影响，原本自由的恋爱被封建包办婚姻所取代。此时土家族人的婚俗也相应地受到汉族婚俗的影响，延伸出一系列请媒求亲、订婚、拦门、进屋、回门、谢媒等结婚流程。而这些大致相仿的流程的细节里又蕴含着当地人民特有的价值取向与风土人情。

兔吐村一场较为传统的婚礼大约要从请媒开始。在最开始，男方需要着媒人上门求亲。这时，男女双方都互不认识，男方无法得知女方长相，但女方可以在门缝里偷偷看男方的长相。据传在旧时，如果男方的样貌较为丑陋，他会让一个英俊一点的男子代为前去，让女子错认为新郎是个帅气的男人而同意婚事。据说这样的招数是彭公爵祖教给后代的。因为求亲之时女方的年龄一般都较小，男方在请媒求亲后，要连续到女方家里拜3个年，才可谈婚嫁之事。每次拜年之时，男方要准备好丰盛的礼品。到第三次拜年时，如果女方的家长留下了男方所赠礼品中的猪腿和猪尾，就意味着双方可以准备来年的婚事了。但如果女方家长把猪尾去掉了，就意味着女方暂时还不想成婚。如果男女双方都有此意，那么男女订婚。

订婚之际，男方给女方家里送礼，礼品主要是土家人的粑粑，要一家一家地给女方的亲戚上门送粑粑，女方家里的亲戚一房都不能少，每屋送8个粑粑。土家族人为儿子定亲的时候，一般会做一对大如明月、象征团结的粑粑。接着结亲的双方请他们的媒人选定良辰吉时进行婚礼。

在婚礼之前，女方开始亲自给男方做布鞋，土家族人同样相信“好事成双”，所以布鞋也要做两双才行。婚礼当天，男方带着亲朋好友来女方家中接亲。兔吐坪的规矩是，女方要在家门口设拦门酒。摆上一张桌子，桌上放有几壶好酒，女方家里人会各种刁难男方，要求他回答问题，如若回答不上来，新郎就得给拦门的人红包，再喝上一碗赔礼的酒。

拦门之时，女方的亲人会问：“雾罩蒙蒙不见山，长江洪水不见滩，不知两位先生到此而来，有何贵干？”这时就要看男方的回应是不是够机灵，是否能让女方的亲朋满意。男方过了拦门酒后，开始放炮庆祝，进了女方的屋后，地上摆放着厚厚的棉被，新郎和新娘都跪在其上，在神龛前磕头祭祖。接亲的这天晚上，男方要在女方家中歇息，故而村中有句老话：“好男不接亲，好女不看灯。”意思是来接亲的男人第一天晚上睡在岳父岳母家中，难免有吃软饭之嫌，所以真正好的男方是不接亲的。

次日，新郎带上新娘一起回到男方家中。一般来说，新娘先行，嫁妆在后。但在兔吐坪是得让新娘的嫁妆先于新娘而行，意为让新娘的铺盖先到男方家中。这时，新娘也得带上给男方家人的礼物，鞋子还是新娘最常送的礼品。在去男方家的路上，有时会碰到另一对结亲的新娘。当两个新娘相遇时，也颇有讲究。“换彩”即双方新娘交换自己的鞋子，一般来说，会将自己的一只鞋与对方进行交换。因为结婚的鞋子是彩色的，故俗称“换彩”，以此来赢得一个好彩头。换来的鞋子放在猪草下面压住，意为让猪长得又大又胖。当新娘到了新郎家门口时，进门之前要跨过一面筛子，筛子上放着一盏桐油灯。这一程序颇像汉族人结婚时的跨火盆，同样寓意让火去掉身上的煞气或不祥的东西。有的性格颇为强势的新娘，可能会在进门的门槛上踩上一脚。门槛对于土家族人来说意味着家门的荣誉，在日常生活中，进门是不可以碰到门槛的，更不能蹲在上面或踩踏门槛。如果新娘踹一脚门槛，就是对这门亲事不满，或希望当一个强势的女主人。新娘进门后将卧室的蚊帐用针线缝合起来，也同样有此意，即希望家中的婆婆不要过多念叨教育她。

以前兔吐坪的新娘在进门前都需自备三天的干粮，因为俗语有称“三天莫吃婆家饭”，即刚入门的新娘前三天都不吃丈夫家的饭菜。据传是因为新娘一到丈夫家就开始吃饭，显得仿佛结亲就是为了吃饭一样，于是忠贞的新娘就以不吃婆家饭来证明自己对婚姻的忠贞不二。晚上开铺之时，新娘新郎要头朝东睡，因为朝东风水比较好。

在土家族的婚礼中，不仅有媒人，还有另外两个重要的角色，一个称为“送来娘”，一个称为“迎亲娘”。“送来娘”由女方家中的嫂子、舅母一类的人物担任，“迎亲娘”由男方家中的亲戚担任。因为结亲之前新郎和新娘互不相识，所以刚结婚的时候，有些夫妻会有一些矛盾与争执。这时，“送来娘”和“迎亲娘”就发挥着调和夫妻矛盾的作用，告诫他们婚姻中的道理。对于“送来娘”和“迎亲娘”的人选，主要依据她们自身的家庭生活是否和谐美满，她们必须是父母双全、儿女健康、家庭幸福的，这样才有资格教育新娘新郎如何维系好婚姻。

到了第三天的回门日，讲究“跟倒去，跟着也来”，即必须当天去当天回。因为新房的铺盖在刚结婚的时候不可以空，得夜夜有人睡。女方在回门时，要喜笑颜开，不能愁眉苦脸，不能让家人认为自己过得不好。男方要准备礼物给岳父岳母、“送来娘”、媒人。一般来说礼物准备肉、酒、粑粑即可，另需赠送两个媒人一个猪头(猪头一分为二)、两双布鞋。但其实在土家族特有的哭嫁环节中，有很大一部分都是在骂媒人。哭嫁源于女子出嫁时，不舍得父母与兄弟姐妹，发自内心的哭泣。到后面演变为婚礼程序中必不可少的环节，有一整套哭嫁词。最夸张的时候可以哭到一个月左右，一般来说能哭到3至10天。现在的婚礼中大多省去了哭嫁这一环节，但请媒、结亲、拦门、回门等习俗还保留着。

三、自然资源

(一)洞穴

兔吐村属于喀斯特地貌类型，流水侵蚀形成的地理环境特征体现在村内的各处天坑、泉水口、山洞中。村内有不少天然形成的洞穴，如响水泉洞、猪母娘洞、天坑、“阿及”[①]洞、“阿巴”洞、“卡马古斯”[②]洞。

响水泉。原来是一个天然的洞穴，20世纪70年代，为了建村里的小学，村民用火药炸山，以取得岩石块。洞穴被炸后，露出一个泉眼。雨水充沛时，水量自然充足，山上的泉水通过泉眼咕噜噜冒出水来。当遇到旱季的时候，泉眼干涸，不再涌出山泉水。这时，村民们发现只要有人在附近发出响动，泉眼就会再次冒出水来，便故意制造声响让泉水涌出，故称此为“喊泉”。之后村里便流传出一个故事，即对着泉眼喊“犀牛大哥，我要喝水”，泉眼就会流出山泉。村民们还发现呼喊的音量大且持续时间长时，泉水涌出量就多；音量小且时间短时，泉水涌出量就少。

“喊泉”的传说给山泉蒙上一层神秘感。但实际上，现在旱季去喊泉，一般喊不出来。“喊泉”旱季出水是因为在泉口发出声响时，声波传入泉洞内的储水池，会产生“共鸣”“回声”和“声压”等物理作用。泉洞中的水栖动物受到惊扰，激起水波，使处于即将溢出状态的储水池水面受到压力，诱发虹吸效应，形成涌泉。如果储水池的水主要来自于地表水，雨季和旱季水量悬殊，则形成季节性的间息喊泉；如果储水池的水主要来自于地下水，则形成无季节性的永久性喊泉。因为兔吐坪响水泉的泉水来自于地表降雨，所以出现了季节性的间息喊泉。

猪母娘洞。该洞位于村内赖竹坡。传说洞穴中住着一只老母猪，早晚出现带着小猪崽们从洞口进出，有些村民便心生想法，想捉住几只小猪崽带回去喂养。但人们不管用什么方法，都捉不住猪崽。于是村民们认为母猪和小猪们都是神仙，便拿来香纸在洞穴口祭拜求愿，求神仙能够赐猪崽给他们。并且承诺，如果得到猪崽宰杀后会拿猪头来供奉还愿。祭拜和许下诺言的村民真的得到了猪崽。但久而久之，村民们开始遗忘、漠视曾经的诺言，宰杀猪崽后也不来还愿，母猪神认为他们言而无信，猪母娘洞就再也没有猪崽出现了。猪母娘洞洞穴很大，据传能容纳20人在内活动。

---

① 土家语音译，意为“岩石”。

② 土家语音译，意为“角落”。

天坑。村内四散分布着许多天坑，面积有大有小，其中有个被称为“王大坤坑”的天坑。这个天坑的名称源于名为王大坤的村民故事，据传这个叫王大坤的人是寨子里的长工，熟知村寨内家家户户的情况。那时湘西土匪猖獗，王大坤利欲熏心和寨子外的土匪勾结，将自己知道的情况告诉土匪，和他们里应外合劫掠村寨。村寨被洗劫一空，村民们觉得土匪此行十分蹊跷，便查找线索，最后找出了王大坤这个奸细。村民们都愤怒无比，为了以示惩戒，便将他双脚双手捆住，扔进了天坑里。此外，还有一处天坑，没有具体的名称。传说民国时期，彭家的一个男子路过此天坑，看见一条巨大的蟒蛇盘踞于此，蛇尾在天坑里，蛇头在山上。彭氏男子倍感恐惧，于是精神失常，患了疯癫之症。

羊鱼潭。村内有一处水潭，名为羊鱼潭。曾经有位风水先生来此查看地形，觉得此处的风水极好。有一只羊，从山洞口进出，早晚如此，白天出来吃草，晚上进洞休息。于是风水先生让他的后人在他死后将他埋葬于此。在他埋葬于此之后，羊就再也没有出洞了。

（二）古树

兔吐村周边山林茂盛，村内约有5棵百年以上的古树，生长在神坛堡上，目前都没有挂牌保护。相传这几棵古树是给这里的老虎与兔子乘凉所用，最粗壮的一棵，需5人环抱。兔吐村的古树树种大多为松柏、松香、黄连木、枫树。

（三）坳口

兔吐坪有三大坳口，村民们都能随口说出“出门三大炮，进门三大坳”的俗语。这三大坳口是自然赐予他们的天然屏障与通道。因旧社会时，湘西土匪猖獗，当地的村民就想出一些办法来区别归来的村民与土匪。其一就是走大路返回。村民们在外出时，约定好只走大路返回，如果走小路回来，会被村内的警戒员默认为是土匪。其二是放炮示意。村民出门之际,如果是出门3到5天的时间,都需在家门前放炮示意,以告知邻居们自己即将出门。进出的这三个坳口分别名为:栗子坳、泥潭坳、退坪坳。坳口的起名没有什么讲究,无非是栗子坳口长满了板栗树,泥潭坳边有泥潭。

兔吐村山景(殷沙漫　摄)

传说栗子坳上有个地方叫"里蒿"[1],被当地人认为是栗子坳的龙脉所在地,风水极好,影响着坳下村庄的命运。当时的皇帝派了一队人前来挖山寻宝,然而一挖山,坳下的村庄就地动山摇。更离奇的是,将山上的泥土挖走后,第二天清晨就会发现又重新填满了泥土,无论如何都挖不尽这座山。这时,龙脉对村民下达了神意:"千把锄头三把锹,赶不到铁钉铜钉钉断腰。"意思是用锄头和铁锹都没办法挖走山上的东西,只有用钉子才能封印山的神脉。于是村民便将神意告诉了皇帝派来的人,拿钉子钉住了龙脉之处,再次挖动山脉的时候就平安无事了。

(本章由桂江珊撰写)

① 土家语音译,意为"有野物的地方"。

第七章　长春村

长春村位于里耶镇北部，距离里耶镇约4公里，于2005年由原长春村、清江村、凤寨村合并而成，村域面积约20平方公里。村落四面环山，有长潭河流经此地，将村落一分为二。在明清时期，长潭河的西岸为长潭街，被称为“长潭市”，东岸被称为“惹峀里”，形成了繁荣的水运集市。村内保留了民国时期的文化教育名人胡锦春的故居——胡家大院，以及十余栋土家族传统转角楼。此外，长春村在节庆活动、婚丧嫁娶仪式、休闲娱乐等方面仍保留着较传统的民族文化特色。2013年8月，长春村被列入第二批中国传统村落名录。

一、村落概况

(一) 地理生态环境

长春村村景(桂江珊　摄)

长春村地势较为平坦,海拔较低,属于山间盆地。背靠八面山,四面高山环抱,气候温暖,四季分明。

长潭河滋养了这片土地,这也正是古时长春村被称为长潭村的原因。长潭河自内溪乡的西眉峡起源,从长潭村村北的大砖厂流到南边的东风水电站,汇入西水河,中间流经的5公里都没有积潭,故村民称之为长潭河。后因地质变化,潭水消失,渐渐干涸。

(二) 村落历史

从历史上的行政划分来看,长潭河将村落一分为二。在明清时期,长潭河的西岸为长潭街,被称为"长潭市"[①];东岸被称为"惹崮里"[②]。明朝正德年间(1506—1522年),隆头、比耳、新寨、里耶等地被西水河分割开来,分属保靖宣慰司与辰州府大喇司,在改土归流后,这些城镇分别属于保靖县与龙山县。到清朝同治、光绪年间,龙山县设有鲁碧潭[③]、里耶塘、

① 现长潭街上。

② 土家语音译,意为"美丽的山寨"。

③ 土家语音译,意为"捞碑潭"。"鲁"汉意为"捞","碧"为"碑"。

里耶市(现里耶)。1792年改土归流归置龙山县时,全县设15里:岩冲[①]、树木峒[②]、比耳、里耶市、长潭市等。此时惹凿里与岩冲同属三甲里第六保。1949年,惹凿里从岩冲划出,与长潭市合为一个村,即长春村。

长春村传统民居(殷沙漫　摄)

有河流的地方就有水潭,而历史越悠久的河潭越拥有许多神秘的故事。长潭河原先有一处水潭叫"龙潭",水潭背靠沙子堡,在水浅的时候,村民见岩石伸进水中,仿佛一条跃然而起的龙。龙舌与龙嘴都活灵活现地在潭水中,龙身盘踞在沙子堡上。另一处水潭更加有神秘色彩,被称为"吴俊翠潭"。吴俊翠是村内流浪的乞丐,后饿死在山上,路过的村民发现了他的遗体,便将他的尸体扔进水潭,激流裹挟着尸体,漂流到了传说中的龙脉之处。龙脉是此地的风水源头,而尸体压住了龙脉,破坏了风水,让当地出现了鸡不鸣、狗不吠的怪象,村民们便称那个水潭为"吴俊翠潭"。

诸如此类,因传说而得名的地方还有"阿弥陀佛山""将军岩"等。将军岩因岩石林立看上去似一个英武的将军而得名。据传,旧时阿弥陀佛山转角处比较险峻,山上枝繁叶茂,故凉风阵阵,天黑之后过路的村民都有些害怕,觉得此地阴气甚重,故每次途经此地都口念"阿弥陀佛",以求心安。百年来村民们口口相传,这里也就被称为"阿弥陀佛山"。家族史常常映射着当地的发展史,不同家族的兴盛、衰落影响着村落发展的历史。他们何时迁来,何时鼎盛,又何时黯然退场,留下子孙后代来溯源一

① 土家语地名,是"阿撮"的汉译名。"阿"意为"石头","撮"是"屋"。

② 土家语音译,意为"祖先居住的地方"。"树木"汉意为"祖先"或"家乡"。

个个神秘的家族故事。世居于此的土家族、苗族与汉族村民,他们的祖先留下了珍贵又丰富的物质和精神遗产,也留下了属于他们自己的传奇故事。

1. **彭氏家族**

惹巤里彭氏家族是世居于此的土家大姓家族。彭氏与其他土家族信奉的祖先有所不同,其他姓氏的土家族人祭拜八部大王,而彭氏除了祭拜土家族人的八部大王外,还要祭拜他们的先祖彭公爵祖。传说早在尧舜时期,彭氏的祖先彭公爵祖就受封于彭城,建立了大彭国。后在商朝末年的时候,彭氏失国,彭氏的族人四处迁徙。其中一支在唐末黄巢起义之时,举兵自保,控制了溪州[①]。这支彭氏族人在彭士愁的带领下在溪州建立了割据政权。长春村的彭氏由江西迁徙而来,因"汉不入峒,蛮不出峒"的政策而逐渐土化。据彭氏家谱记载,惹巤里彭氏于明朝正德年间,为防酉阳冉氏侵犯,从永顺迁至岩冲树木峒与里耶鲁碧潭等地屯兵,迄今已有500多年的历史。彭氏先祖的后裔有明公、永禄公、永正公等在岩冲、长潭、里耶等周边地区定居下来。其中有明公是目前惹巤里彭氏可考的先祖。湘西彭氏的字辈随着彭氏土司政权的变更、民族交融和社会发展而变化。当地汉人书院的建立、儒学的熏陶、与当地迁入汉人的交融,促使土司不断汉化。以至于改土归流后,随着土司政权的瓦解,土司王无力再维持统一的字辈,湘西的彭氏便各自延续辈分,形成了多字辈派。现在的长春村彭家人,尚还依袭着"国正天心顺,官清民自安"的辈分排序。

2. **胡氏家族**

胡氏为当地土家族大姓。胡锦春[②]是胡家大院的建造者,也是第一任主人。在村里的老人口中,还是颇有威望。胡锦春的祖父是清朝同治年间的国子监生员,父亲与叔父都是光绪年间的秀才。胡氏家学渊源颇深,胡锦春也深受熏陶,从小成绩优异,考取了光绪三十年(1904年)的恩科

① 即今湖南省龙山县。

② 胡锦春(1875—1951年),字藩舟,里耶镇长春村人。

拔贡。但他那时深感朝廷腐败，无意官场，于是回到家乡办学教书，在龙山县立第二高等小学堂[①]任校长一职。他执教期间，任用了众多文化教育界人士，改革学校学制，提倡民主办学，充分调动教师的积极性。在日本侵华战争时期，他提倡“三育三才”的教育主张，德智体三育并进，德才智三才结合，还开设了救国军训、学校步兵操课程，实施“体育救国”的方针。1943年他在里耶任国文教师，1946年湘西土匪控制了里耶中学，他便回到家乡长潭开办私塾。他一生从教，虽经历颇多曲折，但始终保有一颗赤诚之心、风骨之气。1951年，因病逝于长潭家中。长潭的另一位胡家名人，是胡锦心[②]。胡锦心于湖南高等学堂毕业后，任川东道尹公署民政科科长、川东地区禁烟特派使，后接连担任古丈县知事，桑植县知事，永绥[③]、芷江等县县长。1942年，他弃政从教，在保靖县湖南省立八中任教。

3. **姚氏家族**

姚氏家族是当地的汉族大姓家族。据传龙山姚氏共有两支，是为三公[④]与进公之后，他们都是舜帝的后代。龙山姚氏的先祖在明朝永乐年间从江西迁往湖南沅水府与桃源，后沿酉水河而上到达龙山各地安居，繁衍后代。长潭乡最早的姚氏为姚启敖，他带着家人从内溪乡树车迁到长潭，后繁衍至今。姚家大屋是长春村颇有名声的建筑之一，现居住在此的姚元渭，是姚家大屋的第四代传承人。目前大屋由姚家的8家亲属一起合住。姚家大屋始建于200多年前，在清末民初建成，自那时起代代相传。姚家是长春村的土著居民，大部分时间内姚家人多为农民。其中，较为有名的是姚家第二代传人姚敦和。他于晚清时考取了秀才，并任行使诉讼公职的职务。这一职务的职能相当于现代的律师。不过令人遗憾的是，姚家先祖的故事犹可追忆，重新修建的房屋却再也不见以前的风貌了。之前的传统木制房屋建成了土砖房，原本的传统建筑中只保留下一面封

① 原里耶万寿宫蒙养学堂。

② 胡锦心（1895—1950年），又名壁僧，里耶镇长潭人。

③ 今花垣县。

④ 即良能、良德、良珊。

火墙，百年来的姚家历史都存留在这面斑驳的封火墙上了。

（三）村落人口

村内土家族与苗族人口占总人口的90%以上，土家族主要居住在长春村老街与凤寨村，占村内人口的80%以上。汉族聚集在长春村老街，有100余人。

（四）物产与特色产业

长春村柑橘产业（殷沙漫　摄）

村内有2200亩耕地与2.85万亩林地。耕地种植的粮食作物主要是水稻与玉米。林地主要种植柑橘，柑橘产业一直是长春村的支柱型产业，种植面积约2000亩，年产500万斤。现在村内有油茶合作社和有一定规模的家畜与农作物种养合作社，家畜主要以猪、鸡、鸭为主；经济作物以柑橘、枇杷、葡萄、茶叶为主。在20世纪70年代，村内经济作物以桐油为主，后面开始种植油茶，从前老茶树收成最好的时候，每人能分到百斤茶油。

（五）经济社会发展状况

长春村的地理条件非常优越，不仅有河流穿过，而且距离里耶镇仅有4公里。无论从地理因素，还是经济连带作用来看，长春村都可以说是里耶镇的后花园。在清朝至民国时期，长春村拥有较为发达的文化教育，出

长春村公路(殷沙漫　摄)

现了一批以胡锦春为代表的文化名人。文化与教育的繁荣、天然独到的水陆交通优势带动了长春村商业的发展,长潭古街在那时形成了一定的集市规模。而这一切正是得益于里耶镇当时的商贸地位。

据地方志记载,早在清雍正七年(1729年),龙山改土归流之时,里耶已经形成了贸易市场。乾隆二十八年(1763年)《永顺府记》载:“里耶市,即保靖里耶司对河,商民数百余户。路通四川酉阳。”那时候里耶与隔河相望的保靖清水坪融为一体,同属里耶,并称保靖里耶为前街,龙山里耶为后街,足见市场规模之大,经济之繁荣。在清朝时期,里耶镇作为酉水河中上游码头和物资的集散地,吸引了大量外地商人来此经商,集镇内集市众多,甚为繁荣。到1931年时,“古镇已有商户423户,从业人员750余人,淡场赶场做生意的有七八千人,旺季有三万余人”,足见里耶镇的商业繁荣程度。民国时期里耶依托酉水河与其支流发达的水上运输,抓住了市场机遇。当时里耶的船队主要分为3个帮口:长水帮、短水帮、上水帮。其中上水帮是指里耶往返于酉阳的龙潭、酉酬、后溪等集镇的船帮。下货峒油这些土特产品,上货花纱、布匹、日用百货这些生活用品。这为当时的龙潭,也就是现在的长春村,带去了巨大的商贸机会与生机,不仅满足了当时村民们的物质生活需要,还发展了商品经济。

长春村得此天时地利,在数百年的发展中尽管多有波折,但总体上紧跟时代的脚步。现如今,长春村的居民们在传统文化与现代生活中寻求平衡,既保留了丰富的土家族传统文化,又融合现代生活因素。如今,外出打工与农作物种植是村内两大收入来源。外出务工的人口高达一半以上，大多为青壮年劳动力。

二、文化遗产

（一）物质文化遗产

1. 胡家大院

胡锦春故居天井（殷沙漫 摄）

胡家大院是民国时期的文化教育名人胡锦春的故居，是一栋典型的古四合院建筑，具有传统的轴心、朝向、围合的特点。房屋正堂中间为四合天井，四合天井是土家族人的吊脚楼吸收汉族建筑围合特点后的产物，同时干栏与井院结合又是土家族建筑的独特之处。胡家大院的正屋为三开间，后部为下堂，下堂处悬挂有“大起人文”的匾额，显示出屋主的文化修养。门窗上的雕刻工艺精巧，图案多为一些传统的故事刻画和表达吉祥祝福的内容。房屋的屋脊中间部分，雕刻有精致的花纹图案，同样凸显出主人的身份地位。目前居住于此的是胡家后代胡其星一家三口与他的老母亲。2016年水灾，洪水几乎淹没了胡家大院，胡其星迫于无奈，拆除了后面的部分木制建筑，改造为砖房。胡家大院现在只

胡锦春故居封火墙（桂江珊 摄）

胡锦春故居檐角（殷沙漫 摄）

保留了下堂与马头墙部分,“大起人文”的牌匾在洪水的冲刷下也显现出历经沧桑的斑驳。

2. 清江寨转角楼

长春村传统转角木屋(殷沙漫　摄)

长春村保存有10余栋木屋,大多集中在南面的清江寨、凤寨中,且大部分是民国或中华人民共和国成立以来修建的乡土民居建筑,建成时间不是太久远。较为久远的房屋要么被主人拆掉重建,要么在灾难中被毁。现存的吊脚楼都极具土家族特色,侧屋与正屋呈90度的直角,被称为“转角楼”。屋檐上中间位置有精致的雕刻,以显示主人身份的尊贵。屋檐上还有一些倒挂的结绳装饰,也是为了彰显房屋主人的大气。

(二) 非物质文化遗产

长春村是一个土、苗、汉混居的村落,不同的文化习俗交融共生。他们的建筑既融合了汉族的设计,又带有土家族民族特色;他们的习俗既不同于汉族的传统,又往往于无声处相互呼应;他们的节日建立在农耕历法的基础上,却表达着能歌善舞、热情奔放的土家族民族特色。

1. 传统服饰

传统的土家族服饰是男士着满襟,女士着对襟。服饰颜色为青蓝色,由桐油染色而成。头上戴的巾帕为丝质或布帕,女士出嫁时着丝帕,更加凉爽与隆重。嫁衣上身为红色,下身为青色。饰品主要为银饰。在20世纪70年代之前村里几乎人人穿土家族的便服,然而当地的习俗是老人去世后服饰要全部烧毁,再加上改革开放后,社会流动加剧,村内接收到的外部信息越来越丰富,故而现在村里几乎很少有人特意着传统服饰,大多穿现代服饰。不过在长春村的街上仍可以看见有少数村民背着背篓、头戴帕子。

2. 节日风俗

目前长春村尚保留的重要土家族节日有大、小端午与赶年。“冬过年,夏端午”是他们描述重要节日的一句俗语。

比起汉族人对清明节的重视,他们反而更加重视端午节。不过土家族的端午节在日期与形式上与汉族不太一样。土家族过大、小端午,即大端午为农历五月十五,小端午为农历五月初五。龙山地区的土家族大多过小端午节,“一过端午,到处接客”是对小端午节最好的形容。长春村人十分重视小端午节,在小端午当天会先祭拜先祖,在神龛前点燃蜡烛,烧香焚纸,以求神灵保佑。

土家族新年被称为“赶年”,因为土家族人过年比汉族要早一天,即农历腊月二十九过年。据传之所以提前一天,是因为在明朝嘉靖年间,嘉靖皇帝征调土家族的士兵,奔赴沿海地区抗击倭寇。军令下达之时正值年底,家家户户都在预备过年。为了能准时赶到目的地,士兵们必须在过年之前离开,于是土家族的士兵决定提前过年。他们出征后,连战连胜,屡建奇功。当地的人们为了纪念他们的胜利,于是在以后的年份里都提前一天过年。不同于汉族在春节期间较为重视除夕夜与元宵节的习惯,当地的土家族村民过春节更为热闹,他们会在正月初一到十五之间每日庆祝,摆手舞几乎日日都跳,以此来表达欢欣鼓舞的心情。对土家族来说,祭祀祖先是必不可少的内容,尤其在重大节日来临之际。在赶年之前为去世的长辈一一上坟,土家族人称之为“送亮”。在吃团年饭之前,要带上祭品与香纸前去祭拜先人,表达自己的思念,呼唤离开的亲人回到家乡过年。在他们看来，“不仅活人要过年，逝去的人也要过年”。

3. 饮食习俗

小端午也食用粽子，当地村民用大竹叶作粽叶，做成碱水粽子，有的人家会在粽子里包上红豆或绿豆，基本上甚少包馅。除了粽子，当地人家还会做好粉粑粑和饭菜，邀请亲朋好友来家里做客，在维系亲情与友情的饭桌上畅聊。客人们离开之时都会带上主人赠送的粉粑粑，故而当地村民笑称，如果看见有人提着粉粑粑在路上走，那一定是从别人家做客而归。

土家族人的传统食物里，粑粑一定是不可不说的。刚说的粉粑粑，即为糯米粑粑，主要由糯米粉、绿豆、砂糖等秘制而成，也可以根据自己的喜好包别的馅。逢年过节的时候，家家户户都要做粉粑粑。摘大竹叶这些事情让孩子们去做，其他的就是大人的事情了。不仅端午，过春节时也少不了粑粑。

4. 婚嫁习俗

婚嫁无论在哪朝哪代哪族人看来都是人生中需要隆重操办的事项。在长春村，一场隆重的婚礼需要持续数天，从求亲、哭嫁到迎娶每个环节都藏着玄机与细节。村里曾有一户内溪乡的财主将自己的女儿嫁到长潭来，新娘的送嫁队伍绵延两公里。嫁妆里有装衣服的衣柜、装粮食的食柜、抽屉、桌子、被子、琴凳，等等。琴凳在汉族是摆放乐器的家具，但传到土家族地区成了一种生活用具。在男方来女方家接亲之时，最重要的礼仪是进门先敬祖先，3个酒杯放在神龛前面，新郎和新娘跪坐在铺好的厚棉被上，恭恭敬敬地磕头，并倒满一杯酒，一敬天地，二敬祖先，三敬亲友，最后心怀感激作3个揖。这时女方家长说些祝福的话语，“百事顺头，万事如意”。女方次日带走嫁妆时，衣柜、便桶等生活用具都要成双成对。当地的新娘要提前半年给新郎做布鞋，在结婚时要给新郎的长辈与亲人送上礼物，进男方家门后，新娘跨过火盆，敬拜男方的祖先。同时，做礼事的人祝福新郎新娘：“百代儿孙坐满堂，代代儿孙点状元。”新房的床铺要找一对童男童女睡一下，给新房带来福气，寓意新妇能够多子多孙。三朝回门后，新郎要找一对童男童女背上背篓，背篓里装满送给女方家人以及媒人的礼物，去答谢媒人。俗话讲："地下无媒不成亲。"长春村的婚俗中是一定要给媒人谢礼的，一般来说两个媒人一人给一半猪头作为答谢。哭嫁是土家族新娘在出嫁前为了诉说对爹娘养育之恩的感激，对兄弟姐妹的不舍，对家乡山水的眷恋以及对未来婚姻生活的忐忑不安而唱出来的词句。从前新娘哭嫁需选定良辰吉日开声，不过现在的婚礼很少有这一环节了。

5. 传统纸扎手艺

长春村的纸扎技艺流传已久。彭明飞是掌握纸扎技艺的手艺人。他是家族第四代传人[①]，同时他也是中国道教协会的会员。按道教的辈分排序他是第六辈（能字辈[②]），故他在道教中的名字是彭能玄。他的纸扎技艺是通过父子之间的口口相传与自学古籍而习得。他家的纸扎技艺最早要追溯到他太爷爷那一辈，然而传到他这一代，已经难以继续下去了。如今他的儿子已经选择不继承这项技能了，他曾经收过的几个徒弟都迫于生活压力没有坚持下来，后来都选择了外出打工。

道士的纸扎手艺不仅用来制作丧葬仪式中祭奠过世之人的纸房子、纸棺材等丧品，还会制作舞狮所用的狮子头套与猴子面具。彭明飞做一个狮子头套需要半个月的时间，先用竹子搭上骨架，用纱布套住整个框架后，用桐油调色上色，等它自然风干后，再用纱布毛剪成长条套上去当作狮子的毛发，上面再添加一些装饰品，这样一个狮子的头套就完成了。制作纸棺材要使用小刀、纸张、骨架等工具和材料。完成的纸棺材上写有一些悼念的词句，如"音容宛在"，"终世勤俭当典范，一生苦劳传美德""魂归九天悲夜月，芳流百代忆春风"。在纸张上绘制一些花草图，再粘贴一些剪下来的神仙图在其上，顶部用一些纸做的花作为装饰。

6. 丧葬仪式

彭明飞还负责操办丧葬仪式。在彭明飞太爷爷流传下来的古籍中，

---

① 以顺、官、清、明为序，彭明飞为第四代。

② 道教中的辈分以道、德、真、元、静、能、常、收、台、清为序。

有20多本关于不同人群如何祭祀、祈求的书籍，书籍中有念诵的内容。比如关于如何保佑十月怀胎妇女的念诵内容。此处选摘其中的一部分内容：“一月怀胎，我娘混如醉，颠三倒四，思量茶饭吃，一时不便，昼饼充饥争。想起怀胎，我娘如受罪。二月怀胎，我娘昏睡，手软脚酸，行步无气力。如痴如醉，容颜都憔悴。想起怀胎，我娘如受罪。”

丧葬祭祀仪式包括入殓、装墓、发丧等几个环节。在入殓之前的停棺环节，要根据去世之人的生辰八字算出最佳的入殓下葬时间。在重山与地空之日不可下葬。对每户人家来说没有确定的停棺时间，一般3~7天是合适时间。在超度时，会有六七个道士为亡者跳山舞进行超度。大概有一位敲鼓、一位敲锣、一位打钵、一位领头、两个唢呐，点上五晚灯、七晚灯或九晚灯为亡者祈祷，在灯灭之前进行超度。女性老人去世后，会在十字路口做泥巴[①]，亲朋好友一边哭喊逝者一边踏平泥巴，进行最后的送别与纪念。

在给大家族做盛大的法事时，有时会用竹子做成2亩地的迷宫，道士带领逝者的亲人在迷宫内作法，亲人只能跟着道士走出迷宫，千万不能掉队，据说掉队的人没有道士的指引走不出迷宫。做法事时，有“请魂过桥”的说法。有钱的人家做法事会长达49天，财力不够的家庭时间就短一些。

在做法事的时候，道士会身着专门的服饰，彭明飞就有这样一套服饰，是他的师傅传给他的。封棺乳也是由师傅传承给弟子的宝物，据说拥有封棺乳的道士便拥有使尸体不腐烂的法术，即便不使用冰棺也可以让尸体保持新鲜。能够拿到封棺乳是一种对该道士身份正统性的认可与象征。彭明飞还有一幅师傅传下来的神仙图，画面有些许损坏。

长春村流传下来的丧葬仪式在现代文明的冲击下，有诸多环节已经从简，原先有停棺半年再进行超度的习惯，现在已不再有。这些仪式的传承几乎难以维持，大部分的年轻人都外出打工，目前道教协会的正式会员在长春村就只剩下彭明飞一个，同他一起做法事的人有七八个，其中两个

① 道士站在堆砌起的泥巴圈内，逝者的亲朋好友来踏平泥巴。

都超过了70岁。

7. 舞狮

舞狮在当地是一项代代相传的非常普及的文化活动。长春村有一支自发组织的舞狮队，这支队伍在2018年之前几乎年年都要舞狮，舞狮队“只讲热闹，不计工钱”。每年除夕夜到元宵节期间，舞狮队会挨家挨户进门，在主人家的神龛前敬拜。每当街上舞狮之时，主人都会在自己家的神龛前点上一对蜡烛。一听到舞狮的声响，就把家门打开，让狮子顺利地进门。如果主人不在家中，舞狮队也会在家门口作个揖，绝不会错过或漏去某户人家。“赶寨不赶家”这一舞狮规则代表了村民们不嫌贫爱富的道德准则，即“狮子”对所有人都是平等的。不仅如此，主人会对来家里的狮队表示感谢，送上粉粑作为谢礼。当狮队相遇时，双方要展示技艺，互相尊重。长春村舞狮的队伍以前都还比较完备，但随着村内老人的离世，青年人口的外流，舞狮队伍渐渐凋零起来。

长春村舞狮队为村民表演(殷沙漫　摄)

舞狮时，狮头狮尾两人配合，前面有一个罗汉进行指挥。不同于邻村“天狮”[①]的称呼，长春村的舞狮被称为“地狮”，即在地面做舞狮动作。每次舞狮时队伍中至少有两个猴子的形象，一是为了烘托气氛，设置两个搞笑的形象；二是为了在人群中保护狮子的扮演者，因为在过年气氛的烘托下可能会有群众把鞭炮扔向狮子。有时这些猴子会由孩子扮演。在舞狮过程中，狮子会做一系列高难度动作来赢得观众的掌声，比如“狮子打滚”“狮

① 即踩上凳子做高空舞狮动作。

长春村舞狮队合影(殷沙漫　摄)

子翻身”“上树”“连环跳步”等动作,舞狮的基本步法有“桩步”“八卦步”“流水步”等。赶家入户时舞狮队会根据主人家房子的大小来选择步法。一般来说,长春村舞狮的都是男人,女性不参与其中。舞狮时需要响器伴奏,一般是锣和镲。打响器的技能一般由村里的老一辈人传授,代代相传。

8.“上大人”棋牌

在闲暇时,长春村的老人会打一种棋牌来解闷儿,这种棋牌被称为“上大人”。这种牌艺据传在龙山与永顺地带以及湘鄂渝的交界处流传。每副“上大人”共有96张牌[①],每张相同的牌面有4张,3张不同的牌面组合为1番。牌面共有上大人、丘乙已、化三千、七十士、尔小生、八九子、佳作壬、可知礼这24张。这些文字被以一种艺术化的形式书写在牌面上,牌面为窄窄的长方形,这些文字精巧又不失遒劲,看上去颇为赏心悦目。这种牌艺在人数上比较灵活,既可以2人打,也可以3人或4人打。打牌时以吃、碰、招这样的方式赢牌,娱乐模式与麻将有些相似。

据传,这些字旨在教化每个读书人都要尊敬至圣先师孔夫子。“上大人”棋牌让人们在闲暇的娱乐中,感悟人文情趣和义理教化,传承中华民族的传统文化精神,起到了广泛的教化作用,在娱乐大众的同时滋养着土家人的心灵。

在袁行霈、严文明、张传玺、楼宇烈主编的《中国文明史》第四卷有关中国古代小学教育的介绍中也述及,这24个字是古代用来教学童写字用的。在鄂西一带也有一种传说,认为“上大人”作为一种教化人的纸牌起

① 故很多地方也称为“九十六”牌。

源于清朝康熙年间(1662—1723年),由鄂西州容美土司田舜年发明。田舜年才智过人,崇拜孔子。他为了向当地土家族人宣扬和普及汉文化,发明了这种纸牌寓教于乐,此后,这种纸牌在湘鄂渝土家族地区得到广泛传播。

还有一种说法是,这种纸牌是从一篇渔鼓词中选取句中开头的第一个字制成的。这篇渔鼓词描述的是《西厢记》中崔莺莺对张生的无限思念之情,其词为:

上绣楼将奴的心思想坏,大不该任红娘招引他来,人说道张君瑞风流可爱,丘家坪奴为他才把言开,乙卯年中解元名扬四海,己巳科下京都大显奇才,化鱼龙但愿郎飞腾海外,三级浪中状元脚踏金阶,千思想万思量满腹愁债,七弦琴抚不舒奴的胸怀,十里亭奴送郎叮咛嘱诫,士君子求功名理所应该,尔在那京都地逍遥自在,小冤家享荣华把我忘怀,生同衾死同穴奴心才快,八行书望不见鸿雁传来,九江水洗不尽愁销眉黛,子时节望天明人未归来,佳期近喜心头芳心自惴,做一对美鸳鸯到老同偕,壬午年奴为郎曾把口戒,可怜奴坐绣房如痴如呆,知心话无处诉自怨自艾,礼佛堂焚信香望郎归来。

无论是传承已久的舞狮,还是休闲娱乐的棋牌,都代表了长春村土家族文化与汉族文化交融共生衍生出的一种特有的村落文化,展现了一幅传统与现代交织的奇妙画卷。

(本章由桂江珊撰写)

第八章　捞车河村

捞车河村位于龙山县中南部，距龙山县城75公里，东与苗儿滩镇黎明村相邻，被靛房河隔断，西部止于笔架山，与苗儿滩镇民主村隔山相望，北齐洗车河镇三个堡村狮子岩。捞车河村地处洗车河和靛房河的交汇处，洗车河、靛房河交汇为捞车河，三河状如“人”字，若视捞车河村为一点，三河一村构成了一个“太”字。整个古村呈“八卦”形状，三山套三河，三河绕三寨，一桥通三域，形成了独一无二的村寨格局。与其自然风光比肩的是捞车河村的土家族传统文化，其传统民居保存较好，有土家族吊脚楼群。村内现存土家族哭嫁歌、摆手舞、毛古斯、打溜子、咚咚喹等民俗艺术，被国家文化部评为“中国民间文化艺术之乡”。2014年11月，捞车河村被列入第三批中国传统村落名录。

一、村落概况

（一）地理生态环境

捞车河村全貌（图片源于《捞车河村村志》谭维 摄）

捞车河村位于湖南省龙山县中南部的苗儿滩镇境内，洗车河和靛房河的交汇处，海拔244米。该村是一个历史源远流长，文化积淀丰厚，风景优美秀丽的土家族聚居的古村寨。捞车河村地处河流冲积坝上，四边群山环绕，山多田少。洗车河将捞车河村分成两半，一半在河东，称为正捞车和算比、巴列；一半在河西，称为惹巴拉、扎主拉和姜拉。捞车河村由捞车、惹巴拉、梁家寨三个自然古村寨组成。捞车河村依山傍水，山清水秀，森林覆盖率高达76%，古树、名贵树木等比较多，生态环境极其优美。

（二）村落来源

据村志记载，捞车河村历史最早可追溯至秦朝，属里耶洞庭郡，归属迁陵镇管辖。中间历经土司王朝时期，直至清雍正七年（1729年）龙山建县后才设捞车里，属龙山十五里之一的第九里。光绪年间设乡、保、甲，捞车里更名为隆道乡第九保，这种制度一直沿用到民国末年。1912年设捞车乡，隶属四区洗车河。1935年，设苏维埃捞车乡人民政府，隶属苏维埃洗车区人民政府。1938年隶属隆道乡。1945年隶属隆道乡（隆道乡已分为隆道乡、隆头乡),治所苗儿滩。1950年,设捞车乡,隶属苗滩区。1956年设捞车村,隶属苗市乡。1958年,隶属苗市公社,为捞车大队。2000年,隶属苗儿滩镇,为捞车河村。

相传,在土司王彭士愁统治期间,龙山县与永顺县交界处有一个叫吴作冲的地方(现洛塔吴作厅),吴王以洛塔为基地,拥兵十万并不断向永顺扩充势力,蚕食土司王朝地盘,企图取而代之。土司王为稳固自己的政权,称霸湘西,率部在永顺十万坪与吴王开战,经过激烈的战斗,吴兵损失惨重,加上远离后方,粮草不济,兵败,不得不向西北方的老巢撤退。退到永顺境内一个山坡上时,吴王清点兵将,只剩八万余人(后人称此山为八万坡)。

吴王败退途中,因战争疲劳,行走艰难,不得不在首车镇(今永顺县内,与龙山农车镇交界)坐车逃亡,逃至龙山境内,为了掩饰自己的身份,在农车镇把车用布罩了起来。为了逃避土司王的追剿,吴王命从众弃官道取捷径直奔西方,在兴隆坳(现洗车镇)山脚下的河边,人困马乏,吴王命部下宿营,并派人去河下洗车,洗车河镇由此得名。

洗完车后,由于士兵太累,没有把车拉上坡,就放在沙坝里晾干。谁知当晚下了场倾盆大雨,河水暴涨,未及时拉上坡的车被洪水冲走。天亮时,车被冲到十公里的下游,居住在该地的村民有趁涨水打捞物件、木材的习惯。一个向姓汉子早早来到河边,看见漂来一架车子,奋不顾身冲下河去,紧紧抓住车子,但因水流湍急,捞车人无法靠自己的力量将车拖上岸,只能顺水往下漂。漂到河对岸村子时,捞车人不得不求助对岸的人帮忙,但对岸的人却说:“帮不了忙,我在看孙子(土语为‘惹巴拉’)。”无奈的情况下,车和人一起漂下了回龙庵,在庵下约300米的地方,车和人都卡在了沙洲上,洪水退后由六合村人帮忙把车拉上了岸。捞车、惹巴拉、拉卡车的称谓均因此而得。

（三）村落人口

据村委会提供的资料，捞车河村现总面积为29.23平方公里，现有耕地2350亩，辖正捞车、算比、巴列、惹巴拉、扎主拉和姜拉6个自然寨，有7个村民小组、502户、1988人，外出务工860人。土家族占总人口的95%、苗族占4.5%、汉族占0.5%左右，以彭、向、田三大姓为主姓。据访谈，捞车河村历较悠久的有彭、向两大姓及郭、唐、周氏。

1. 彭氏

彭氏家族是该村一大旺族，现有78户、500余人。据传，周楚时期，跟随周文王从江西来楚的三千工匠中就有蛮龙、蛮虎、蛮豹三个彭姓猎人，被分流到湘西龙山。三人从永顺老司城迁徙至龙山境内，蛮豹在今他砂、信地落户，蛮虎在该村定居，蛮龙到里耶麦子坪安家，于是就有了这三地彭姓为一脉之说。蛮虎膝下三子，故有彭氏三房三族之源。在数百年的沧桑演变中，彭氏人丁兴旺。彭氏族人众多，字派紊乱，无据考证，在无碑墓证实的情况下，族人商议于1987年在老祖坟前捐资立碑一块，将商议好的字派“国正天心顺，官清民自安，妻贤夫祸少，子孝父兴宽”20个字镌刻碑上以示后人。

2. 向氏

向氏也是该村的大族，居住在该村两端，有人丁400余人。上端分三房四族，字派各不一样，分别居住在搓蓄、枯列、列基坪及向家码头。这四房全部由沅陵县莲花池迁入。一房为“德国万宏志，华家福绍泉，妻贤夫祸少，子孝父兴宽”字辈；二房为“文武正玉英荣光，世代福禄永共昌”字辈；三房为“文武正玉应明子，万代贤孙百世昌”字辈。此房分两族。据说有一族是向氏老姑婆抚养的外姓人，因此就形成了两族。居住在该村下端叫小河地方的向氏，好像和上端向氏毫无瓜葛，但他们也是从沅陵莲花池迁徙而至。

3. 郭、唐、周氏

据82岁的周厚全老人口述，这三姓是从河南宝庆结拜而来。在捞车河村落脚后，郭姓人在小山堡建房居住（即现在的郭家堡），以农耕为生。唐姓人善于经商，在捞车古街建房，在捞车开场赶集的年代，炸油粑、推豆腐谋生，唯有唐四钱开了一家老油坊经营榨油和桐油加工，生活比较殷实。周姓人善于在水上讨生活。自建码头，用木船运送货物，往返于上至猛西、红岩、靛房、里耶、百福司，下至隆头、保靖、常德、沅陵之间，挣取丰厚的运费，使周家生活富裕。三姓人虽为异姓，但因结拜，祖训互不通婚，直到20世纪60年代，情况才有所转变，郭大妹和唐学生结为秦晋之好，但直到现在，三姓通婚仅此一例。三姓人历经岁月的洗礼，目前郭姓有男丁9人，唐姓有男丁13人，周姓有男丁8人，其中4人居住在沅陵县城。

（四）经济社会发展状况

捞车河村历史上一直是一个以农耕为主的传统村落，改革开放以后大量的青年开始外出务工，"打工经济"撑起村落的一片天，同时，新农村建设的各种惠农政策使得村民逐渐脱贫，村民的生活有了一定的改善。2015年龙山县决定开发捞车河村的一个小寨"惹巴拉"为旅游景点以后，捞车河村村民便以传统民居、农副产品、工艺品等为依托，融入旅游业发展的浪潮，进一步改善生活水平。据村志记载，2018年前后捞车河村农家乐已经开业的有15家，正在建设中的农家乐20余家，每年可接待游客几十万人；2018年建成300亩

捞车河村一隅（赵智娜　摄）

的蓝莓产业园，2018年5月28日由惹巴拉旅游公司、捞车河村共同举办了惹巴拉第一届蓝莓节；2018年10月26日由捞车河村计划开发种植茶叶400亩，前期土地平整已经完成，建成后，将成为捞车河村又一项重点产业。土家族腊肉深受人民喜爱，苗儿滩镇的“苗市腊肉”因其加工熏制手法特殊，口味鲜美而远近闻名，并远销海内外。在土家人聚集的捞车河村，家家户户都熏制腊肉，少则几十斤、几百斤，多则上万斤，不少周边县市的居民慕名专程驱车前来购买，捞车河村有4户农户网上销售苗市特色腊肉，收益颇丰。

二、文化遗产

（一）物质文化遗产

捞车河村系商周文化大遗址的北部区，最具特色的建筑是明清古建筑群，为武陵山区内少见。村中民居坐北面南，依山而建，整齐有序，景象壮观。全村现保存有明代建筑5栋、清代建筑58栋、民国建筑116栋，这些建筑主要由旧时的地主和较殷实的人家建造。一些民国时期的建筑被拆除屋基变成了良田，还有一些被县文物局整修，作为重要保护对象。古街上一处用作铺面的明清小屋，产权归张合理子孙所有。

捞车河村传统民居（赵智娜　摄）

1. 四大油房

捞车河村油坊复建(姜楠 摄)

清末至民国年间,捞车生产桐籽、茶籽、芝麻和油菜籽。为适应人们榨油的需要,四家地主分别建造了四大油房,分别为向官华的上油房、彭天佑的中油房、彭心安的下油房和唐四钱的秀油房。当地著名的油匠有雷化孝、付心祥、彭顺禄、唐代云、彭官富。榨出的桐油销售至常德、汉口,还远销日本和东南亚等国家和地区。科技的发展使得油房彻底败落,遗址处都被后人建房。捞车河村发展旅游业以来,为了不使这一独特的榨油工艺被历史淹没,象征性地在游客中心坎下建了一个模板,供游客参观。

2. 五大码头

捞车河村在19世纪末20世纪初组建起一支船队,有商船数十只,往来转运生活生产所需。为方便装卸货物,该村由五姓人建了五座码头,分别为宋家码头、向家码头、周家码头、谢家码头、罗家码头,可装卸货物百吨左右。后来公路建设取代了河运的地位,码头随之荒废、破损。为使人们不遗忘过去的历史,向家码头和周家码头得到了整修,其余码头只存遗址。

3. 六棚水碾

捞车河村水碾复建(姜楠 摄)

捞车河村水碾分别建在五个自然寨:捞车二棚、惹巴拉一棚、算比一棚、克拉一棚、巴列一棚。水碾以水为动力，故而建在水边。水碾淘汰了碓杵、磨滤的原始稻谷碎壳法，后又被打米机所淘汰。打米机问世之前，捞车彭官珍、向朝应两棚水碾最具代表性，每天各脱壳两千斤左右的稻谷。碾出的米白亮而不碎，米糠又细，深得族人喜爱，所以生意很好，客人不断。水碾最大的弱点是受季节的影响，洪水期不能工作。打米机出现后水碾被取代，向朝应水碾如今被改建为游客中心。

4. 秀才宅址

清朝末年，捞车河村出了一对文武秀才。文秀才彭天佑，其宅址在该村二组，1950年龙山县政府曾在这里办公，1958年被改建为公社综合厂，宅址建了大队部。实行家庭联合承包责任制后卖给了村民王宗禄，一直为王宗禄的住房。武秀才彭天成住在惹巴拉，现该村三组，其住宅保存完好，现有人居住。

5. 红军墓

捞车河村红军墓（图片源于捞车河村村志　向丽　摄）

老红军向玉成去世后，政府在捞车河村多且湖沟左侧山坡上为其建造了陵墓。墓前有七厢碑一座，碑文详细记载了老红军的一生经历、为新中国成立和建设作出的贡献。此墓俯瞰神堂堡和捞车公路桥，长期以来都是该地的红色教育基地，每年清明节期间经常有学校师生到红军墓前祭拜。

6. 回龙庵

回龙庵坐落于捞车河村与梁家寨交叉地带，山下有洗车河、靛房河和无数山沟、溪流汇集。解放后回龙庵曾被改建成学校。2014年开始进行惹巴拉综合旅游开发，回龙庵所在地被规划为惹巴拉影视城，用于拍摄电视、电影和观光旅游。截至2018年12月,影视城主体已经完工,二期已于2019年1月正式开工。

捞车河村渡口(赵智娜　摄)

捞车河村惹巴拉影视城内建筑(赵智娜　摄)

(二)非物质文化遗产

1. 土家族织锦——西兰卡普

土家族织锦是一种极其古老的土家民间艺术,土家语称“西兰卡普”,翻译过来就是“土花铺盖”的意思。它的历史非常悠久,秦汉唐宋元明等朝代的史籍上对其曾有賨布、斑布、溪布、峒布、贡锦等称谓。它是一种极其古老的民间手工技艺,其工艺十分严谨,有纺线、染色、倒线、牵线、装筘、滚线等10余道工序,全靠手工在古老的斜织机上采取通经断纬、反面挑织的方法织成。其传统纹样多以自然界的动植物、日常生活、民俗风情、历史神话故事等为题材。构图多以菱形、长方形、斜式交叉等几何图案为主,其质地厚重,设色浪漫,以绚丽多彩著称,富有独特的民族风格和浓厚的乡土气息,在我国民族织锦艺术中独树一帜,是传承与

刘代娥女士织锦中(赵智娜　摄)

发展土家文化艺术的代表物之一,受到国内外收藏者的青睐。捞车河村国家级织锦大师刘代娥把土家织锦发扬光大,2006年6月22日龙山县被中国轻工业联合会、中国艺术美术学会授予“中国土家织锦之乡”,2011年11月捞车河村土家织锦技艺传习所(土家织锦技艺)被中华人民共和国文化部授予“国家级非物质文化遗产生产性保护示范基地”的荣誉称号。

刘代娥12岁时便开始跟随祖母学习织锦。1978年高中毕业后在家专业从事织锦。1981年到花垣县民族织锦厂带徒授艺。1987年任张家界织锦厂工艺指导。同年在家自办“龙山县捞车河土家织锦厂”。她织的土家织锦,品种繁多、图案丰富、绚丽多彩、技艺精湛,备受收藏家和市场欢迎。1990年,其织锦作品《岩墙花》获湘西自治州民间工艺美术大赛二等奖。1992年,其织锦作品《四十八勾花》被南京陈列馆收藏保存。1998年,她和妹妹刘代英合作制作的土家织锦系列挑花服饰,在昆明中国民族服饰博览会上获得最佳展品奖。2005年12月18日至20日参加了在长沙举行的“湖南省民间工艺美术文化产业高峰论坛会议”,并荣获突出贡献奖。2006年6月,被龙山县人民政府授予“土家织锦优秀民间工艺师”。2006年12月,她被中国工艺美术学会织锦专业委员会授予“中国织锦工艺大师”称号。2007年,她用50多天时间,用原始的制作技法,成功地复制了失传两百多年的《珍兽图》。她能织土家织锦传统图案100多种。同年,被湘西州人民政府授予“湘西土家族苗族自治州民族民间文化遗产传承人”;被文化部授予第一批“国家级非物质文化遗产土家织锦技艺项目代表性传承人”。

刘代娥曾多次被邀请到全国各地进行织锦技艺的传授、交流,为土家文化和中国少数民族传统工艺与美术的宣扬作出巨大贡献。她对织锦的花纹、配色、原材料、技艺等如数家珍,当谈到最具代表性的纹样时,她纠正道:“四十八勾”是恩施土家族那边文化宣传所致,实际上最具代表性的纹样应该是“苔苔花”“矮墙花”,“马毕花”都比“四十八勾”更为常见。由于恩施发展文化旅游的意识更强,在龙山之前就将土家织锦作为当地特色大力宣传,并选择“四十八勾”这一工艺较为简单、图案简洁的织锦纹样作为代表，令大家产生了这种印象，就连相关文献中也一般都将“四十八勾”当成代表性纹样介绍。土家织锦的传统织法都是单面挑织，之前笔者在采访朱明英时，她也表示目前只有现代机器能够完成双面织的技艺。但是当天笔者访谈刘代娥时，她正在织机前织一匹黑金配色的，图案为“矮墙花”并且正反两面都有图案的织锦。据她介绍，这是她与朋友共同开发的新产品——手工双面织锦。现在的土家织锦除了将织锦本身与现代文创产品相结合外，也在技艺上追求革新。

2. 土家族音乐

(1) 打溜子

捞车河村打溜子表演(赵智娜　摄)

打溜子是土家族聚居区流传的一种古老而优美的打击音乐。一支溜子队由四人组成，乐器分头钹、二钹、马锣、大锣4件，有时也加一土唢呐，故名“五子家伙”。旧时，土家族人男孩从五六岁起，就跟大人学打溜子，破碗底当钹，鼎罐盖当锣，月下在院坪操练。

演奏时4人各执一种乐器，配合默契，互相照应，节奏和谐。头钹、二钹节奏紧密，给人欢快感，大锣给人热烈雄壮感，马锣给人喜悦、欢乐、诙谐感。演奏时二钹担任主奏，与马锣同行，点子多落在弱拍或后半拍。至于打法的难度，土家族民间素有“会玩龙等玩脑壳，会打溜子打马锣”和“会打溜子打二钹”的说法。

(2) 咚咚喹

“咚咚喹”是土家族最原始的竹管乐器。“咚咚喹”，乐器名，因美丽、生动的爱情故事和优美动听的发音而得名。“咚咚喹”用精选深山细竹制成。竹子一端留节头，长约15厘米，挖3孔，一孔一音，挨节头削簧片发音，其音质以高亢、明亮、清脆、悦耳为佳。“咚咚喹”因取材方便、制作简单，随时随地可学，普及面广，传承力强。

(3) 西水号子

"西水号子"即"西水河船工号子"，简称"船号子"，土家人称"埠号子"或"埠也磨呼"。

西水号子音乐旋律十分古朴，一抑一扬，一起一伏，节奏谨严，能起到齐心协力、愉悦心情、清除疲劳、增添力量的效果。唱词一般固定，多以沿途的景点地名、险滩地名为主，参以英勇奋斗、吃尽苦头为了挣钱、舍身冲破重要难关等叙事。号子名目很多，如撸号子、篙号子、桨号子、滩号子、平水号子、排号子、装卸号子等。

(4) 山歌

土家山寨自古以来一直都是山歌的海洋。土家族人的婚丧庆典、劳动生产、谈天说爱、节日赛会、交朋结友、生活起居等都离不开山歌。土家族人用山歌来抒发喜怒哀乐，交流思想，传递感情。

山歌表现手法坦率真挚，充满激情，风格简朴明快，自由奔放。歌词一般是4句体的单乐段，每句7字，四句28字。每首山歌的句末必须押韵，第三句放宽，可压可不压，其他各字韵脚不讲究。

山歌歌词内容丰富多彩。如以农事活动歌为例，就有挖土歌、薅草歌、犁田歌、扎青歌、插秧歌、收割歌、丰收歌等；以情歌为例，就有问亲歌、媒婆歌、恋爱歌、送郎歌、相会歌、离别歌、望郎歌、留郎歌、想郎歌、相思歌、织锦歌等。土家族情歌分土家语情歌和汉语情歌。

3. 传统舞蹈

(1) 摆手舞

摆手舞按祭祀内容分为"大摆手""小摆手"两种，大摆手土家语称为"叶梯黑"，小摆手土家语叫"舍巴"。大摆手祭祀土家族远祖八部大神，小摆手祭祀彭、田、向三姓祖先。其形式有单摆、双摆、回旋摆等，按其举行的时间，各地又有"正月堂""二月堂""三月堂""六月堂"之分。其内容有"祭祀舞""狩猎舞""农事舞""民俗舞""军前舞"等。土家摆手舞以自然、洒脱的舞姿，真实、生动地再现了生产生活情景，表现出土家族人乐观的人生态度和对美好生活的向往。摆手舞是集歌、舞、乐、剧于一体的庞大艺术载体，以史诗般的结构和炽热的色彩，向人们展示出一幅幅气势磅礴的民族历史画卷和风情浓郁的土家生活画卷。[①]

(2) 毛古斯舞

毛古斯舞被称为中国戏剧的活化石，每逢节日，捞车河村的村民们便装扮成毛人表演先祖故事。捞车河村跳毛古斯舞的一般都是男人，十几个人或几十个人不等，他们用稻草包着头脸，身上披着棕衣，说话口齿不清、走路弯腰弓背，形象语言动作都活脱脱就是远古时期的毛人。表演的时候，演员们操着土家语，辨脚迹、设卡子、放猎狗、围野猪、分野肉、祭猎神……再现土家族先民的原始生活场景。

4. 传统节日

(1) 过年

捞车河村彭、向两姓过"赶年"，唐、郭、孙姓人家则后一天过年。无论哪种姓氏人家，家有老人过世，过世当年都提前一天过年，谓之过新年。岁过冬至，各家各户便忙着杀猪宰羊腌制腊肉。腊月中旬开始，直至过年之前，打糍粑、做团馓、推豆腐，准备过年物资。腊月二十三是小年，这天捞车河村村民擦洗锅灶，打扫扬尘，晚上在锅内用杯点油灯，称送社神菩萨上天。小年前后，外出人无论在何方都必须赶回来与家人团聚，称为团年。过年饭用甑子蒸，饭上面放糯小米和肉搅拌制作的蒸肉，肉以腊猪蹄膀为主，每坨大如拳头。土家人过年一般从中午开始，一直持续到下午四五点钟。过年之前先行祭祀，一般以长者为主，摆牲醴肴馔敬先祖，敬四官神，敬土地神，点香烧纸，以表诚心，祭毕，全家围坐一起吃团年饭。年三十晚上，大家围坐于火炉旁烧火，炉内大柴几根，火光熊熊，一起守岁，至午夜12点，开始放鞭炮，谓之抢年。正月初一早晨，小孩或单个或成群结队挨家挨户给长辈拜年，晚辈口说拜年发财，并双膝下跪，长辈则送钱、送糖等，一趟下来，小孩子收获满满，笑容满面。年轻夫妇备猪腿、团馓、

① 资料来源：龙山县民族与宗教事务局提供《龙山县少数民族基本情况》。

糖、酒等礼品去岳父岳母家拜年,少则三五天,多则十天半月才回家。

(2) 春社

立春之后,农历第五个戊日为春社。这天土家族人给去世满三年的父母坟上挂红挂白,俗称烧社。在已故父母的坟前杀羊见血,并绕坟一圈,祭祀先辈,并煮社饭给食客。社饭为三黏七糯,先下黏米,煮沸后再下糯米,至半熟出锅沥干,拌入野蒿,腊肉丁,山胡葱等,回锅焖熟或用蒸笼蒸熟,清香软糯,别有风味。

5. 传统饮食习俗

(1) 社饭

春社日每家每户都要做社饭,以祭祀先人。制作社饭的主要原料就是白米和蒿菜,因蒿菜带有苦味,所以又有人称社饭为“忆苦饭”,吃社饭呈现出祭悼的浓重气氛。制作时,将刚发芽的青蒿嫩枝搓揉,挤出苦水,同泡好的黏米、糯米一起蒸或焖熟,即可食用。捞车河村村民对春社非常重视,如果村里哪家有老人去世满了三年,其家人都要给老坟重新垒上新土,杀羊绕坟转一圈,以祭祀先祖。

(2) 苗市腊肉

苗市腊肉历史悠久,色泽鲜润,味道鲜美,远销全国各地,深受消费者青睐。其制作程序很有讲究,冬至前后,农户把自家喂养的年猪宰杀,切成4斤左右的肉块,猪腿切成20斤左右,用食盐、花椒粉腌制,腌制约20天后上炕,用绳索系好,悬于空中,下面用杂木火熏烤,昼夜不停,一直熏烤至次年三月,下炕后的腊肉用稻谷覆盖,盛夏过后即可食用。捞车河村的苗市腊肉州级传承人彭心敏,一直专注于传承和发扬苗市腊肉,在家开设了腊肉传习所。

(3) 糍粑

捞车人素有“二十八,打粑粑”的说法,一直沿袭至今。每逢春节来临,农历腊月末,家家户户都要打糯米糍粑。先把糯米洗净,用清水沥之,然后放入蒸笼蒸熟,放入木槽中用木槌杵之如泥,压成团形,形如满月,大者直径1.5尺,一般4寸许。大糍粑小则3～5斤,大则十余斤,这种糍粑叫作“破笼粑”，象征“五谷丰登”，彰显出土家族人的大方。打糍粑是一项劳动强度较大的体力活，一般都是由年轻力壮的男子来打，两人相对而站，先揉后打，即使天寒地冻也会额头冒汗。做糍粑也很讲究，手沾蜂蜡，先用熟茶油搓挽，后用木板按压，糍粑要做得光滑美观。

(4) 团馓

团馓作为一种土家族招牌美食，是捞车河村一种极具民族特色的食物。团馓俗称“糯米馓子”。制作方法：把洗净的糯米放蒸笼中蒸熟，用一种特制的木板做底，用围篾做成圆形的模子，将蒸熟的糯米压平并用一种农家栽种的紫果的汁水在上面画一些吉祥图案，在太阳底下晒三到五天，干后收藏，过年之前用食用油炸至酥脆，色泽雪白，逢年过节时用来送亲友或招待贵客。

6. 婚育习俗

(1) 婚俗

村民唐万生向笔者介绍了捞车河村的土家族婚俗。

男方婚俗：捞车河村的婚俗很有讲究，第一步就要选择“月老”，即请媒。媒人的选择非常重要，必须选择德高望重、聪明伶俐、能说会道的人，才能撮合双方。

放媒。选择好媒人以后就要放媒，去女方家3次：第一次，把媒人请到家里好好招待后，择吉日带上冰糖、好酒等礼品去女方家拜访，礼品必须准备双份，寓意成双成对。第一次到女方家要说明谁家求亲，敞开男方底细，试探女方父母的心意、口气，女方若是把礼品收了，就说明有成功的可能。第二次放媒时，礼品要比第一次更加厚重，了解男女双方生辰八字，若女方收下礼品不退回，就说明女方已有80％的意愿同意这门婚事。第三次放媒叫放口炮，女方要把族内亲戚、长辈请来，这次媒人要从男方家带足夜宵的酒食，宵夜到深夜时女方父母要开金口，鸣放鞭炮许婚。

认亲取八字。女方父母开了金口，当着族内叔伯、长辈许了女儿终身，男方父母就要开始准备这门亲事，选择吉日认亲，认亲必须由媒人到女方家去了解要多少聘礼。首先，女方开口要聘金、女儿做衣服的布段，一般七段好布代表七姊妹团圆，也代表七星高照，当然也有四季发财、五子登科等吉祥数。其次，男方要给女方的亲人准备合子（土家人用箩筐装猪脚），给女方准备一足一方（即一只猪脚、一方腊肉）。最后了解女方认亲有几桌客，男方要备足酒席上所需食品，这就是“养女三台酒”。

择日。择日必须请知书识礼、懂得命理的先生根据男女双方的生辰八字选定成婚的黄道吉日，所选的日子不能与男女双方及双方父母相冲。当然，择日后要给命理先生适当的谢金。

送日。选择好成婚的黄道吉日后要给女方送日。送日也要选择黄道吉日，男方要打糯米粑粑送给女方及女方亲属，每家4个糯米粑粑，寓意就是女方家通知族内亲属女儿何时出闺，奉请到场。这4个粑粑捞车河村俗称“耳朵粑粑”。

过礼迎娶。迎娶前有戴花酒和正酒，正酒前一天的女方酒称为戴花酒，戴花酒的前一天男方要过礼，即前一天早上男方给女方送去办酒所需酒水、食物，其中猪心必不可少。男方在戴花酒那天要请人帮忙接亲，其中头嘎（督管）、二嘎（礼倌）人选最为重要。头嘎要族内德高望重而且子女有成的长辈；二嘎可以是新郎官的平辈或者小一辈，是在女方家给女方求喜磕头的人，晚上要注意女方把他抹黑（俗称摸迷），还有要能说会道、聪明伶俐，以应对女方拦门或礼节上的盘问。此外，请新娘上轿的两个妇女也需要富贵双全的人。

谢媒。婚后新郎新娘必须谢媒。谢媒一般在正月初一、初二，夫妻二人给媒人准备好一个猪头、一双鞋子、一双袜子、一把伞，还有谢钱等，到媒人家拜年，意为不忘媒人的撮合之恩。

回门。新人成婚后第三天要回门，夫妻二人回娘家看望父母。男方要带上礼品，放一串鞭炮，吉时出门，到了娘家后，娘家人也要放一串鞭炮以示迎接。新郎官要给岳父、岳母磕头谢恩，新人当天必须回男方家，不能在娘家过夜。

女方婚俗：

纳媒。纳媒即女方接待上门求亲的媒人。媒人第一次上门时，女方因为不知男方情况，最好不把媒人拿来的礼品退回去，这表示要私下访问男方情况，有商量余地。媒人第二次上门时，女方父母基本已经了解男方情况，如果同意把女儿许配给男方，就接受媒人带来的礼品，并留媒人吃饭，俗话说“媒人吃了饭，亲事得一半”。第三次时，女方父母已经了解男方各项情况，如果可以放心地把女儿许配给男方，就会对媒人放口许婚。

喊彩。捞车河村嫁女有三次喊彩，也就是“养女三台酒”：第一次要放口炮，要送礼物；第二次取生辰八字，喊彩礼；第三次迎娶，喊彩礼。这些彩礼都没有定数，根据男方家庭条件，由男女双方协商而定。

哭嫁。捞车河村土家族人哭嫁非常讲究，也非常热闹。旧时在女儿出闺前三个月就要请会哭嫁的长辈教闺女学哭嫁，到了出闺前一个月，很多长辈、同辈、同龄的都到女方家中相聚，晚上老带少、大带小互相学习哭嫁。哭嫁的内容相当多，新娘先哭父母、叔伯等长辈，后哭哥哥、姐姐等同辈，主要哭离别的痛苦，哭谦虚话，及今后怎样相夫教子等。长辈哭自己没把女儿抚养好，叮嘱女儿在婆家怎样为人处世，和睦家庭，尊老爱幼，相夫教子等。

戴花。戴花是女方摆酒那天举行的一项隆重仪式。戴花前一天男方送来女方摆酒所需酒水食物、金银首饰、红头绳、鸡蛋7个。女方在戴花酒那天要给出闺女戴花，请来会梳妆打扮的人给新娘开脸，整理好眉毛，戴上簪子、耳环、发鬟等物品。戴花酒那天非常热闹，晚上客人都会陪新娘坐夜，进行哭嫁、摸迷等土家族活动，直到发轿吉时。

出闺。发轿前头嘎到女方家神龛上点燃蜡烛，插香烧纸，由二嘎喊礼（喊女方的七父八母：岳父岳母、伯父伯母、叔父叔母、姑父姑母、舅父舅母、姨父姨母、继父继母、乳母）求喜，给女方家祖磕头。求喜完毕后头嘎要女方发送陪送嫁妆，先发背篓，再发红罗帐和一铺一盖。把新娘的嫁妆全部发出来后，由二嘎进闺房请新娘子上轿，头嘎送上背亲布，两个迎亲妇女和二嘎三请新娘。新娘哭别父母后，由新娘的兄长或弟弟背上花轿，喜童点上喜把，鸣炮送花轿启程，喜把出了女方大门后要丢下一把，以表示富贵给女方父母和兄弟姐妹留下一半。这样新娘子就热热闹闹出了闺阁，离别双亲走上自己幸福的归宿，称之为出闺，也叫於归。

(2) 生育习俗

报喜。小孩出生后,由孩子父亲抱一只鸡到岳父岳母家报喜,公鸡则代表生的男孩,母鸡则代表生的女孩,并报告母子(女)平安等喜讯。

起名。小孩出生后要起名,首先起乳名,等到入学时由父母或老师起学名。旧社会土家人文化落后,因牲口好养活,当孩子多病不好抚养时,男孩子多用狗、马、牛等牲口来起名,女孩子多用花朵、金银来起名,故而农村多有"狗蛋""大毛""岩包子""叫花子"等风趣的小名,通常这些名字由族内或村里德高望重的老辈人来取。现今小孩取名通常以命理、五行八卦等为据,目的是把名字取得富丽堂皇!

看月。孩子出生后,孩子父亲给岳父岳母报喜后,外婆家就通知族内和亲朋好友,约个好日子一起来看月。外婆家要为孩子准备好衣裤、鞋袜、帽子等,背上糖、猪脚、鸡等产妇月里的食物,到女儿家里去看月,并教育产妇月里的各种注意事项,到家时要燃放鞭炮后才能进屋。

7. 丧葬习俗

本部分内容均由村内道士彭心敏讲述。

亡人净身入棺。人在寿终时一般有儿女送终或亲人在场。一旦气绝,首先就由儿女到水井跪地取水,回家把水加热,用桃树枝沾水把亡人身上洗干净,穿上寿衣、寿鞋,放在一块门板上,脸上盖上一张钱纸。儿女、亲人们要给亡人烧三斤六两落气钱纸,钱纸灰凉后用皮纸包好放在死者胸前,口中放一块碎银子作黄泉路途之用,然后请道士给亡人下塔入棺。

道场法事开路。亡人入棺后,道士穿法衣开路,吹动乐器开通东西南北中五方道路,也就是请五方引魂童子接引亡魂确保五方不迷路。之后为解灯。解灯种类很多,因道场大小和亡人男女而定,捞车河村分五方灯、七星灯、十王大灯和观音灯,男人要解弥陀灯,妇女要解血湖灯。除此之外,道场法事还有诵经礼,沐、沿、度、亡,接达安灵等法事以达到超度之目的。

闭殓。道场法事完毕后,在大开吊吉日闭殓,这是亲人与亡人的最后一次离别。闭殓要选吉时，并忌与亡人相冲、相害、相刑，生人不得近棺观其遗容，观之完毕由道士扫棺闭殓。

起丧。整个道场法事完毕后，选择良辰起丧(出丧)。道士必须选择良辰用雄鸡在棺材上面画符，默念出柩口诀，用子孙棍驱邪出柩以求平安吉祥。

驱晦辟邪。亡人平安上山后，把亡人遗像引上祖先堂，并烧香化灵，使阴魂安居阴府。然后由道士用一碗净水，执辟邪刀带领五人各拿一样东西(五谷、桃树枝、五雷火、格筛、辟邪符)到孝家各房间打扫驱邪，以保平安吉祥。

三朝"捉魂"。上山化灵三朝后，就把灵屋的灰烬倒入大河里，然后上山"捉魂"。需备刀头、香纸、一颗煮鸡蛋、炮火、"捉魂"纸筒到坟前为家中亲人"捉魂"，也要为帮亡人洗澡、穿寿衣的人"捉魂"，传说亡人临行时把这些人的"魂"带走了，三朝后儿女们求亡人将其放回阳间，以保健康平安。此习俗土家族聚居区传了几千年，寄托着亲人们对亡人的哀思。

8. 神话传说

(1) 金龟追媳

很久以前，洞庭湖水晶宫中的龙王三公主与龟丞相的儿子是青梅竹马，长大后更是两相钟情。可是老龙王却想把三公主许配给镇守渭水的黑蛟将军，三公主没办法，只能求助龙母。狠心的龙王不但不允许，反而把小金龟逐出水府，并且囚禁了三公主。龙母怜惜三女儿，悄悄把她放了出来。三公主化为一尾金色鲤鱼从龙宫逃了出来，逆流而上，朝着沅水直上来到酉水。在酉水的龙马嘴码头遇到了龙宫四太子。这四太子见三姐来此，问明了缘由后便把三姐留下来住在自己府中。

小金龟被赶出水府后没有走远，多方打听三公主的下落。从龙母丫鬟珊瑚口中得知三公主已被龙母放走，并已朝沅水而去后，便辞别父母，沿着沅水追去。追到龙马嘴码头，见到了三公主。四太子惧怕龙王发现他们，就让他们背着百湖狮(里耶方向)，沿着左边捞车河逆流而上。小金龟和三公主按照四太子所指路线一路奔走，最终来到捞车的三河交汇处。见这里风景秀丽，就在这里一东一西住了下来，从此长相厮守。

(2) 慌张它夺

每当捞车先民春种完毕,中耕除草时总有一种鸟不厌其烦地叫着:“薅锄挖锄,莫忘农活,噶公噶婆,经常骂我,薅锄挖锄,莫忘农活。”旧时捞车地区土家族先民在山上刀耕火种,男人在前拖着生水边走边洒,女人则在后面锄草。有一个叫慌张它夺的姑娘在六月天锄完两道草后,去给自己男人送早饭。然而翻过几个山岭都找不到男人洒水到哪里了,她就跪在地上喊天:“天老爷,怎么洒那么快,整死人了,就不能一锄一锄地薅么,女人命苦死了。”这时正当太白金星从西空划过,听到此话后面奏玉帝,玉帝便颁下谕旨:“那就叫凡人用薅锄一锄一锄地薅吧。”谕旨颁到凡间后人们更累了,慌张它夺的父母把她狠狠地骂了一顿。从此,男人一人上山锄草难以胜任,就要把慌张它夺叫上一起锄草。后来慌张它夺又累又气,悲愤而死,变成一只黑色小鸟,每到中耕锄草时它就叫着“薅锄挖锄,莫忘农活,噶公噶婆,经常骂我,薅锄挖锄,莫忘农活”,提醒人们莫误季节。

(3) 洞宾观音

相传有座著名的大桥叫洛阳大桥,是蔡进所修。蔡进母亲怀着他走娘家,回家时遇到大洪水。此时蔡母马上就要临盆,她万分着急。一位渡船老人历经千难万险帮她渡过大水,蔡母顺利产下蔡进,于是她许下心愿,若蔡进将来有大作为,便在此处修建大桥,以便百姓通行。

蔡进长大后得中状元,为还母愿,散尽家产在当年母亲遇险的地方修建洛阳大桥。当时修了99拱,还差一拱便可完工,苦于资金短缺一筹莫展。观音知道后决定助状元一臂之力,她变成一个美少女站在船上,并四处贴榜:有求王孙公子前来打彩,谁用金银打到她,她就和谁成亲。布告一出,各地王孙公子都前来洛阳河两岸打彩。但那些金银就是打不中观音,反而落在船上。不一会儿,船上就装满了金银,足够修建洛阳大桥剩下一拱的资金。吕洞宾这风流神仙看到后,趁观音不注意,用一锭银子打中了观音所化女子。观音大惊,一路腾云驾雾逃到捞车河畔的两河口水井边,见吕洞宾马上就要追到就变成一株千年古树。吕洞宾追至捞车河畔看到此树,于是变成一根红藤把树缠抱起来。传说观音从此有孕,后破肚流出一根胡萝卜大小的精华，被下游刘十四娘喝下，刘十四娘随后产下目莲菩萨。

捞车河村流传着一句话："山中自有藤缠树，哪有树枝倒缠藤。"捞车河畔的这棵柳树就一直生长在沿河大道边上，被红藤紧紧缠住千百年，人们一直习惯叫它"洞宾观音"。

三、自然资源

（一）犀牛洞

传说，武陵山脉中的阴河内住着很多奇珍异兽，有乌龟、娃娃鱼修道成精，有大蟒修道成龙。其中，一头犀牛长住洞中，这个洞便得名"犀牛洞"。这个洞很大很深，从来没有人敢进去，洞内平常干燥无水，洞前一马平川。犀牛洞在春冬季是干洞，然而到了夏秋季，特别是六月三伏天，却常有洪水猛涨。传说，一个叫彭夯的汉子在六月六那天到犀牛洞前面掰玉米"吃新"（土家族农历六月六用玉米磨成苞谷粑粑吃叫"吃新"），他正在掰苞谷时猛然听到哗哗的水声。回头一看，犀牛洞洪水猛涨，一头庞大的犀牛顺水出来，吃着他种的玉米。他急了，顺手就把背篓一抖打在犀牛的屁股上，犀牛被吓得跑进洞了，背篓上残留几根犀牛毛，在洪水沟里漂流。彭夯捡起背篓把犀牛毛保存起来，在回家的路上踩水过河，水在脚边脚不沾水，也不下沉。后来他用这犀牛毛在洪水中捞柴接物如履平地，天气炎热时用来挡云遮日，口渴

捞车河村犀牛洞内景（赵智娜　摄）

了把犀牛毛放在背篓里背水，背篓也不漏水。

（二）乌龟堡

捞车河村东面白福台下有一座形似乌龟的小山，此山坐南朝北，有一条百福台溪流潺潺流下，右边紧依村庄。捞车河村是一个鲤鱼地形，这个小乌龟就依偎在鲤鱼肚中长眠。小山上种满茶子树，每到农历十月间茶花盛开，对对蝴蝶双戏银花，成群蜜蜂满山采蜜。如今的乌龟堡由于修建洗里二级公路（洗车河镇—里耶镇）被毁坏了，不复原来模样。

（本章由赵智娜、姜楠撰写）

第九章　六合村

六合村，原名朱家寨，地处龙山县苗儿滩镇东北方，距离镇政府3公里，与捞车河古村相距1公里，村域面积约为6.89平方公里，有7个村民小组，人口以土家族为主，占全村人口的95%以上。全村被捞车河分为东西两部分。河西有县级公路，南通里耶，北达县城；河东有村级公路，东通永顺县城。东岸房屋大多坐东朝西，西岸则坐西朝东，全都背靠青山，面向绿水，水中是洲山，水陆相映。村落地貌形似莲花，房屋仿佛都建在花瓣之上。六合村的土家族特色传统建筑保存较好，自然景色秀丽，更有土家族织锦、汉剧、阳戏等非物质文化遗产的传承。2018年12月，六合村被列入第四批中国传统村落名录。

一、村落概况

（一）地理生态环境

六合村位于武陵山区，地处苗儿滩镇中南部，东与黎明村、捞车河村相连，南与红光村接壤，西与星火村交界，北与民主村毗邻。酉水支流捞车河呈南北向流经村域，河流两岸多为冲积平原，六合村就位于捞车河下游的冲积谷地。

村落整体呈散开的莲花瓣形，地势西北高东南低，坐北朝南，东南环山，西临捞车河。内部地势平坦，参天古树星罗棋布，成为古村的天然屏障。河西多为石灰岩、黄泥地；河东多为板页岩、青砂地；田坝为积层的河流冲积物，土地肥沃。村落以苗岩公路为主轴，整体呈南北走向，沿河道两岸呈带状布局，青石板巷道穿插交错。在捞车河东侧朱家寨、魏家寨、黎家寨、拉卡车、河边5个自然寨自上而下，呈五片散落的花瓣状相间有致地均匀排列。河西狭窄不过50～80米宽，有张氏居之俗称张家寨。河东寨与河西张家寨形成了6寨鼎立的局面。各寨既相互联系又保持合理分隔。

村域面积约为689公顷，建设用地面积为15.98公顷，其中居住用地面积为14.06公顷。其他非建设用地以林地和耕地为主，耕地面积为62.28公顷，林地面积为0.84公顷。其中，村内宅基地和田园平坝只占约25%，山地林木占总面积的75%。

六合村属于亚热带季风气候，四季分明，春多寒潮，夏多暴雨，秋多连绵阴雨，冬多严寒，气候宜人，雨水充沛。多年平均气温17℃，无霜期年平均310天，降雨集中在每年5月至7月，日照充足，水源丰沛。

（二）村落历史

六合村大姓朱氏有一部《朱氏汇源族谱》，对六合村的朱姓祖源、繁衍史略及各系之间的相互关系都进行了叙述。

据《朱氏族谱》、黎姓木刻字碑、《魏姓始祖墓碑志》记载考推，朱姓家族最先来到此地。朱姓人于明朝嘉靖年间(1522—1567年)由江西吉安迁移至湖南沅陵，万历年间(1573—1620年)为躲避倭匪和战乱，由沅陵迁移至此处求一隅僻静之地。这里舒适的自然环境使其逐渐稳定下来。随后，黎姓、魏姓、张姓等家族相继到来，各占一方领地互不侵犯，形成了现在朱家寨、张家寨、魏家寨、拉卡车、河边以及解放后由黎明村划割而来的黎家寨6个自然寨和睦相处的村落格局。

(三) 村落人口

六合村现有7个村民小组，302户、1522人。民族结构上，95%左右为土家族，其余少部分为苗族和汉族。姓氏以朱、黎、魏三姓为主，其他有张、陈、程、梁、田、向、彭、孙、尚、王、姚、叶、康、杨等14个姓氏。

(四) 物产与特色产业

六合村主要经济来源为种植业，主要种植百合、油菜、水稻等农作物；蔬菜分春秋两季种植；水果主要为柑橘类；另外还有大量可食用野生菌。养殖业以养殖牛羊、鸡鸭等家畜、家禽为主。年轻人大多外出打工。

(五) 经济社会发展状况

道路交通：六合村主要的对外交通依靠苗岩公路和水路(捞车河上游至洗车河镇，下游至隆头镇)。其中苗岩公路宽度为5米左右，为水泥路面。古村内部暂无停车场，内部交通以拉卡车、朱家寨、黎家寨、河边入寨道路为干道，其余支路、巷道呈网状向各村庄内部散开。古村内道路为水泥、青石板、土路三种构成，其中巷道多为青石板路，路面宽度1～3米。

六合村新桥(姜楠　摄)

教育设施:村内原先有小学1所,总面积为1400平方米,因生源少、设备落后,已改为村部用地。因此,现今村内学生基本都前往城镇上学。

医疗卫生设施:村内现有卫生室1处,占地面积为523.6平方米,位于魏家寨村民魏红兵住宅内,另外村民服务中心还设有药房,基本能满足村民日常需求,同时村民共享苗儿滩镇卫生院。苗儿滩共2所卫生院,现有病床40张,医护人员19人。

公共服务:由原村小学改建的六合村村民服务中心设有电子商务服务站、文化广场、村委办公室、卫生室等,能够给村民提供多项综合性服务。

村规民约:为推进六合村民主法治建设,维护社会稳定,树立良好的民风、村风,创造安居乐业的生活环境,建设文明卫生新农村,经全体村民讨论通过,制定了村规民约。

给水排水:目前村内的生活饮用水基本为自来水。水源位于河西的龙洞府处,为山泉水,能满足六合村、捞车河村等约4000人的生活用水。村中排水由水沟、水渠组成,兼有生活、生产、消防功能。排水沟为雨污混流排放,通常沿住宅、小巷一侧修,宽约30厘米,用岩石砌筑底部和驳岸。污水排入附近农田,经过自然沉淀和水稻等植物的净化,排入捞车河。水田沿捞车河沿岸呈片分布,水塘、水渠围绕农田交错有致。便利的水利灌溉条件,较为平坦的地势,为六合村水稻生产提供了充分条件。

二、文化遗产

（一）物质文化遗产

据龙山县住建局资料，六合村有252栋木房，中心村寨有195幢；新建砖房50栋，主要分建在河西七组及距村部1公里以外的第一组。百年以上特色民居67幢，200年以上的14幢；尚存古朝门8个；有转角楼37栋，其中纯木楼31栋，新建砖木结构楼6栋。古式家具遗存共计300多件，历史文物遗迹尚存古桥、古战场等。

1. 古民居

六合村内有大量保存完整的土家传统古民居建筑。其中清康熙至光绪年间的古民居有17栋，建筑面积达3584.94平方米；光绪至民国年间的传统建筑有41栋，建筑面积达7032平方米。房屋之间还有青石板铺成的小巷相互连接，形成住宅区内四通八达的交通网络。

六合村古建筑统计表

建筑类型	建筑基底面积(平方米)	比例(%)
清代建筑	3584.9	7.96
民国建筑	7032.0	15.62
20世纪50—70年代建筑	20276.9	45.03
20世纪80年代后建筑	14132.3	31.39
总计	45026.1	100.00

资料来源：六合村《传统古村落保护发展规划说明书》

这些古民居建筑属于穿斗式木构架，其特点是把柱子串联起来，形成一榀榀的房架，檩条直接搁置在柱头上，沿檩条方向，再用斗枋把柱子串联起来，由此形成一个整体框架。在建筑格局上主要分为三种格局，分别是“一”字形、“L”形和“U”形，前两种更为常见。

（1）“一”字形平面格局

主要是正屋（座子屋）或横屋（厢房）一字排开，通常为明三暗五的三间，明五暗九的五间，最多达六间。正屋中间为堂屋（明屋），不设天花板，露出屋顶梁架。堂屋两侧住人用的叫“人间”（暗屋），“人间”上铺设木板形成阁楼。“一”字形是最基础的一个开敞院坝空间，可以作为劳作后小憩、红白喜事设宴、晾晒粮食等的场地。代表建筑有朱明林住宅。

（2）“L”形平面格局

由一正屋加一横屋组成，是土家族民居最普遍且比较固定的平面类型，其正屋基本不变，主要的变化在横屋，通常做成吊脚楼形式。部分住宅的横屋与正屋相交处加建“磨角屋”，设灶台作厨房使用。横屋由吊脚支撑楼板，垂柱支撑走廊，并盖以“思檐”，这种横屋被形象地称为“龛子”。代表建筑有魏开群住宅。

六合村“L”形古民居（姜楠　摄）

（3）“U”形平面格局

在“L”形平面住宅的另一端又添加横屋而成，即一正二横，也称“三合水”。横屋做成吊脚楼的形式，与正屋围合成一个开敞的院坝空间，再通过围墙加以区分宅基地范围。可以作为劳作后小憩、红白喜事设宴、晾晒粮食等的场地。代表建筑有朱德远住宅。

（4）建筑细部特征

①门。门分为两种，一种为院门，也叫“朝门”。六合村现存古朝门8

六合村古民居朝门(姜楠　摄)

个，顶部如屋顶一般，用青瓦制成，常采用坡屋顶的手法。另一种为正门，也叫“大门”，是住宅的出入口，部分建筑以大门为中心，成两端对称。大门的朝向直接影响了建筑的风水格局，因而特别重要。

②窗。六合村建筑开窗比较讲究，通常一间房只开一扇窗，朝向阳光最佳处。窗均采用木质结构，通常有两种形式：一种仅由几根木条平行排列而成，样式简易，另一种由木条拼接形成较为复杂的方格网状，再雕刻上各式各样的鸟、兽、虫、鱼等动植物图案，形成制作精细、图案精美的隔扇花蕊窗。

③墙。村落房屋建筑立面多为木板墙，整个房屋用柱子作承重骨架。结构多为穿斗式构架，由柱、枋(梁)、檩等构件组成，沿房屋进深方向立柱，支撑起檩。柱间通过枋相互串联，组成屋架。各柱间用宽约20厘米、厚约2厘米的木板围合成封闭开间。

④外墙。多用泥土和石块做原材料，石块多采自捞车河，墙高2～3米，上铺稻草，有防盗御敌功能。

⑤青瓦屋面。屋面是由小青瓦、木椽子和檩条构成的。檩条搁置在柱头上，椽子固定在檩条上。早年是在椽子和檩条上钻引导孔，然后用竹钉把椽子固定在檩上，后来直接用铁钉把椽子固定在檩条上。然后把小青瓦铺在椽子上，瓦沿檐口往屋脊方向铺。与官式建筑相比，吊脚楼屋顶没有做防水层，瓦直接铺在椽子上，很少有坐浆。在风比较大的地方，则在屋脊、檐口处坐浆处理，防止瓦被风刮下来。

(5)材料及制法

六合古村建筑多为木质结构的1～2层房屋，因此基础工程很简单。木构架房屋一般不建基脚，只是平整屋基，在立柱的地方，将浮土去掉，铺上方正匀称的石块。屋基就地取材用当地的片石,此砖更耐风化,更结实。地板是用石灰、黄泥等材料混制而成,具有很好的防潮、防腐蚀效果。一榀屋架由落地的柱和不落地的童柱组成,一般多为单数,一榀屋架柱的根数决定房屋的进深。排架方向有四柱三棋(童柱),俗称"七个(柱)头";五柱四棋,俗称"九个头";也有进深大点儿的六柱五棋,"十一个头",甚至"十三个头"。用穿枋把各个柱子串起来形成排扇,继而构成一榀框架。檐口出挑用曲拱(挑梁),出挑远时用几层曲拱或板凳挑。两榀屋架用斗枋、地脚枋、檩子相连,然后用木钉栓锁住。

2. 古家具

据统计,六合村保存完整的古桌子、太师椅、灯台、古凳、面架、花柜等家具近300件,主要分布在中心寨的几个组中,现已登记造册。

3. 古遗迹

河东朱家禁山山顶、麻子湾山顶等几处山头都有战壕遗址;朱家拉必、黎家堡、魏家湾等有防匪防弹土围墙多面、抗匪碉堡(仅存遗址)两处、卡子门遗址三处。

(1)古桥——一里三拱桥

村内有河东一里三拱桥、河西一里三拱桥(尚存两处)、溪口潭石拱桥七座拱桥,全用石灰青石砌成。一里三拱桥指一公里之内有三座同样的石拱桥。石拱桥修建于清朝时期,因年久失修大多已被毁坏。拱桥跨水架桥,加以简单雕琢,意境优美。石拱桥凝聚了六合人民的智慧,也体现出当时人民的审美观以及高超的构筑技术。

(2)古祠堂

观音堂、爵主宫(即摆手堂)仅存遗址及少量料石;油房、水碾尚存几样石滚盘。

(3)古津渡——拉拉渡

从母子潭沿河边草滩上行几百步,就是旧时闻名五乡百余寨的捞车河第一渡——朱家寨拉拉渡。一只木制的小船,船尾伫立一位头戴竹叶斗篷、肩挂脱了毛的蓑衣的船老板,青筋粗露的双手紧握着竹篙,像一幅粗线条的写生画。雨季时节，不论洪水涨多高，都没有拉拉渡渡不过去的船，朱家寨的渡口因此而得名。洪水消退后，船老板的身影就换成了一根木桩，木船便依托木桩挂在缆绳上自由地来回滑动，行人自己充当船工。

古津渡(赵智娜　摄)

(二) 非物质文化遗产

1. 摆手舞

据传，摆手舞起源于古代的巴渝舞。后来，这种战舞逐渐演变成土家祭祀活动，各土司辖地纷纷建摆手堂。清代《永顺府志》载："每岁正月初三至十七日，男女齐集，鸣锣击鼓，跳舞唱歌，名曰摆手。"摆手舞是土家人喜爱的传统大型舞蹈，带有浓烈的祭祀色彩，歌随舞而生，舞随歌而名。舞蹈分为大摆手和小摆手。大摆手舞规模较大，时间较长，表演的具体内容有闯堂进驾、开天辟地、人类起源、迁徙定居、耕作劳动、自卫抗敌、扫堂关架等8个部分。小摆手规模较小，时间较短，其内容为祭彭公爵王、打蚊子、牛打架、塞冰口、挖地、下种、插田、除草、收割，表现劳动丰收的喜悦之情。摆手舞有独唱、领唱众和、众人齐唱等形式，曲调随舞的内容而变换。六合村的摆手舞传承人魏翠莲，现外出打工。

2. 咚咚喹

流行于龙山县的一种土家族单簧竖吹乐器。咚咚喹制作虽然简单，却能吹出欢快清脆的旋律，故深受土家族妇女、儿童的喜爱。咚咚喹可独奏或重奏，经常两支一起对奏，音色明亮，曲调轻快活泼。村内有咚咚喹传承人张碧英、张作秀。

3. 汉剧

汉剧是我国戏曲艺术中的一个大剧种，流行于湘、鄂及陕、豫、粤、闽等地区。旧称楚调、汉调。在发展的过程中形成了荆河、襄河、府河、汉河四支流派，俗称路子。对湘剧、川剧、赣剧、桂剧、滇剧等剧种的形成发展都有影响。清嘉庆、道光年间，汉调流传到北京，加入徽调班社演唱，逐渐融合演变成京剧。汉剧声腔以西皮、二黄为主，罗罗腔也用得较多，兼有歌腔、昆曲、杂腔、小调等曲调，高亢激越，爽朗流畅。末角以雍容的表演和醇厚深沉的唱腔取胜；旦行唱腔绚丽多彩，以声传情，声情并茂。龙山汉剧属荆河戏派，俗有“北半县的花鼓南半县的戏”之说，主要分布在龙山的靛房镇、苗儿滩镇、洗车河镇、里耶镇、召市镇等地。特别是在苗儿滩镇六合村，早在20世纪20年代就有汉剧科班，曾盛极一时。2007年龙山汉剧被列入州级非物质文化遗产项目。

汉剧表演道具(姜楠　摄)

龙山汉剧剧目丰富，承载了许多优秀的历史文化和民族传统，抑恶扬善，贬斥奸佞，褒扬忠良，能够激发人们的正义感，弘扬爱国主义精神。随着文化的多元化和人们艺术欣赏情趣的多样化，龙山汉剧受市场变化、经济条件变化等多种因素影响，曾在苗儿滩镇中断了将近二十年。

4. 阳戏

阳戏是以驱鬼逐疫、祈福禳灾、酬神还愿为本质，以崇奉川主、土主、药王“三圣”为主要标志，以娱乐人民大众为主要目的的一种祭祀戏剧。它以独特的魅力在我国西南地区特别是湘鄂地区广泛流传，影响至深。

六合村的汉剧、阳戏传承人有梁官兴、张发坤、梁官娥、陈友国、魏小菊等12人。

5. 民间医术

六合村民间医术传承情况：推拿传承人叶凤云及其女梁素娥；土家祛邪治病法传承人田心林；民间压山避蛇法传承人田心林；等等。但是现在村内已无法找到这些传承人。

6. 土家织锦

土家织锦是土家族工艺文化的精粹，历史源远流长。历代以来，土家织锦都被土司土官作为上等贡品或著名土特产向朝廷纳贡。土家织锦产品美观整齐，结实耐用，画面多姿多彩，用色常借鉴艳丽的鲜花、鸳鸯的羽毛、天空的晚霞和雨后彩虹，色彩秀丽，自然生动，也有的受宗教绘画的影响，具有素雅、古朴、沉着的特点。在纹样组织结构上，多以菱形结构、斜线条为主体，讲究几何对称，反复连续，共有上百种传统纹样。西兰卡普采用“通经断纬”的挖花技术，分为“数纱花”“对斜”平纹素色系列和“上下斜”斜纹彩色系列两大流派。“上下斜”斜纹彩色织锦是西兰卡普中的主导品类。它是在“对斜”平纹素色织锦上发展起来的，质地较厚，非常结实。西兰卡普的加工设备十分古老，一直沿用具有上千年历史的“腰裹斜织机”。织机由机头、滚板、综杆、竹筘、梭

朱明英创办的土家织锦传承所(姜楠　摄)

罗、踩棍、滚棒、篙筒、挑子、撑子、地桩和布鸽(又称鱼儿)等组成。六合村内的土家织锦传承人有朱明英、黎承凤、田文秀等人。以上非遗传承人及民间艺人大都外出务工或者搬至县城居住,仅有少数人仍留在村中。

7. 传统节日

正月十五元宵节。旧时元宵节的时候六合土家族人白天玩花灯、舞狮,晚上跳摆手舞。

清明节。清明节那天六合土家族人一般煮猪头,挂清明纸(俗称挂青),若是家里有上年去世的亲人还要杀鸡杀鸭,准备鸡血白酒。当天也会去爵主宫祭祀土司大王。

端午节。六合人的端午节有“大端午”“小端午”之分。六合村村民大多过小端午,即五月初四过节。村民们一般会做碱水粽,舂粉粑,近几年也举办“划龙船”这类节庆活动。

“七月半”。传说“七月半”这天家里的亡人会去云南开会,称作“赶会”,因此村民们会在家中烧纸钱祭拜亡人。若是亡者死在外地,则需在外烧纸。

八月十五。吃月饼,做团馓。

重阳节。六合土家人有重阳杀鸡的习俗。

冬至。吃腊肉,全家人吃团圆饭。

小年。打糍粑,杀猪,腌猪脚,开始准备年货。

腊月二十八。如果那年有亲人过世就会提前过年,称为“过赶年”。

腊月二十九。一般在中午以后会吃团年饭,放鞭炮。这一天早上会吃简单点的食物,如团馓。吃完早餐后开始准备中午团年饭的菜肴。过12点后会赶在别家人前面吃,保佑一年顺顺利利。

年三十。晚上会守夜,守猪以保佑来年喂猪顺利,旧时还有看汉剧的习惯。

大年初一。“吃青菜”,寓意未来的一年里清清白白做人。初一拜年,女孩子会背猪脚和团馓回娘家,一般是准备双数。每当逢年过节,六合人还要拜“土地堂”,去水井边烧香,求其保佑子孙后代。

8. 婚育习俗

六合村的结婚流程与其他村差别不大，基本是请媒看日子、认亲、定期、结婚、接亲、吃饭、哭嫁、回门这些步骤。

哭嫁。旧时结婚前女方姊妹会过来哭嫁，连哭半个多月，现在一般只有结婚当天哭几场。

嫁妆。西兰卡普向来都是土家女儿出嫁的陪嫁品。女方家里有织机的会自己织，没有的会花钱买，多的准备十几二十床。现在除了西兰卡普被面外还会准备家具，大到彩电冰箱，小到漱口杯，样样齐全。结婚当天会将装家具的纸箱放在房间展示。女方在婚礼当天会给公婆也送一床西兰卡普的被子。除了织锦、家具等嫁妆，新娘家还会根据家庭情况在箱底放现金。

生育。满月时有看望小孩的习俗，称作“看月”，看月时也送土家织锦做小孩襁褓。当天还会办一场小型酒席，早上一般吃团馓。

9. 自然崇拜

如果家里小孩从小体弱多病，便会请算命先生算算命中缺什么，然后拜相应的物件、取小名，比如缺水就会拜水井，取小名叫“水井发”，拜石头则叫“岩发”，等等。有些人家还会花钱打指路碑，立在路边为路人指路，以求积德行善，保佑小孩健康长大。六合村人砍树之前会先烧纸钱，再放双数的现金，用红布包着，叫“偷梁”。

10. 民间传说

在六合村正对面的河西半山腰上，有一个约5000平方米的长方形、外边敞开的大凹槽，槽底一股碗口粗的洞泉淙淙而出，一年四季源源不绝。这就是朱家寨二坪山仙人洞。洞口前面水流侵蚀而成的青石床，犹如一口口天然的蓄水池，池池相连，上下呼应，有七八口之多。据说这是仙人洗澡的地方。清清的泉水落入池中形成道道波圈，晃晃荡荡，从池头荡向池尾，然后从缺口处涌出落入下一级池中，一级复一级，最后从几十丈高飞陡的石嘴上飞泻而下，形成壮观的瀑布，其状颇有“飞流直下三千尺”之势。瀑布两边则是悬崖峭壁。源头的仙人洞口周边则被碧绿的竹林环抱,于是整个洞府显得翠竹森森、仙风缭绕,悦人爽心。

相传,从前有一位叫田帕普的人,到仙人洞旁边砍竹子。砍着砍着,从洞里传来一阵阵鼓锣唢笛之声,其音优美至极。他甚为好奇,于是停下手中的活儿,顺着声音走进洞去。只见宽敞的洞府里有七八个人将锅碗瓢盆当乐器来敲打,声音与真乐器毫无区别。他不禁看入了迷。许久,乐声方停,其中一个秀才模样的人问他:“洞里有几个人?”他数了一遍,回答说是八个。秀才摇头。他又数,还是八个。秀才又摇头。他一连数了好几遍,却总是没把自己算进其中。秀才失望,叫他到洞外去看。可是等他再回到洞内的时候,八个人已没了踪影,那些锅碗瓢盆等都整整齐齐摆在那里。只见石壁上留下一行字:“无缘成九仙,器具益世人。”他这才恍然大悟。原来是八洞神仙,有意要引渡他成为第九洞仙人,他懊悔莫及。从此以后,只要是村里人有婚丧大事,都可以到仙人洞里去借那些厨房用具,办完事洗干净送回去,下次谁家再借也照样原物不缺。后来有一户人家,拿这些用具装了狗肉,结果到下次别人家再去拿的时候,仙人洞变成了另外一种光景:不见洞门开,只有洞水流。原来狗肉是仙人厌恶之物,仙灵之品焉能与其沾边?自此,这一带婚喜之类的一切筵席均不许狗肉上桌,生怕耽误了好事,连做手艺的匠人师傅们也都见狗肉必避之,否则艺业就会失了灵气。这也许就是土家人所谓“狗肉上不得正席”的由来。

三、自然资源

(一)自然景观

1. 仙人洞

仙人洞位于拉卡车对面山中。六合人常说“此处出风水”,即洞中泉水冬暖夏凉,是取暖避暑的胜地。因其地理格局较好,相传古人常在此处修仙得道,故取名为“仙人洞”。

2. 白鹤林与母子潭

白鹤林与母子潭(姜楠　摄)

踏过一里三拱桥的最后一个桥墩,便是张家寨古木参天的白鹤林。古藤缠身的高大树干,擎天茂密的枝叶,吸引白鹤群聚此处。白鹤林边,是一上一下两口清潭,呈树叶形状,是为“母子潭”。从白鹤林深处汩汩而出的溪水清澈透亮,不分春冬源源不断地向母潭汇聚,再温温婉婉地向子潭溢去,如母亲的乳汁一般养育一方百姓。河西白鹤林有百年以上、枯藤缠身的大古树十余棵。

3. 太极头

从东边码头向东北几十米,即是太极头。从村子里穿绕而来的嘎涅夫山沟快到河边时突然来了一个大转弯,把末端伸进了不远处长着几棵大古树的草坪,画了一道“S”形的弧线,从那间古老的水碾房旁边钻出,又向大河里冲去。其造型恰似一张太极图,因此得名“太极头”。

4. 龙洞府

龙洞府是古村的取水洞。相传古时有一条龙穴居此处,时常穿云布雨,造福四方百姓,因此得名“龙洞府”。现在洞内泉水水质清澈,青山环绕构成天然屏障,也被誉为“古村之源”。

5. 溪马洞

溪马洞位于朱家寨后山中,洞口直径20～30米,容积巨大。陡峭而圈闭的岩壁和深陷的井状轮廓构成非凡的空间与形态特征,属于喀斯特地貌,也被人们叫作“天坑”。

(二) 动植物资源

1. 竹类

六合村的竹木资源丰富,竹类品种繁多,有南竹、斑竹、紫竹、水竹、燎竹、陶竹、文竹、山竹等。南竹坚硬有韧性,一般做成竹筐出售,也可以做成竹床、竹凳、竹靠椅等;斑竹、水竹多用于制作家居用品,如背篓、凉席、晒垫、菜篮和其他编织品;山竹用途更广,可做成菜架竹、晒花席,每年都有外商前来收购。

2. 木材类

有珍贵木材金丝楠、红杉、杉树、枞树等。金丝楠木质坚硬细腻,内有花斑,制成柜箱放置物品有防腐、防臭、防虫等功效。红杉树树质优良,木质坚硬细腻,花纹精细,多用于制作棺材的内壳匣子,简称为“内棺外壳”;用来做背水桶、端桶和砧板可以保鲜。杉树、枞树大多用于修建房屋,直条大树用作柱头,其他解成斗方、大挑、板子、楼板,小的用于制作水领、厢房、吊脚楼等。其他杂木多半生长在岩山缝隙里面,木质坚硬,品种繁多,如青干材九巴夫、狗骨头材、岩连木、土桨柴、岩砂子柴等,可供农户烧火取暖、做饭等。

(三) 药材资源

六合村内有几棵被保护起来的金弹子树,树木四季常青,极具观赏价值,果实可入药。海拔较高的地方还有五倍子、天麻、杜仲、黄檗和其他珍贵药材。

四、历史事件

川匪偷袭朱家寨

民国三十年(1941年)土匪猖獗,当时捞车河村作为龙山县开发最早的土家村寨,交通发达,内河航运直通常德。其产出的棉麻、丝绸闻名湘川,特产优质桐油和土家织锦更是声名在外,因此成为湘川土匪主要的掠劫目标。

民国三十二年(1943年)川匪曾攻击过一次朱家寨,但不敌当地有序的反击,狼狈而逃,并扬言还会再来。

朱家寨是捞车河流域防卫最好的村寨。寨子外围有土墙两层,家家户户都有土墙相围,寨前寨后有3个卡子门,每个卡门边建有碉堡炮楼一座,土墙外围插满了用桐油煎黄的竹签。邻近村寨的富户晚上都来这里躲避土匪,并将值钱的布匹被盖存放于此。

寨里有个人叫朱明永,曾在国民党部队当兵,回家探亲时,把带回的十几支枪交给了本寨的朱世彬管理,以保家卫寨。有钱的富户买枪,条件差一点的几家合买一支。朱家寨有枪支二十多支,以朱世彬为首的一众人枪法都好,在捞车河很有声望。

民国三十四年(1945年)农历九月,酉阳土匪召集县内匪众千余人在土车集中,二十六日在土车誓师攻打朱家寨。其中一个叫向化子的在土匪营内当壮丁(他妻子在朱家寨躲匪),他想法子通过那西洞一个叫向湾来的人给朱家寨报信,告知二十七日土匪前来攻打的计划。

朱家寨接到信后,保长朱世模作了安排。他来到守卫的河边,与魏家寨等寨通了口风,做好防匪准备。有枪的人都准备好子弹,朝门紧闭,等土匪打完才能开枪,并杀猪宰羊,到神堂庙敬菩萨以求保佑。朱世彬告诫大家,万一匪兵进寨,要杀出一条血路,保住寨中老小,舍财保命,并嘱托手下的朱明星、朱明生、朱世候、朱世盛等人严防死守。朱世彬曾在牛背上打八哥，枪法最好，果断、沉着、胆大，而且说一不二，深得父老乡亲的敬重。

鸡叫三回了，朱世彬和梁顺炳检查完各岗哨上了后面炮楼，就听“啪啪哒哒”的土匪枪声、号声大响，喊杀声大振。朱世彬响亮地吹起了号，各炮楼和护墙下都响起了还击的枪声。朱世彬走到土墙边，与土匪激烈对战起来，随着枪响土匪应声倒地。有一处土匪紧逼不退，打不中也打不退，守护的人喊朱世彬应援，他抡起枪就是一梭子，土匪应声倒下，这股土匪见势不妙，只好退下去。夜又静了，土匪悄悄从墙下打洞进来了一股，守卫见了边喊边打，朱世彬听到喊声，忙过去与他一起，打死了前面七八个土匪，后面的就撤退了。

天色渐亮，土匪一时退不完，又死伤众多，战况胶着。到了中午，土匪无力进攻，寨内老弱妇孺煮了饭菜腊肉送到楼上墙边，守卫轮班吃肉喝酒，并与土匪骂喊。土匪死的死，伤的伤，又累又饿，无心对战。此时朱世彬找出炸弹扔向土匪，土匪死伤无数。打到太阳偏西时，土匪放火烧了土墙边的两栋房子，由于离其他房屋较远，又有土墙相隔，朱世彬便任凭它燃。土匪乘着火势，打进魏家寨，抓走一个富人，抢走东西。过河时，国民党剿匪队赶到打了两发迫击炮，土匪不敌，战斗结束，寨内仅一死一伤。从此朱家寨在周边名声大振。（摘自朱远龙手抄稿）

（本章由姜楠撰写）

第十章　树比村

树比村，原名树碧村，位于龙山县苗儿滩镇东北方向，距离镇政府10公里，东南与靛房镇相邻，西北与苗儿滩镇的六合村、黎明村、树比村三村相邻，属于惹巴拉风景区的一部分。村域总面积12平方公里，由4个自然寨组成，土家族人口占全村的98%以上，主要有王、周、舒、黎、向、田等姓氏。如其原名“树碧”，树比村坐拥青山绿水的优美风光，村内以“冲天楼”为代表的土家族特色建筑群保护较好。秀丽的自然景色与丰富的土家族文化相辅相成，使得这个依山而建的村寨成为展现湘西地区土家族原生态文化的典型村落。2016年12月，树比村被列入第四批中国传统村落名录。

一、村落概况

（一）地理生态环境

树比村整个村寨依山水而建，呈“两山夹一河”的形貌，靛房河（该河流向树比河并最终汇入西水河）穿寨而过，村民主要集中居住在河流两岸的公路边以及南岸的山腰间。树比古村明代窑址出土的明代陶片显示，自明代以来树比村就有人居住，距今已有747年历史。村中有山林1万余亩，其中退耕还林面积4200多亩、公益生态林6400多亩。生态林中有许多名贵树种和名贵药材，如红豆杉、金弹子、桂花树、楠木、田七、血藤等。旧时村寨还大量种植桐树，生产桐油，远销国外。村内有许多珍稀物种，如麂子、野猪、锦鸡、穿山甲、刺猬、华南兔、野鸡、五步蛇、娃娃鱼、童鱼、飞坨鱼、黄刺骨等野生珍稀动物栖息于群山之中。树比村属亚热带季风气候，四季分明，湿润多雨，年均气温15.8℃，年均降水量1400毫米，年日照时数924～1246小时。总体而言，树比村气候温和，环境宜人。

（二）村落历史

据了解，关于树比村王姓一族的来源，民间有两种说法。

一说树比王嘎是个外迁的家族，主要依据“三槐世第”“武库维新”“竹苞松茂”的匾额中和王嘎始祖墓上的信息。树比王嘎始于始祖王江怀的迁入，兴于三世祖王福，盛于四世祖王文胜。王江怀生王情、王朝两兄弟，为二世祖。王情生王福，为三世祖。这些血脉传承的信息详细地记载在三世祖王福和五世祖王章鳌的墓志铭中：三世祖王福是清顺治年间人，康熙年间就活跃在周边的土家山寨，后生王文（胜、林）、王龙（宇、海）四兄弟，为四世祖。

另一说古时的红岩路人是树碧村王氏宗族的始祖。根据发掘的残余瓦片能推断出红岩路是一个地名，在树碧村对面多且山的上半部。此山地貌崎岖，仅有几台梯土，可修一栋木屋。据传说，红岩路上面有一家人，相当富裕，家财万贯，盛夏时，用竹垫晒银子坨坨，一年要请几次戏班子演戏，附近村寨的人到此看戏，还高酒大席热情款待。据推测，红岩路人可能是明朝时期人，此人在朝为官多年，不知为何举家迁至此地，安家立业。后来从半坡上迁到树碧村定居下来。

树比王嘎兴于清初，盛于晚清至民国时期，最为强盛时拥有一支一百多人的枪队，田土权属延伸到周边的苗儿滩、絛房、坡脚、他砂、凤溪、洗车等地。

树比村冲天楼内的油桶(赵智娜　摄)

据村民介绍，距离树比村不远处有一座桐花山，每年的4月，那里的万亩桐花怒放，非常壮观。据史料记载，清末民初，桐油曾一度取代丝绸，成为最大宗的出口产品，湘西桐油产量高且质量上乘，成为当时桐油产业中的翘楚。在300多年前的树比村，每到春天，漫山遍野的野生油桐花竞相开放，在收获的季节里，冲天楼的主人组织村民炼制桐油，他们还依托村口附近的窑厂，制造陶器，通过树比河把这些物资运往码头，进行频繁的水上贸易。

当时的树比村相当富裕，全村百十户人家，几十栋木房鳞次栉比地坐落在一面偏坡上，阶沿、坪坝全是用河里的红岩堆砌而成，每栋房子的石料起码有30～40方。可见建造房屋的那辈人是何等的辛勤。树比人以勤劳节俭而闻名，外地到树比做工的人有几十个，有田、刘、张、向、黎、舒、葛、孔、白等姓氏。树比以王姓人家为主体，其良田沃土遍及周围几个乡镇。

（三）村落人口

据树比村村委会提供的资料，现在的树比村由小树比、大树比、狠咱龙、阿枯4个自然寨组成。小树比、狠咱龙、阿枯是从大树比发展出的村寨。树比村总面积1.8万亩，耕地面积1317亩，为沙质土壤。其中旱田569亩，稻田748亩。现有住户324户，人口1301人，其中土家族占98%，汉族占2%。姓氏主要有王、周、舒、黎、向、田6姓，其中王姓占95%。村中除了黎、向、舒、周、田等少数外姓人家外，其余村民都是王嘎（对王氏一族的称呼）。

（四）物产与特色产业

1. 棉桑与土家织锦

千百年来树比村土家族人一直是男耕女织，通过棉麻种植获取制作衣服和被盖的重要材料。棉花春种秋收，冬季纺织，用处特别大，把棉花纺成线织成布以后，做成衣服、被盖，或者弹成棉絮用来做棉衣、棉裤、棉被，是人们冬天防寒、防冻不可或缺的原料之一。麻有两种，家麻和野麻。家麻通过人工种植培育而成，一年可剥皮两到三次，土家族妇女们利用冬闲时结麻捻线（这是土家族姑娘一种精巧的手工活，旧时能干的女人的象征就是会结麻捻线），把麻捻成丝，挽成麻团，做成麻布，由裁缝做成土家族服装，麻丝也可用纺车纺成线，用作缝补之用。野麻相比家麻，丝线较粗，树比村人用来做绳索或装袋之用。土家族人家家都种植家麻，都会加工，麻制品是人们生活的必需品。

树比村位于土家织锦之乡苗儿滩镇，织锦的主要原料就是丝绸，丝绸由蚕丝加工而成，因此少不了桑蚕的养殖。旧社会树比女人注重养蚕织锦，树比河两岸栽种了很多桑树，改革开放后政府大力扶持树比的织锦产业，在树比河畔种植了万亩桑田。进入新时代后，人们的生活水平和社会生产力水平显著提升，养蚕织锦业慢慢衰落，只有少数人传承着这门技艺。

2. 菜籽油与茶油

油是人们生活的必需品。树比人的食用油分为两种：一种是茶油，天然茶油是纯绿色野生油，也是土家族人的主要食用油，是油茶果成熟后压榨而成；另一种是菜油，由油菜加工而成。油菜一般在每年的九、十月份种植，第二年的三、四月份收获，通过榨房压榨成油，菜油品质极高。此外树比人也偶尔食用山子油，是长成后的山参压榨成油，特别喷香可口。

（五）经济社会发展状况

树比村文化遗产丰富，冲天楼、罐厂明代古窑遗址、四水屋、转角楼等土家族标志性建筑遗址揭示着树比古村的文化内涵。以冲天楼、转角楼为代表的清一色的明清木质建筑群与土家织锦、腊肉、霉豆腐、糖糁、粑粑、山歌、拉拉渡、鱼俗、猎俗、转角楼建造技艺、汉剧、阳戏、土家年、“四月八”、民间崇拜等鲜活的原生态文化遗产一同展现出树比古村的悠久历史，讲述着树比古村的民间传奇。正因为这些丰富的文化遗产，树比受到了各界的关注，原生态土家习俗博物馆、土家建筑博物馆、田野科研实习基地、民俗文化摄影基地、湖南省文物保护单位、中国民间文化艺术之乡、中国土家织锦之乡等荣誉纷至沓来。

随着大量青壮年外出务工，村民逐渐从传统的农业劳作转变为依靠外出务工为生。生计方式发生改变的同时，村落的人口结构也发生了变化，树比村一度成为“空心村”。近年来，随着精准扶贫与乡村振兴战略的不断推进，树比村依靠传统文化资源发展旅游业，吸引了一批年轻人返回村落，共同为树比村谋发展。

二、文化遗产

（一）物质文化遗产

树比村主要的物质文化遗产、遗存是村寨内的土家传统民居建筑与少量的历史遗迹。其建筑主要集中分布在大树比和小树比两个山寨中，现存土家冲天楼1栋、封火院墙古建筑10栋、木瓦结构乡土建筑108栋、土家转角楼30栋（有百年以上历史的建筑80栋）、新中国成立以后修建的木房30栋，原始面貌保存较好，建筑整体古色古香。

1. 冲天楼

树比村的冲天楼，在湘西一带是有名的古建筑，于2016年被定为省级保护文物。据考证，冲天楼是树比王氏家族大房始祖王江怀的第三代子孙王文胜所建，可追溯至康熙年间。树比村的土家冲天楼到如今已经传了十五代，有近400年的历史。冲天楼为王氏四世祖王文胜修建。王文胜生王章胖、王章鳌两兄弟，为五世祖。王章鳌生活在乾隆至咸丰年间（1736—1851年），从这时起，冲天楼的权属有了明确的归属。正面右侧由王章鳌一脉承袭，左侧由王章胖一脉承袭，一直沿袭至今。后王章鳌生

树比村冲天楼正面（赵智娜　摄）

冲天楼内部结构(赵智娜　摄)

冲天楼内的匾额及神龛(赵智娜　摄)

冲天楼内的火坑(赵智娜　摄)

王可福、王可贵、王可双、王可瑞、王可太、王可文、王可武七兄弟,为六世祖。现冲天楼由王可武老人在看管。

冲天楼是土家民居的集大成者,不单包含了所有土家单体民居的建筑形式,同时也包含了转角楼、四水屋等土家合体民居的建筑形式。冲天楼以其俊美的外观形象和复杂的建筑工艺以及所包含的土家建筑形制,被建筑、文物、民俗专家称为经典的土家建筑范本和"活化石"。王氏家族的冲天楼由正屋、石阶缘、岩平坝、排水沟4部分组成,占地面积约1000平方米。

冲天楼建筑结构复杂,按前堂后厅的规制建造。前屋为堂屋,五柱八棋;后屋为厅堂,四柱八棋;正屋后为拖步,左右侧为偏刹(厦);拖步与偏刹(厦)连接处为磨角,又叫龙眼;正屋左右配有转角楼;共有大小房间40余间。冲天楼面阔七柱六间,进深正屋四间,拖步两间;分左右两区,天厅平整;地基前低后高,前堂与后厅由青石台阶相连。前堂后厅设有神龛,上供家先牌位,神龛上挂匾额。

火坑在土家族传统民居中很常见,一般位于正屋(当地人也叫堂屋)侧方的厢房内,主要用于煮饭、取暖、熏东西,既是厨房,也是餐厅。后厅天厅为冲天楼子。冲天楼有两个凸出天厅的冲天楼子，高10余米，为三重檐飞檐翘角形。冲天楼子为穿梁结构，每重底座由四根枕木构成“口”形，成十字架梁，由四十八柱、枋、挑穿梁构架而成，其中柱（拱）、枋、挑各十六。冲天楼天厅内侧吞水面约400平方米，雨季靠冲天楼子和天井屋楼槽将雨水排向左右偏房瓦面。排水系统采用了八卦构造，取阴阳轮转之妙，工艺让人叹为观止。冲天楼子除了增添冲天楼的气势和壮观外，透光纳凉、吸气排浊是它的主要功能。

据《中国影像地方志·龙山志》记载：冲天楼东北60度方向，其建筑形态体现了中国传统文化中的“三天两地”观，其地形吻合“堪舆学”对古建筑“前朱雀，后玄武，左青龙，右白虎”的要求。“双阁楼，三重檐”所承袭的“三天两地”观念源自《周易》。“阁楼”基座呈“方形”，方形基座由两根枕木交互支撑。“三重檐”阁楼即为“三层”阁楼，等同于“三天”的观念。“双阁楼”方形“基框”彰显的是“两地”理念。枕木相交是“交泰”思想的体现。天圆地方、阴阳相生、阴阳相合是冲天楼楼主想向后人表达的文化概念，彰显出“方五斜七”的建筑思想。

古老的冲天楼是可以算出长、宽、高的。据土家木匠黎代明介绍，土家民居柱高、柱距、防距、棋距的尺码是约定俗成的。如民居棋与棋或柱之间每棋间距2尺5寸，即进深一步2尺5寸；枋与枋之间每方间距1尺3寸，即高一步1尺3寸；四柱、三柱、五柱之屋在土家族民间最为常见。棋的多少因柱的多少而定。其中四柱八棋之屋最为普遍，三柱六棋次之，五柱八棋再次之。不管怎么复杂，其建造

冲天楼背面（赵智娜　摄）

过程与一般土家民居还是一样的，包括选材、刨料、画墨、凿眼、清枋、号字、排扇、起扇、砍梁、上梁、钉椽皮、上瓦、装屋、安廊方、安岩板等程序。区别是木构件众多，工程浩大。冲天楼附属构件瓦作、磷條岩、廊方、青石板的制作安装规模空前，数量众多。除此以外还有请师傅、敬神、上梁等仪式以及仪式口诀和仪式歌等营造习俗。其建造难度可见一斑。但不管怎么样，黎师傅说，修建冲天楼鲁班字是个关键。土家木匠标注木构件的标记符号，土家人称“鲁班字”。冲天楼的冲天楼子、正屋、转角楼、拖步、偏刹、磨角的木构件加起来有千余根，这些木构件在加工成型时木匠师傅就在上面标注了鲁班字，然后按类码在一起。排扇时，以标记的鲁班字为依据，把相应的木构件拿来排扇，让冲天楼的中柱、经柱、前檐柱、后檐柱、抱柱等千余件木构件各归其位，并井然有序，无一错乱。这些全归功于鲁班字。黎师傅说，鲁班字常用的有22颗，有表方位的东、西、前、后、上、中、步、山；有表大小的大、小；有表构件的斗、腰、檐、柱、枋(穿)、棋、挑、棕、板(座)等。鲁班字在冲天楼的建修中是以堂屋为中心，左为东，右为西。东边第一排为东中，西边第一排为西中，边上的为山头。左为东山，右为西山。东面排数从东山始，计为“东山1、东山2、东山3……东山n”，直到东中；西面亦然。在惹巴拉景区捞车河村内，仿建了一个冲天楼。据了解，本来建造者欲还原冲天楼的工艺，可是已经没有木工能做出传统的设计了。

“你屋雄你屋雄，你屋没起冲天楼!”这句在当地广为流传的民间俗语，体现了树比古村在旧时因强势的传统农业和鸦片种植而上演的传奇故事，而冲天楼则是这些传奇的直接见证者。冲天楼对应的经济发展时期可分为前期和后期两个阶段。前期对应于建造时期——康乾盛世，其经济来源是农业经济——田租，陶业经济——土陶制作及贸易，经济作物——油桐生产及贸易。后期对应于发展巩固时期——晚清、民国，其经济来源除田租、陶业及桐油外，鸦片种植和农产品贸易成为冲天楼家族的主要经济来源。

王氏家族最为强盛时，树比修建了朝门(现已不存在)，上书“芙蓉国里尽朝晖”。王文胜为人聪慧,当时社会上各行各业都需要桐油,桐油的用途相当广泛,他根据树比村的气候、地形,选择发展桐油生产,产出的桐油经门前的河道,销往外地。王文胜看准了这个商机,一边开展桐油生产,一边开展桐油贸易,经过数年的奋斗,终于成为大户人家。然后,他在树比偏坡上修造了一栋大屋,把经商的积蓄展示出来,留给子孙后代。这就是我们今天见到的气势宏伟的冲天楼。

2. 转角楼

村寨内特色最为鲜明的建筑便是转角楼,因楼子外侧瓦面飞檐翘角而得其名。转角楼在树比村随处可见,但在旧社会,中等以上人家才能修建。转角楼的修建看起来简单,但如果木工没有精湛的技艺和超凡的思维,便很难担当修建转角楼的重任,正如土家山歌所唱的那样:“山歌好唱难起头,木匠难起转角楼,岩匠难打岩狮子,铁匠难滚铁绣球。”可见,建造转角楼需要高超的木工技艺。转角楼的建筑形式有二合水、三合水,二合水较多。为二合水时,主家在正房的左或右侧修建转角楼,一般为两层。为三合水时,一侧修转角楼,另一侧修厢房。一般正屋建筑形式为三柱四棋、四柱六棋、五柱七棋、五柱八棋。贫穷人家甚至还有剪刀架(但现在没有了)。房屋以五柱八棋为最大,一般分三间,也有四间、五间,甚至六间的(一般以地基而定)。房屋一般以正屋为主,正屋中间有堂屋,是红白喜事最主要的活动场所,有的配有楼子、厢房、岩角、落致。一层或为猪圈、牛栏,或为仓库、碓磨房。二层人居住,或为客房,或为女闺房(也称绣花房)。二楼配楼梯,前侧为走廊,两侧建有栏杆,外侧配吊悬空圈木棋柱,柱头(吊脚)为圆形或椭圆形瓜瓣木雕,转角楼前面、侧面有的甚至三面都配有一米宽的走廊,以便进出或观景休闲。楼的顶层外侧瓦面飞檐翘角,气势非常雄伟。厢房一般为三柱四棋,少数三柱三棋或三柱五棋,连两间,厢房后配磨角,俗称“龙眼”“偏偏”“偏厦”。

3. 巴列长屋

巴列长屋是20世纪70年代修建的普通民房。1976年9月中旬的一天，下午2点左右，一老人烤火引发了火灾，烧掉民房8栋。当时巴列人属于树碧大队第七生产队，都是一个太公的子孙，共计50多人，居住在3栋大屋，2栋转角楼里。火灾后，大队统一为各家农户修建房屋，为节省材料、地皮、工时，把14间15排连在一起，形成一条长屋。此屋原为三柱六棋一拖步加两棋，每间宽4米，进深9米，没有堂屋。后经改造，中间改成1间堂屋，左边3间也建成堂屋，还配有一转角楼。从整体上看，像一条长长的阶沿，故名巴列长屋。2016年，长屋前沿大挑，阶沿上头加以装修，显得格外壮观美丽。

4. 四水屋

据访谈，树比村的四水屋，是王氏二房始祖所建。有上下两栋五柱八棋大屋，中间一方形天井，下堂屋中放一小进到上堂屋，上下两个堂屋各有神龛，左下有一转角楼。

四水屋是树比古民居中的另一处特有建筑，建筑形式为四合水。四水屋前后有两栋主体建筑，左右有厢房将两栋主体建筑连接起来。四水屋实际上就是由四栋单体建筑组合而成，前后分两个堂屋，前堂屋起过道作用，两堂屋中间设天井，面积6平方米左右，天井四角放有漏水眼，连着掘好的阴沟，下雨时内层面雨水由天井下阴沟排出屋外，天井上对屋檐四角，由四栋连体建筑内侧屋面聚合而成，一般呈四边形，也有六边形的。天井及檐口有聚财纳宝、九九归一的象征性意义。后堂屋一般高于前堂屋四至五个台阶，后栋一般较前三面房屋都高。四水屋规模较大，一般能容纳几户至十几户人家，具体视家族成员多少而定。四水屋只有土家旺族及富裕人家才能建造，穷人难以望其项背。四水屋现已不存在，建造年代也无法考证，据说与冲天楼建造年代差不多。

5 古窑遗址

古窑遗址，又名罐厂，现已无法查证是在哪个朝代，由哪一辈人在此修造。树比村的泥土呈黄色带黏性，适宜做陶瓷罐罐等器皿。现今这里有上厂、中厂、下厂三处砾片遗迹，可惜没留下任何文字记载。据推测此处的罐厂是明朝时所建,其产品经河道销往隆头、沅林、常德、洞庭湖流域。古窑遗址位于一个半山坡上,坡地早已被村民开垦的菜地覆盖,似乎看不出任何遗址的痕迹,但文物专家在此找到了很多瓦片类的遗迹。据笔者了解,之前有一批科考队考察至此,寻找冲天楼选址在山谷里而不是靠近码头的原因,而罐厂的发现为其提供了线索:树比村地处大山之中,地势隐蔽,冲天楼建于此,巧妙地避免了水患之忧,而且它紧靠龙窑,位置隐蔽,在这里,人们依靠制陶业积聚财富。

(二)非物质文化遗产

1. 传统戏剧

(1)汉剧

树比村人有着浓厚的戏剧文化传统,早在20世纪40年代就组织了一支汉剧团。逢年过节,锣鼓喧天,农闲时节走出村寨,给他乡民众送上文化美餐。解放后,树比村的文化生活得到进一步提升。

汉剧是土家族的一种特殊的表演方式。据访谈,树比村的汉剧是从永顺县传至靛房一带,深受当地村民喜爱。特别是在20世纪50年代初期非常盛行,那时捞车河村成立了汉剧团,演员角色非常多,王焕清(64岁)、王本福(84岁)这些老人都还会唱。

(2)阳戏

树比村的阳戏是在改革开放以后从大庸(即现如今的张家界市)传入的。其全称是"舞阳神戏",简称"阳戏",即在祭祀仪式中进行的若干戏剧性表演。举行阳戏神祀活动时,一般先叩许信愿,然后再还愿,因而叫"还阳戏",又称为"愿戏"。阳戏也是树比土家族人们喜爱的一种戏剧,虽没有汉剧盛行,但会唱、会表演阳戏的人也不在少数,其中王先武等老一辈人还会演唱。阳戏分为内坛和外坛,内坛主要是做法事,外坛主要是唱戏。阳戏内坛二十四戏,即二十四坛法事,为迎神、酬神、送神仪式;外坛二十四戏,主要是戏剧表演,常演的剧目为:赐福戏、贺寿戏、仕进戏、婚娶戏、送子戏、逗乐戏等。如今,祭祀仪式的淡化甚至消失,娱乐因素的强化是阳戏的重要特征。面具是阳戏艺术的一个重要特色,早期阳戏演出都要戴面具,至近现代,逐渐演化为涂面化装表演,树比阳戏演出仍戴面具,保存了阳戏早期演出形态。

除了汉剧与阳戏外,树比村的老人们还会在红白喜事中唱灯戏和花鼓戏,其唱法与汉剧和阳戏相像。

2. 传统节日

过年、元宵、春社、"三月三"、"四月八"、舍巴节、清明节、"六月六"、"七月半"、端午节、中秋、重阳、冬至、小年等节日都是土家族传统的节日,树比村人对每一个节日都很看重,逢年过节欢聚一堂进行庆祝。其中,过年与"四月八"这两个节日对树比村人尤为特殊。

(1) 过年

汉剧、阳戏表演用鼓(赵智娜　摄)

树比村过年有小年、大年之分。小年为腊月二十三,大年为腊月二十八或二十九,其中大年更加隆重。当地王姓土家人有提前一天"过赶年"的习惯,其他姓氏则过正常的新年时间。此外,无论哪种姓氏,家中若有老人过世,过世当年则提前一天过年,谓之"过新年"。该村的过年不但在时间上有其独特之处,而且年事活动的持续时间较久,形式与内容也较为丰富。一进入腊月,树比的老百姓便忙于打粑粑、做团馓、贴门神、吃团年饭、守岁、拜年,节日气氛笼罩着整个村寨,直到正月十五在堂屋中撤下祭祀围帐,整个年事活动才告结束。

(2)“四月八”

传说“四月八”是牛的生日，古代人离不开牛，要牛耕地种地才得粮食，所以树比村的“四月八”节非常隆重。树比的先民们一年四季日出而作、日落而息，生活淳朴而又平淡。“四月八”是树比村一年中最热闹的日子。农历四月十八，俗称“四月八”，若遇闰年，则以前四月为准。“四月八”是土家人为纪念土王而专门设的节日。

土家族是个好客的民族，重血脉、亲情、友情，村寨里保持完好的传统节日，正是强化血脉的纽带，也是土家族传统节日传承至今的情理基础。清明酒醉，猪脑壳有味，四月人忙，人牛忙中闲。每当进入四月，好客的树比人便忙碌起来，为了过好节，要做充分的准备，肥肉、美酒、糯米、粽叶、黄豆、油料、鸡、鸭、果品、佐料，凡是日常生活中好吃的食物，都要一一准备到位。节日这天，周围所有的亲朋好友都要来树比村过节，各家各户相聚一堂，把酒叙旧。若有儿女谈婚论嫁的，更是不同一般。是讲媳妇的，小伙子便于节日前两天到女方家里，把丈人家的成员一一请到，以表诚意。是送女子的，家中主人到女婿家喊客，以表示看得起这门亲事。到了四月十七，客人们携儿带女，穿红戴绿，从四面八方来到树比村与亲人团聚。树比人早就做好准备，搭台唱戏，载歌载舞，神堂内外如同集市一般，人来人往热闹极了。戏班子要为客人唱两夜一天。到了四月十九，早饭后客人们便陆续回家，忙各自的活儿。“四月八”正值农忙季节，要抛粮下种，要收割油菜、春粮。若遇雨天，人们格外欢乐，因雨天不能做农活，故有“四月八”落雨万人闲一说。客人走时，主人家还要送大量的节日食品，表示对客人的尊重。树比人最是好客，其名声早已传到永顺、保靖、龙山。

3. 生育习俗

(1) 拜山水起名

在树比村，生育习俗中拜山水、石头起名和看月习俗具有一定的地方特色。小孩出生后要起名，首先起的叫乳名，等到入学时由父母或老师起的叫学名。旧社会土家人文化落后，因牲口好养活，当孩子多病不好抚养时，男孩子多用狗、马、牛等牲口来起名，女孩子多用花朵、金银来起名，故而农村多有“狗蛋”“大毛”“岩包子”“叫花子”等风趣的小名，通常这些名字由族内或村里德高望重的老辈人来取。有一种特殊情况，就是拜山水取名，其实与用动物为小孩取名的初愿一样，拜山水、石头取名也是为了孩子健康成长，尤其是体弱多病的孩子，可以将这些病痛转移到大自然中去，体现了树比村人依山傍水，对山水的崇拜。

(2) 看月习俗

看月习俗是指孩子出生后，孩子父亲给岳父岳母报喜后，外婆家就通知族内亲朋好友，约个好日子一起来看月。看月的时间不固定，在孩子出生三个早上以后、满月之前均可探望。外婆家为孩子准备好衣裤、鞋袜、帽子等，背上糖、猪脚、鸡等产妇月子里吃的食物，到女儿家里去看月，并教育产妇月里各种注意事项，到家门后男方燃放鞭炮后才进屋。

4. 王氏族谱

王氏是树比村的大姓，据了解王氏在树比的活动可追溯至清朝前期，他们从神州莲花池迁移至此定居，至今已有五六百年的历史。王氏一直有写族谱的传统，现在所用的族谱沿袭自民国二年（1913年）。据考证，清朝末年，状元王文韶请旨恩准后，率浙江、江西、湖南、湖北、四川五省王氏后裔代表在永顺县城请谱立下五行字派十六字。

王氏族谱碑（赵智娜　摄）

现今这五行字派十六字由村民王焕礼先生整理与保管，同时，他还为自己的家族整理了家谱。2017年，王焕礼率王氏一族为族谱立碑。

三、自然资源

树比村坐落在一面坡上，对门是一座陡峭的大山，名叫多且，为原始次生林。20世纪50年代，树木遭到毁灭性破坏，几百年的老古树所剩无几。村民的部分耕地在山顶上，人们劳作时需从半坡下到沟底，再翻越60～70度的多且坡。快到坡顶的地方，有一休息场地，仅十几平方米，天气晴朗时，从那里能隐约望见里耶八面山的白岩坎。这里是人们上下山劳作时必经的歇脚处。但由于仅有几块岩板只能供十几人休息，后面的人上来了，前头的人必须离开，这就叫前客让后客。再往前走30米，来到一岩缝处，人只能侧身通过，且要扶着岩壁慢慢过。相传这里就是狮子口，传说，有只狮子经常跑到惹巴拉那里吃村民种的农作物，被村民发现后赶到此地，赶狮人一怒之下，手握铁锤把狮子打死变成现在石头的模样。

（本章由赵智娜撰写）

第十一章　猛西村

猛西村属龙山县洛塔乡，位于武陵山腹地洛塔大界与脉龙界、金都坡之间，是典型的山间盆地。该村距离县城约61公里，距离洛塔乡约16公里，下辖9个村民小组，人口以土家族、汉族为主。村域北接五台村，东邻洗车河镇，西南至泽果村，西至烈坝村，村域面积72平方公里。长久以来，发源于洛塔大界的大河、发源于木头界的小河、发源于高峰的错老沟河，分别从西南、东南、东北方向交汇在这里，形成了优美的田园风光。村内保留了较多的古迹，如古井、古战壕、古桥、古河道等。2019年6月，猛西村被列入第五批中国传统村落名录。

一、村落概况

(一)地理生态环境

猛西村山景(吴海平　摄)

猛西村与洛塔国家地质公园山水相连,可谓风景秀丽,生态环境优越。屋檐洞、天锅潭景区就在猛西村辖区。其中北部的天锅潭景区为世界级地质公园。猛西村青山环绕,绿水奔波,土家的农耕文明在这里流淌,源远流长。猛西村核心村寨依水就势而建,四面环山,中间为平地,地形起伏大,以山地地形为主。猛西村古寨依山就势、群山环抱,林地分布于村落周围山体中,山林植被茂盛,有杉树、柏树、松树、枫香树等多种植物,类型丰富。耕作农田主要在山谷平地间呈带状分布,主要种植油菜、稻谷、玉米等。

猛西湖地处洛塔国家地质公园南侧,水网交错、气候湿润、土地肥沃、四季分明,年平均气温16.5℃,非常适宜动植物生长,南面与东面是近60平方公里的利啤湖原始次生林区。“山中有白面(猛西人称果子狸为白面,因果子狸面部为白色),河里有白鳝”是猛西生态的最好写照。雨后初晴,这里云雾缭绕,宛若仙境;绿水青山吸引了许许多多城里人的眼球,他们徒步游、驾车游结伴而来,品味这里的山水,品味这里的鱼、这里的稻米,品味这里的过往、这里的摆手舞,流连忘返。

(二)村落历史

猛西村的名称源自猛西湖。《中国土家语地名考订》记载“猛西湖”:“该村位于溪旁。湖,土家语,意为水。传说吴王母亲死于该村,得名母死湖,雅化为猛西湖”。“母死湖”的观点也为当地人所认可:

> 这里有个说法,洛塔有个吴著斤。大概是在唐朝时期,吴王被迫离开了这个紧要之地,原因是被追赶。追赶吴王的人在山羊的羊角上挂上马灯,把几千只羊从山下往山上赶,造成草木皆兵的感觉,吴王以为官兵杀来,吓得赶紧撤退。撤退的路上,吴王的母亲就在猛西这个地方死了。①

据考,“猛西”并非汉名,是土家语地名。“猛西”是土家语“母西”(木西mu^{53}ɕi^{53})的误记。土家语称小竹(Bamboo sprout)为“母西”(mu^{53}ɕi^{53})或“母私”(mu^{53}si^{53})、“母科”(mu^{53}kho^{53})。以往,这里到处是竹山,这里的农民赶洗车河场,卖木柴、竹器。因此得名“母西湖”(mu^{53}ɕi^{53} xu^{21}),即竹子多的山谷。由“母死湖”雅化为“猛(群众实际发音仍为‘母’)西湖”,这“死”变“西”符合土家语由[s]变[ɕ]的语音发展规律。至于“吴王母亲死于该村”无任何史实依据。②

猛西湖原有田、彭、向等几大姓,其中田、彭当与湘西田氏土司、彭氏土司同宗。清雍正七年(1729年),永顺土司纳土,其辖地顺利实现改土归流。雍正十一年(1733年),江西莲花县的陈诗政因“移江填湖”政策来到猛西湖,与当地的向氏通婚。朱氏族人、刘氏族人先后于乾隆年间(1736—1796年)来到猛西湖定居,繁衍生息。严格来说,湘西土家族生活的区域,自明末清初时才有大量的汉族人民迁入,因而才逐渐被人了

① 访谈对象:雷书维,82岁,猛西村村民;访谈时间:2020年8月1日。

② 叶德书,向熙勤:《中国土家语地名考订》,民族出版社2001年版,第26页。

解，洛塔乡猛西村亦是如此。

猛西村沿革较为复杂。雍正七年(1729年)龙山建县后，全县共划为十五里，里名为本城、洗洛、白岩、马罗、明溪、二梭、他砂、三甲、四甲、捞车、坡脚、辰旗、董补、五寨、洛塔。根据同治《龙山县志》和光绪《龙山县志》记载，猛西湖属五寨里所辖。民国元年(1912年)，龙山县改里设乡。1935年，划全县为4区、23乡、1个直属镇，猛西湖属四区洗车河所辖。1955年，猛西归属五峰区。1956年5月，根据国务院指示，撤销12个区，并194乡4镇为45乡4镇，猛西为45乡之一。1959年，猛西公社成立，属洗车区，下辖猛西、水桶、中寨、列巴、郐都、矮土、陈庄、高峰、泽果9个大队。1984年5月，猛西公社改为猛西乡政府，猛西大队改为猛西村。2005年，猛西乡撤乡为村，并入洛塔乡。

(三) 村落人口

猛西村下辖9个村民小组共421户、1824人，常住人口300余人。村内居民的姓氏主要为彭、田、向、陈、朱、刘，主要为土家族、汉族。

(四) 社会经济发展状况

猛西村既是移民村，也是曾经的贫困村。20世纪70年代中期之前，猛西村没有公路，龙山县城通往洗车河的官道从此经过。70年代中期，猛西村民在崇山峻岭中连通了龙山至洗车河的公路，在海拔落差达560米的名叫偏岩的悬崖上造就了“十道拐”的公路奇观，如今这段路已硬化。20世纪90年代，猛西湖至贾坝的公路修通，到龙山县城又多了一条通道。2012年，又修通了连接洗车河的公路，猛西村交通基础设施得到极大改善。

全村主要经济收入来源于农业种植和外出务工。猛西村共有耕地2700亩，粮食作物以水稻、玉米为主，经济作物以油菜、白皮柚、油茶、辣椒为主。全村有建档立卡贫困户108户、430人，其中2014年脱贫5户、27人，2015年脱贫19户、89人，2016年脱贫12户、45人，2017年脱贫18户、77人，2018年脱贫45户、174人，2019年脱贫4户、10人，剩下5户、9人于2020年完成脱贫。猛西村于2018年退出贫困村。全村有低保户39户、59人，其中贫困户23户、43人，一类低保（兜底）4户、7人，二类14人，三类15人，四类10人。脱贫监测户1户、3人。边缘户4户、19人。残疾人84人，其中纳入贫困户41人；重度残疾54人，其中纳入贫困户28人；三级残疾16人；四级残疾14人。散居五保3人。易地搬迁37户，危改户29户、107人。现有公益性岗位14人，转岗护林员11人，共25人。

2014年以来，猛西村坚持谋全局、强责任、抓落实，以"实"字当头，"干"字为先，扎实推进脱贫攻坚工作，累计投入资金991万元，新建了村级综合服务平台，新修通村（组）道路14.1千米，硬化12.2千米，公路桥2座，新建改建水利设施，农网改造全面完成，饮水安全实现全覆盖，全村水、电、路等基础设施基本完善。鼓励支持贫困农户发展产业，累计投入36.5万元，培育发展了白皮柚等产业，有效帮助村民增收，村里发生了翻天覆地的变化。如今，猛西村人均年收入为7500元人民币。

二、文化遗产

（一）物质文化遗产

湘西酉水两岸沟壑纵横，河流密布，山多地少，属亚热带季风气候。这里常年雾气缭绕，湿度较大，森林植被资源丰富，林间野兽、毒蛇等生物时常出没。居住在这里的土家族先民们为了防湿热，避开野兽虫蛇，选择了干栏式建筑。土家人在建筑上"借天不借地，天平地不平"，依山就势，在起伏的地形上建造接触地面较少的房子，减少对地形地貌的破坏，同时力求向上部空间发展。[①]

① 阳明明：《湘西最后的古村落》，花城出版社2013年版，第87页。

猛西村传统民居(吴海平　摄)

猛西湖的村落与洛塔大界相守相望。青龙山是洛塔大界由西北向东南的环形延伸,就像一只巨大的臂膀,把猛西湖拥在怀里。三条河流的沧桑流淌形成了向家寨坝子(称上坝)、喔搓窟(土家语)、坝子(称中坝)和店上坝子(称下坝),村落就坐落在青龙山麓与坝子中间,依自然山体而建的一栋栋小青瓦房错落有致,融入青山绿水之间。

湘西传统建筑主要是土家族的转角楼和排扇屋。转角楼是湘西土家人的特色民居,也是猛西人的传统建筑,是土家人长期以来与大自然抗争选择的传统建筑之一。据《新唐书·南平僚传》载:“山有毒草、沙风、蝮蛇,人楼居,梯而上,名为干栏。”[①]由于猛西湖是山间盆地,雨水多、云雾多,空气潮湿,加之野兽多、毒蛇多,这种干栏式转角楼便由此发展而来。土家转角楼形成还有历史原因:在土司统治时期,土司向老百姓征收“火坑税”,多一个火坑就多一分税,因此兄弟很少分家而同居一室,人多了,便在正屋的一边或两边搭起偏房,土家人称“偏匿”。四排三间的传统建筑是猛西湖民居的主流,中间为正屋,两边为厢房,或者左配楼子右配厢房;建筑规格上有三柱四棋、五柱六棋、五柱八棋不等;房屋从左至右按习俗称头间、二间、三间,大户还有五间、七间的,楼子不计。如陈家祥老屋,就是连五间配厢房,形成“钥匙头”,头间为居室,二间为堂屋,三间为厨房,每间以中柱为界,分为前后两间。猛西湖的传统村落大都依山而建,负阴

① [宋]欧阳修、宋祁:《新唐书》,中华书局1975年版,第6325页。

猛西村土家吊脚楼(吴海平　摄)

抱阳。土家人讲究地舆风水，由于原始的农耕文化，刀耕火种，生产力极为低下，物质积累需要一个相当长的过程，建一栋自己的住房是猛西土家人几代人的梦想。建材主要是当地盛产的木料，他们信奉“阴管三代、阳管万年”的原始哲学，择坡地而建。建房择地要请风水先生，做到“屋对垭”，说的是建房要祈求人丁兴旺有前程，屋的堂屋中线要对准最高山的垭口，这样屋主的后人才有出路，地灵才会人杰。因此，数百年来，虽然猛西湖人口不断增多，但几乎都是沿着猛西湖盆地的西北青龙山蜿蜒的山脚和山坡建房，没有因建房而挤占良田的现象。

猛西村依山而建，村寨周围山体为景观高点，拥有通透的视线廊道。村庄布局根据地势变化形成簇状，散落在山体间，建筑依山势和河流而建，沿中间狭长的平坦地向两边排开，建筑的朝向并不是严格地“坐北朝南”，总体朝向面向村落中间平坦地，高低错落有致。

猛西村古屋窗花(吴海平　摄)

猛西村土家族建筑地域特征鲜明，为悬山穿斗式木架结构，小青瓦屋面，立柱为柏木，穿拉枋为松木，杉木装板，花格窗，司檐悬空，木栏扶手。一般传统风貌建筑主要为1980年以前所建，是村落主要建筑组成部分，占全村建筑的50%左右，基本与历史建筑风貌统一，地域特色鲜明。

目前，猛西村保存较好的传统建筑有向家老宅、彭家老宅、雷书邦祖屋等。

向家老宅为清代木构建筑，距今

200年左右。该建筑共有六扇门，三开间，围合墙面为杉木材料，规格仿照旧时州县衙门，为传统土家族民居建筑。因无人居住，年久失修，现已成危房。

彭家老宅临靠向家老宅，距今已有200年历史。该建筑主体为一层木质三开间结构，连通吊脚楼，为传统土家民居，整体古朴厚重。

雷书邦祖屋建于清代。该建筑为三开间，一层木构建筑，围合墙面为木质材料，窗花设计精美，是传统土家族民居，风貌保存尚好，具有一定研究价值。一侧建筑现已拆除。

在猛西村传统民居中，碗橱是重要的物件。碗橱同样为木质，雕刻精美，不仅用来储存碗筷，也会存贮其他生活用品。

猛西村现存其他物质文化遗存还有：

古井4处。猛西村4处古井均位于村民聚居点周边，为村民提供生活用水。现均已用石块进行围砌。

古战壕2处。猛西村有2处解放后抗击土匪的战壕，反映了当时猛西人民的勇敢与智慧。战壕现已损毁。

古桥遗址1处。猛西原有一座古桥位于村域东部，古溶洞周边，连接河流两岸，现已损毁。

古石桥1处。古石桥位于猛西村四组，现在为泥土桥面，为青石材料，是以前村落的主要交通设施。

古河道3处。古河道大河、小河、错老沟河从村庄东北、西南、西北向村落中心汇合，主要村寨都沿河建设，是影响古村落格局的重要因素。河道蜿蜒而过串联各个居民点，为村民灌溉、洗菜洗衣服的重要生活水源。

（二）非物质文化遗产

1. 起屋仪式

传统土家族建房有一套特殊的仪式。选址时，要请风水先生相地，避开险地凶地，房间朝向则根据地势决定，既有东西走向，也有南北走向。

传统的猛西村建筑几乎都用杉木为建材，且以榫卯结构居多，极少使用铁钉。在起完木屋后，都要举行隆重的上梁仪式。上梁仪式开始前，在主梁的两头架上两个梯子。两名上梁师傅沿着梯子向正梁的方向攀登，每走一步都要以对唱的方式说吉祥话。在猛西村，上梁师傅所念的《上梁歌》歌词《上梁文》并不完全一致。例如：

脚踩一步步步高，抬起头来递仙桃。左手接桃桃成堆，右手接桃桃成山，代代儿孙做高官。

脚踩二步金银财，金银财宝谢东家。叩问祖先名和姓，天下财主第一家。

脚踩三步桑梓财，荣华富贵自然来。富贵来到大门外，主东跟身接进来。

脚踩四步狮子台，送子娘娘送子来，早生贵子早登科，晚生贵子进朝歌。

脚踩五步五登科，五子登科坐朝歌，文武百官来饮酒，弹琴饮酒作席瑶。

脚踩六步修华籍，主东修了多少宫，前面修得都督府，后面修得宰相堂，都督府里文官坐，宰相堂内作侯王。

脚踩七步七星高，七星高照照得钱，我问七星照好久，照得主东万万年。

脚踩八步主梁边，上面写字写得详，一写荣华富贵，二写儿女双全。

九步十步上顶头，又有五马和六牛，又有六牛去耕地，又有五马中诸侯，坐在梁头打一望，主东做得好屋场，后面有座防风岭，前面有座笔架山，笔架山来笔架山，代代儿孙做高官。坐在梁头观四方，丢下华堂我不讲，要讲主东上主梁。

讲此梁，说此梁，讲起此梁有根源。甲子年间撒的籽，己卯年间长出秧，生在西面山上，长在九岭头上。土公土母要它生，露水娘娘要它长。乌鸦头上不敢叫,老虎脚下不敢盘。凤凰头上不扇翅,犀牛脚下不造潭。梁母身上十八丫,上五枝垒金高百斗,下五枝积银马栏山,左四枝金银满堂,右四枝荣华富贵。①

又如:

脚上一步独占鳌,薛平贵家取功劳。功劳大,子子孙孙护唐朝。

脚上二步二枝丫,文王问道姜子牙。

脚上三步三月三,三人结义在桃园。

脚上四步四季财,下江求名蔡伯喈。

脚上五步五子五,英雄不过黄飞虎。

脚上六步六状元……

脚上七步七姊妹团圆……

脚上八步上顶头,手拿一匹桓,代代儿孙中宰相,手拿二匹处梁头,坐在梁上打一望,主东做得好屋场。

前有八步朝阳水,后有八步水朝阳。讲此梁,说此梁,讲起此梁有根源。张良得见,鲁班得砍。②

可见,猛西村的《上梁歌》有长有短,但都饱含了土家族人民对主东(主家)的殷切祝福。在这些唱词中,蕴含了丰富的历史信息。如朝歌为商王朝都城,姜子牙为周朝第一谋士,桃园三结义是《三国演义》中的典故,蔡伯喈是东汉大书法家、文学家蔡邕,黄飞虎是中国民间崇拜的东岳大帝、《封神演义》中的神话人物,张良是汉高祖刘邦的谋士,鲁班是工匠之祖。猛西土家族人民将诸多历史元素融入节奏明快、韵脚和谐的《上梁歌》中,彰显了独特的民间智慧。

土家族的《上梁歌》是一种仪式类的歌曲表现形式,蕴含了祈愿消灾、求福祝吉的最初本义,体现出浓厚的乡土气息。作为少数民族的特有民族习俗,上梁歌在很多方面都表现出了其独特的技艺以及风格,经过土家

---

① 访谈对象:向仁荣,85岁,猛西村村民;访谈时间:2020年8月1日。

② 访谈对象:陈述本,78岁,猛西村村民;访谈时间:2020年8月1日。

族世世代代的传承，如今《上梁歌》已经成为一种历史悠久的民族文化表现形式。《上梁歌》对于土家族来说，是一种祭祀类的仪式歌，是极为重要的一种音乐形式。

2. 婚礼习俗

在猛西村，流传着一个“菜叶做媒”的传说：

唐朝的时候，有位姓张的员外，还有位姓李的员外。张员外的儿子和李员外的女儿自由恋爱，没有介绍人。一天，两人在一条河流的下游洗衣服，一位婆婆在河流上游洗菜。菜叶子顺着河水漂流而下，大部分都被冲散，只有两片菜叶贴在一起。这两片菜叶在男孩儿面前打了三个转儿，又在女孩儿面前打了三个转儿。于是，两人便以菜叶为媒人，约定终身。

“菜叶做媒”的两个年轻人在一起后，两人时常见面，导致女子未婚先孕。结婚那天，男方队伍敲锣打鼓去迎亲，结果新娘突然要生小孩。女方家人担心被男方看见，就把男方拦在门外。相传，这也是当地土家“拦门酒”和“拦门歌”的由来。“拦门酒”和“拦门歌”类似于今天普遍流行的伴娘堵门和伴郎塞红包。

在猛西村，女子在出嫁前两天，女方家人要聚在一起吃酒席。男方要提前把该准备的礼品准备好。哭嫁仪式在女方去男方家的头天晚上进行。在过去，土家族女儿出嫁时一定要会哭，若是谁不哭，便会被认为无情无义，会被人看不起。旧时，哭嫁是普遍存在的土家族婚嫁习俗，如今，只有在少数偏远村落才能看见哭嫁仪式。[1]主持婚礼仪式的有外督官和内督官。外督官负责各种外部接待事务；内督官负责安排礼仪，因此也叫礼官。男女双方都有内外督官，礼官有的唱，有的聊，有的喊，对仪式流程进行布置，做到有礼有节。礼官的问答词为：

---

① 阳明明：《湘西最后的古村落》，花城出版社2013年版，第97页。

问：什么皇帝造五谷？什么皇帝造衣裳？

答：神农皇帝造五谷，轩辕皇帝造衣裳。

男方迎亲礼官唱词为：

坐上小车马达响，师傅就转了方向盘，坐上小车用目望，看见一对喜鹊和凤凰。

喜鹊拍翅恰恰叫，凤凰拍翅成一双，过了一弯又一弯。

迎回新娘后，要举行三求喜、三请、请高亲、断煞、喊礼等仪式。

“三求喜”由外督官负责。新娘在屋内，外督官高喊：

新娘子祖父祖母外公外婆，求喜。
新娘子伯父伯母舅父舅母，求喜。
新娘子哥哥嫂嫂弟弟妹妹，求喜。
新娘子祖父祖母外公外婆，求喜。
新娘子伯父伯母舅父舅母，求喜。
新娘子哥哥嫂嫂弟弟妹妹，求喜。
新娘子祖父祖母外公外婆，求喜。
新娘子伯父伯母舅父舅母，求喜。
新娘子哥哥嫂嫂弟弟妹妹，求喜。

一段话里三次求喜，且一段话重复三遍，是为“三求喜”。“三求喜”之后，新娘方能出门，然后被未婚兄弟背着上花轿，长辈将一盆水泼出去，意为“嫁出去的姑娘泼出去的水”。“三请”是说八个人抬着花轿往前走，后面的娘家人往回拉，来回三次，以示依依不舍。“请高亲”是指外都官请娘家亲戚（一般去八个人，刚好围成一桌，不包括新娘的父母），到男方家里做客。“断煞”是为了驱邪祈福。礼官唱道：

此鸡不是平凡鸡。
王母娘娘报晓鸡。
抱得一十八只蛋。
出了一十八[①]只鸡。
弟子拿鸡来断煞。
挡天煞挡地煞。
五百忙雷打到阴山下。
祝新娘白头到老。
生一对文武状元。

断煞毕,前往男方家里烧香祭祖。"喊礼"也称"三拜九叩"。礼官高喊:

把新贵人引入高堂,
旁观者,不能嬉笑喧哗。
一拜天地,一叩首,二叩首,三叩首。
二拜高堂,一叩首,二叩首,三叩首。
夫妻对拜,一叩首,二叩首,三叩首。
祝新郎新女,生一对文武,两个状元。
祝新郎新女,白发到老。

礼成之后,将新郎新娘送入洞房。奏乐,鸣炮,吃酒席。[②]

3. 丧葬习俗

猛西村的葬礼,男女有别。男性去世要点十碗灯,即在十个碗里点油灯,分成两排放在棺材盖上,每排五盏,每个碗前面有牌位。据了解,数字"十"寓意自己是母亲十月怀胎生下的。也有一种说法是,人生最怕溢满,

---

① 猛西村忌说三十六,与别村不同。
② 访谈对象:雷书维,82岁,猛西村村民;访谈时间:2020年8月1日。

没有十全十美，九是最大的数，只有到去世时才能用十。女性去世要点血虎灯，表示女性生育子女时流血受罪，儿女流着母亲的血长大，母亲离世便以此来纪念。子女哭丧，主要哭诉无法报答父母的养育之恩。

猛西村葬礼一般要举行三天两夜，十碗灯和血虎灯在此期间不可熄灭。该村遵循“七不葬父，八不葬母”的规定。当地人称：

> 我们逢七不葬父亲，逢八不葬母亲。也就是七号、十七号、二十七号不葬父亲，八号、十八号、二十八号不葬母亲。假如去世后三天正好逢七或逢八，就要延迟一天或两天。

抬棺者共有八人，逝者子女不抬棺。长子要抬招魂幡，在前面带路。棺材上面拴一只大红公鸡，被称为“扒路鸡”。待逝者下葬后，还要撒“富贵米”。孝子孝女跪成一列，道士边念咒语，边把祭祀的米分给逝者的子女，逝者的子女用孝衣来接，寓意逝者将灾难带走，只给子女留下富贵。

4. 节日习俗

猛西村过年要比汉族的春节提前一天或两天，即大月是腊月二十九，小月是腊月二十八。凡在外地的人都要想尽办法日夜兼程回家过年，叫作团年。猛西人过年，大多数人家从腊月二十三日即开始，与汉族小年类似。关于土家人提前过年的由来，说法有很多种。

《中国故事集成湖南卷·龙山县资料本》中记载：传说晋朝天福年间，溪州刺史彭士愁联合彭、田、向、贾、龚、朱各峒土家头领，统一了溪州，做了土皇帝，人强马壮。客王害怕土王势力扩大，便派部将廖匡齐、刘效等领五千兵马攻打溪列。彭士愁率领土兵在会溪坪一带迎敌。战火很猛烈，客军用火箭进攻，不少土寨被烧毁。客军打进了溪州官厅，土王引兵转入深山抗敌。客军不断增多，武器又好，土兵用的是一些刀刀棒棒，加之粮食供应不上，接连打了几次败仗。眼看年关已到，土兵纷纷要求冲下山去，杀退客军，回家和亲人团年。

土王和众头领商议破敌计谋，腊月二十九，山上的官兵把土民送来的小米苞谷蒸了，又把猪肉、白菜、萝卜、豆腐等煮了一大锅，大家饱饱吃了一顿，就算过年了。这天，土兵们把一根根猎枪都灌上了火药、铁砂，将畲刀、梭镖磨得白亮亮的，没有刀、枪的砍来杂木棍棒，人人手上有了武器。各寨上的土家人也提前过了年，手拿镰枷棒和锄头、扁担，等候土王号令。腊月三十那天，客军只留少数士兵站岗放哨，其余均在营房饮酒作乐，丝毫没有戒备。土王一声令下，土兵四下杀出，客军大败。为纪念这次胜利，土家人便决定将提前一天过年作为习俗保留下来。[①]至今猛西村还流传着这个说法。

另一种说法是，在明朝嘉靖年间，东南沿海一带有倭寇骚扰，皇帝征调土兵抗倭。当时正值年关，为了按时出征并取得胜利，土家人决定提前过年，然后赶往前线。战斗中，土家族勇士奋勇当先，大破倭寇，为庆贺胜利，土家族人民决定把提前过年作为习惯固定下来，一直延续至今。

猛西村老式农具（吴海平　摄）

旧时猛西村村民在过年时有独特的敬祖仪式。从除夕到初一早晨，家中的蜡烛、煤油灯、柴油灯，包括炉灶里的火，均不能熄灭。

5. 劳动习俗

猛西村常见的传统生产工具是风车，主要用来碾磨谷物，除去水稻等农作物中的杂质。风车由风箱、车斗、摇手、出粮口、出风口等部件构成。使用时需双手配合，通常是右手摇动摇手，让风箱扇出风，左手让谷物从车斗底板处滚落。在风力作用下，杂质从风口飘出，饱满的谷粒从出粮口落下。

猛西村人民勤劳朴实，以农耕为业。当地流传着一则独一无二的谚

① 龙山县民间文学集成办公室编：《中国故事集成湖南卷·龙山县资料本》（内部资料），第238～239页。

语:余老幺耕田——哪有这个道理?据传余老幺此人不事耕种,大家都对他侧目而视,说余老幺能耕田那是不可能的事情。这则谚语用来讽刺游手好闲的人。

6. 艺术

(1) 摆手舞

猛西村土家摆手舞分为大摆手和小摆手,《摆手歌》亦随之分为《大摆手歌》和《小摆手歌》两种。土家摆手舞历史悠久,从它模拟生活的舞蹈动作和表现渔猎农耕的内容来看,应当是源于古代土著人民的生产生活。猛西村摆手舞还包含了祖先崇拜、自然崇拜等内容。《摆手歌》由历代土家族人的口头文学积累而成,各地演唱的内容大同小异。2006年5月12日,土家族摆手舞被列为国家级非物质文化遗产。猛西经常跳摆手舞的有张小菊、彭万群、朱莲秀、向六妹、雷吉香、向世翠等。

(2) 毛古斯

毛古斯是一种具有人物、对白、简单的故事情节和一定的表演程式的原始戏剧活动,当地称为“帕帕格次”或“拨步卡”。它以近似戏曲的写意、虚拟、假定等艺术手法,表演土家族先民渔、猎、农耕等生产内容,既具有舞蹈的雏形,又具有戏剧的表演性,两者杂糅交织,形成浑然一体的祭祀性舞剧。猛西湖在土家族节庆日表演毛古斯的有向清平、秦民礼、朱生华、余光荣、余光锋、陈述跃等。

(3) 哭嫁歌

哭嫁歌既是文化的传承载体,又是亲情、伦理的载体。哭嫁歌现在是湖南省非遗项目,在猛西湖演唱哭嫁歌的有朱秀香、龙翠英、陈述花、向家翠等。

(4) 木偶戏

木偶戏是我国戏曲艺术中的珍贵文化遗产,龙山猛西湖木偶戏属杖头木偶,可溯源至汉代。《通典》卷一百四十六就有“作偶人以戏,善歌舞”的记载。木偶戏主要分布在龙山县的贾坝、猛西湖、靛房、洗车河、猛西湖、凤溪、岩冲、洛塔、桂塘、老兴、民安镇等村镇。目前传承较好的仅有龙山的贾坝村和猛西湖一带。木偶戏现在是州级非遗项目,余大元先生是木偶戏州级传承人。

7. 娱乐文化

目前，猛西村大量青壮年离开乡土，或务工，或求学。这就导致猛西村常住人口较少，且老龄化严重。当地老人在务农之余，除了时常聚在一起打麻将消遣之外，还有“打三子”“九十六纸牌”等娱乐方式。

“打三子”又称“打三棋”，是源于生活的一种土家族传统游戏，一般为两人对下。棋盘由三个大小不同的方形组成。每个方形四边中点相连，除最内部的方形外，对角相连。整个棋盘共有二十四个交叉点，每个交叉点均可放棋。“打三子”的“棋子”并非正规意义上的棋子，而是就地取材，比如小石子、小纸团、小木棍、玉米粒等均可。下棋双方轮流将“棋子”摆放在二十四个交叉点上，布子力求己方的“棋子”三子连成一线，且设法阻止对方的“棋子”三子连成一线。任意一方三子连成一线时称为“打三”，此时便可用己方的“棋子”压住对方任意一子。待双方摆满二十四子后，去掉双方被“打三”压住的“棋子”。若一方在摆子阶段没有形成“打三”，便形成“闷棋”，即无法进行接下来的动子。若形成“打三”，即开始动子。动子由后下子者先动，限走临近的交叉点，继而轮流动子。出现“打三”，便可提掉对方任意一子，连续出现“打三”便可连续提子。直到一方只剩下两子，或虽有多子但无法形成三子连成一线。

猛西村村民家的“上大人”(王航　摄)

“九十六纸牌”也称“上大人”。关于其名称的来源，有一种说法是，来自旧时私塾先生为幼童开蒙所讲授的“三言八句”：“上大人，丘乙己，化三千，七十士，尔小生，八九子，佳作壬，可知礼。”此二十四字每个字写四张，便出现了九十六张牌。其中“上大人”“化三千”“尔小生”“佳作仁”用红色字体，“丘乙己”“七十士”“八九子”“可知礼”用黑色字体。另一种说法是，“上大人”源自《西厢记》。据

调查,龙山县所流传的《西厢记》文本为:

莺莺在家等,郎君去京城,望夫不归心烦闷,题诗上大人。
多数都了解,上大人纸牌,共计九十加六块,八房合拢来。
一房三个字,三八二十四,一字编成一句诗,今又改成词。
…………

上字上阳关,信步去游玩,望夫不回心闷倦,度日如度年。
大字大不该,心想不开来,不该我把红娘派,勾引张郎才。
人是人人讲,都说书生强,文质彬彬贵人相,将来是栋梁。
专读孔孟集,丘是孔仲尼,七十二贤三千弟,文才数第一。
送夫去求官,乙是乙卯年,谁知一去不回转,丢奴守空房。
己字是己酉,春秋把名求,但愿功名得成就,矮子上高楼。
猛虎卧山中,化字化飞龙,奴望郎君得高中,日出东风红。
三是三四载,未上梳妆台,搽脂抹粉全不爱,望夫早回来。
千字千思想,送夫下科场,谁知一去未还乡,想夫好可怜。
七是七弦音,弹不尽的情,时时刻刻望夫君,弹琴音不明。
十字十里村,奴送夫求名,叮咛告诫对夫禀,早去早回程。
士是士君子,苦思寒窗时,一举成名天下知,奴等报喜日。
尔字尔与奴,姻缘前世修,鱼水合欢没好久,丢奴把名求。
丫鬟对我讲,小字小红娘,相公几年不回乡,不如另嫁郎。
终身把他等,生是张家人,一女不嫁二夫君,决不留骂名。
八是八个字,年月以日时,命里如此就如此,名声有价值。
一波推一波,九是九江河,奴家望夫朝朝暮,时刻未忘觉。
昼夜想夫君,子是子丑寅,从早望到日黄昏,又望到天明。
佳是佳期日,洞房花烛时,山盟海誓一辈子,终身不变质。
做夫妻一对,鸳鸯并排飞,不仁不义张金瑞,一去三不回。
各摸各良心,仁字仁不仁,奴家送你求名分,几年不回程。
日愁夜也忧,可字可怜奴,一人独卧冷火秋,奴望郎梳头。
夫登台邦帅,知是知将来,破镜重圆慢等待,常挂奴心怀。

礼字礼知道，君子配鸾奴，三万六千日合好，白发齐眉毛。[①]

龙山土家族地区的《西厢记》保留了《西厢记》的基本内容，表达方式则有明显的地方特色。从文本来看，龙山地区的《西厢记》似是从《渔鼓词》[②]改编而来，节奏明快，韵律和谐，更加符合土家族人民说唱的习惯。

8. 民谣

猛西村传统民谣较有特色，但目前保存完整的已不多，其中《十字歌》和《十二月歌》较有代表性。猛西村至今流传着一首产生于中华人民共和国成立初期的《十字歌》，讲述了中国共产党领导劳苦大众获得解放的全过程。

而《十二月歌》是猛西乃至整个龙山地区口耳相传的一首山歌。此歌囊括了土家族从正月到腊月经过的节气及从事的活动。其词为：

正月唱歌正月正，到处都在飘歌声。人家唱歌欢声笑，还没开声热泪奔。

二月唱歌日当头，泪水顺着枕头流。白天唱歌逗人笑，夜晚泪水流成沟。

三月盘花是清明，手提白纸上祖坟。祖先死了在天上，保佑儿孙早出名。

四月唱歌雨水季，为歌跑东又跑西。伤风感冒上医院，心里生病

---

① 龙山县非物质文化遗产保护中心：《土家族非物质文化遗产保护丛书·孝道录传》（内部资料），第222～224页。

②《渔鼓词》称：上绣楼将奴的心思想坏，大不该任红娘招引他来，人说道张君瑞风流可爱，丘家坪奴为他才把言开，乙卯年中解元名扬四海，己巳科下京都大显奇才，化鱼龙但愿郎飞腾海外，三级浪中状元脚踏金阶，千思想万思量满腹愁债，七弦琴抚不舒奴的胸怀，十里亭奴送郎叮咛嘱诫，士君子求功名理所应该，尔在那京都地逍遥自在，小冤家享荣华把我忘怀，生同衾死同穴奴心才快，八行书望不见鸿雁传来，九江水洗不尽愁销眉黛，子时节望天明人未归来，佳期近喜心头芳心自惴，做一对美鸳鸯到老同偕，壬午年奴为郎曾把口戒，可怜奴坐绣房如痴如呆，知心话无处诉自怨自艾，礼佛堂焚信香望郎归来。

咋个医。

五月唱歌是端阳，苍普药酒造雄黄。人家双双把酒饮，禁酒之人不敢尝。

六月唱歌热茫茫，没得哪样来躲凉。穿件厚的淌汗水，穿件短袖会晒黄。

七月秋风渐渐吹，多经风雨体单微。他心有我他添衣，他心无我自己背。

八月中秋人团圆，没有亲人在身边。从前日子多美好，可惜那也是欺骗。

九月唱歌桂花香，桂花树下歌飞扬。只有种田过到老，哪有唱歌配成双。

十月唱歌小阳春，前心扯起后心疼。自古歌场一片乱，美梦难圆误青春。

冬月唱歌雪满天，身似插刀心似剑。编造爱我假故事，不能终老伴身边。

腊月唱歌一年满，小小快板泪流干。看透一切是演戏，曲该终止人该散。

各位歌友你请听，唱歌成双莫当真。唱歌有情是一时，过后你是陌生人。①

三、自然资源

（一）天锅潭景区

洛塔乡拥有风景秀丽的南竹石林地质公园，在猛西村境内则有天锅潭景区。天锅潭景区位于乌龙山国家地质公园洛塔园区，面积为4.69平方公里。这是一个以沟谷型石林为主体，集峡谷、瀑布、崖壁、壶穴、断层、崩塌体、

① 材料提供者：龙山县人大代表刘国刚。

天锅潭景色(王航　摄)

二叠系与志留系的不整合界线等丰富的岩溶地貌景观于一体的喀斯特地貌景观区,宛如一口自然形成的石锅,镶嵌在洛塔岩下的峡谷口。天锅潭景区飞湍流瀑、山石奇绝、泉水清冽、林木葱郁,是猛西村最著名的景点,也在湘西地区享有盛誉。天锅潭瀑布是溶洞地下河冲破绝壁飞流直下而形成的天然景观。瀑布高50余米,潭水深不可测。景区面积虽不大,但俗话说"望山跑死马",全部游览完需要3小时以上。

关于天锅潭有两个传说。其中一个是,月宫里的嫦娥仙子因思念后羿,前去太上老君的炼丹房偷仙丹,不料被发现。慌乱之中,嫦娥抱着盛有仙丹的天锅奔向人间,并与前来追赶的仙童发生冲突。结果天锅掉落,掉在洛塔界的大山深处,化作一潭碧水,就是今天的天锅潭。另一个传说是,有个独生子在天锅潭看牛。有条巨型娃娃鱼重达千余斤,一下把小孩吞进腹中。孩子的父亲喝了两斤白酒,下水抓娃娃鱼。第一次没有抓到,第二次将娃娃鱼杀死,取出孩子。从此之后,没有人敢再去天锅潭洗澡。这两个传说给天锅潭蒙上了一层神秘的面纱。

(二) 药材资源

猛西村王兴富、王家荣父子是当地仅有的用草药治病的老人。据90岁的王兴富介绍,猛西村草药有黄风、老虎姜、金银花、何首乌、葛根、野生白蒿、黄瓜香、满天星、过路黄、血藤、黄檗、豆种、玉竹、山药、黄精、紫苏、栀子、小通草、党参等数十种。据70岁的王家荣介绍:紫苏可治疗伤风感冒；龙葵可治疗支气管炎；小通草可治小便不畅；凌霄花可祛风除湿；党参可用于妇女调经；过路黄可治疗肾结石；三百棒可治跌打损伤和肋间神经痛；麦冬可治咳嗽、支气管炎，有补肺的功效；栀子花金黄色的果实可治肝炎；灵芝可医治神经衰弱；白背叶可治肝炎；黄精、玉竹、山药可补气血；青木香、老鸦双晒干熬成汤药，顺气止痛，治腹胀；青蒿冲茶可解暑；金银花、苦参、弦参可败火；鱼腥草可止咳，对肾炎、肺脓有一定功效；算盘七、双肾草、牛膝可治肾虚等病症；过路黄、金钱草、三百棒放在一起捣碎，加入草浆和酒，用纱布包起来进行外敷，可治风湿；灵芝三钱（一克）可补脾健胃；臭牡丹花的根4克，晒干了熬茶，可治高血压。

猛西村草药玉竹（王航　摄）

猛西村草药种类繁多，但当地并无医书，也无专职草药医生，村民治病往往会直接去诊所或医院接受西医治疗。王家父子靠口耳相传将草药疗法继承下来，有所耳闻的村民会前来找王氏父子医病。王家荣认为，中草药可以做到标本兼治，且几乎没有副作用，这是相比于西药的巨大优势。

（三）古树

猛西村有古树5株，有1处古树群，距今已有200多年历史。古树树围较长，两名以上的成年男性方能合抱。古树是村落久远历史的见证者，起到了绿化美化村落的作用，也说明村民注重生态保护。

（本章由王航撰写）

第十二章　泽果村

泽果村位于龙山县洛塔乡，与洛塔大界、脉龙界相望，处于武陵山区腹地，距龙山县城70公里，村落建在金都坡山坡台地上。该村有黄铁枯里、雷家寨、田家寨3个相邻的土家族山寨，人口以土家族为主，占全村的85%左右。山寨西北卡槽、上若丰、下若丰和山寨东侧下堡的450余亩梯田层层叠叠，在自然山体上刻画出一条条展示泽果村人繁衍生息、生产生活历史的优美曲线。山寨的西侧是郁郁葱葱的近山，古木参天，形成了高山、梯田、家园的秀美风光。村内传统民风民俗保存较好，节庆活动、婚嫁习俗、医药文化以及民间艺术等具有浓郁的民族风情。2019年6月，泽果村被列入第五批中国传统村落名录。

一、村落概况

（一）地理生态环境

“泽果洞”是土家语的汉语音译，本叫“侧隔峒”。“侧”在土家语中是“水”，“隔”是“挡住”，“峒”是“坡地”，“侧隔峒”就是“挡住水的坡地”。“泽果洞”简称“泽果”。

泽果村交通不便，仅有一条通猛西湖的村级公路，长8千米，宽4.5米，距龙山县城70千米，属于“道路越来越差、风景越来越美”的原始自然村落，土家传统建筑保存较为完好。泽果洞东与洛塔脉龙界相望，与此间的峡谷一览无余；南面金都坡下是高差达300余米的猛西湖小盆地；西靠白岩吉高山；北面与咱果乡接壤。泽果村自古就是四川进入湖南的必经之地，冷兵器时代，这里进可攻，退可守。泽果洞是湘西的“紫鹃界”，人居环境优美，景色宜人。梯田环抱、绿树环绕，层层优美壮观的梯田曲线，讲述着泽果洞昨天和今天农耕文明的故事；充满生机的红桼、枫香，见证着泽果洞人的爱恨情仇。

（二）村落历史

相传在泽果洞西侧的白岩吉山上，有一个地方叫“列枯里”（土家语，“列”是老虎，“枯里”是洞），水量丰富，常给居住的雷姓人家造成水灾，雷姓人家用九口铁锅把水口堵住了，从此，泽果洞再也没有水灾。为了纪念先人的功德，于是后人就叫此处为泽果洞。明朝末年，为反抗朝廷暴政，张献忠揭竿而起。泽果洞雷姓迁始祖雷铁飞祖居四川垫江河砲滩，与好友参加了张献忠农民起义，起义失败后被官府追杀，逃至泽果洞后娶当地李氏四妹为妻，繁衍生息，至今已传13代。历经数百年，村落成型。

相传，为了防止明军追杀，雷铁飞在泽果洞北侧的官道上方用巨石修筑了关卡(已毁),用石块修了水渠,这个地方现在叫“卡槽”。泽果村有个著名的田家寨。据传,清顺治年间,田氏始祖田三摆兄弟九人因“反清复明”被清廷追杀,生死难料。分手时,九兄弟把一个牛角锯成九段,约定后人相见时牛角为证,就是亲人。田三摆逃至泽果洞后,娶了雷氏女为妻,在雷氏的旁边繁衍生息,田家寨逐渐形成。

在清同治和光绪年间的《龙山县志》中,并无“泽果”这一地名,却存在“折果洞”,属五寨里所辖。“折”与“泽”音近,“折果洞”应当就是今天的“泽果洞”。雍正七年(1729年)龙山建县后,全县共划为十五里,里名为本城、洗洛、白岩、马罗、明溪、二梭、他砂、三甲、四甲、捞车、坡脚、辰旗、董补、五寨、洛塔。根据同治《龙山县志》和光绪《龙山县志》记载,泽果属五寨里所辖。民国元年(1912年),泽果属四区洗车河所辖。1955年,泽果属五峰区所辖。1961年以后,泽果成立大队,属洗车区猛西公社。1984年,泽果村正式成立。

嘉庆《龙山县志》载:

> 邑惟桐油为大庄……桐油胥藉人力搬运。南至隆头镇洗车河,裁通小舟。西抵湖北来凤卯洞,亦小舟装载。至百户司入北河,以达辰常江、右闽,广及山陕。皮货客亦贸易于此。归,皆易桐油,转售他处。每岁桐子开花,有油之家缺日用,向有钱者预领油价,言定油若干斤,钱若干千价,亦无一定。自四月起至八九月,按月多少为差,十月兑油或兑桐子。如期不得误。而权子母者,遂举倍称息。贫者油先贱售,或值桐子歉收不能如数以偿,致酿讼端。①

在清代时龙山盛产桐油,过去靠人力搬运。桐油通过水运,北到洗车河,西到来凤,继而远达湖广、福建、山西、陕西。产油的人家因为缺少日用品,故而以油换钱。在泽果村,过去有漫山遍野的油桐,成为当地重要的产业。

---

①〔清〕缴继祖:《龙山县志》卷7,嘉庆二十三年刻本,第138页。

（三）村落与人口

泽果村全村386户、1608人，以土家族为主的少数民族人口占总人口的85%左右。现在村居住的有100余户、300人左右，大部分都是老年人，以60～80岁的人居多，40～50岁的有80余人，20～40岁的有11人，大部分年轻人都在外面打工。

泽果村主要姓氏为田、彭、雷、向，其中大姓有向姓和雷姓。

向姓在百家姓中位列第337位，雷姓在百家姓中位列第69位。泽果及洛塔向氏源自河南，其族谱"河内堂"三字乃是明证。《河内堂向氏族谱》载：

向氏家谱（王航　摄）

我向氏乃宋桓公后，宋桓公者，乃宋十九传之诸侯。自武王克商后，微子启抱祭器归周，后被武王封在宋地（今河南省睢阳市[①]），建国为宋国（诸侯国），乃一等诸侯。而后派生向氏，故我向氏乃宋桓公之后……桓公继位约公元前681年至公元前676年间，也就是周釐王时期。桓公在位三十一年逝，其子襄公继位。其间桓公有子叫肹，因封在向城地方，故称向父。又有向戌（武职相位）出现，襄公九年，宋有大水灾，向戌为救助左路。襄公十一年，向戌带兵伐郑。由此推断，向戌亦为宋桓公之子。因在桓公之前未出现向氏，纪年推论，桓公继位为公元前676年，而襄公同楚作战，在公元前638年，相距38年，宋襄公和向戌该属成年人了，而后相继出现向氏之人……

① 今河南并无睢阳市。睢阳之名自古已有，今指河南省商丘市睢阳区。

我向氏为河内堂者，盖由黄河之河东（约在濮阳以东为河东），濮阳至渑池为河内属太行山脉。今洛阳、济沅[1]、泌阳、安阳地带。渑池至咸阳为河西。时有向罗之公子向颀留宋徙居河内，故得其名曰：河内堂……

我考益阳梓人（刊）说，公元前574年才有向氏之姓。并称向戌为第一世祖，向宁为第二世祖，向罗为第三世祖，向巢为第四世祖，向颀为第五世祖……直到向宗彦。向宗彦者，号为向老官人，据永顺王村所立铜柱考证（原铜柱在溪州，修建枝柳铁路时，由溪州迁至王村，溪州在古丈罗衣溪和永顺官坝之间），向老官人——向宗彦为“武安军节度使押衙前兵马使，前溪州左厢都押衙银青光禄大夫，检校太保，太子宾客，尊御史大夫上柱国”。类似此官衔者十二人……此柱铸于后晋天福五年……原立于会溪坪（野鸡宅），后于北宋天禧元年十一月十五日移到会溪池。向宗彦又名向七一，配有严、李、张氏，生子名向八二，八二生子必杰，必杰生子七日，向七日生子弥庆……

我处向氏系河南郡望氏族……由腹地中原迁到江西吉水，而后辰州，乃到湖北漫水百福司，再到洛塔。由辰州西迁永顺、桑植、龙山、湖北各地……至于海外侨居者，空亦不乏其人。如石门县有向军次就曾随蒋介石移居台湾……

在泽果村，雷姓也是大姓。当地存有《湖南雷氏通谱》。

湖南雷氏通谱 （王航 摄）

① 当为济源。

（四）经济社会发展状况

泽果村原为深度贫困村，由原来的泽果村和高峰村合并而成，位于洛塔乡东南部，距洛塔乡政府25千米，与该乡烈坝村隔溪相望，与该乡猛西村相邻，还与咱果乡金线村及洗车河镇天井村接壤。全村总面积52860亩，其中有耕地2137亩，林地9000余亩，辖9个村民小组。全村平均海拔800米左右，属高寒山区，基本没有成型的支柱产业，村民经济收入的主要来源是靠外出务工，村里多数劳动力常年在外打工。

泽果村外出务工人员多，田土抛荒比较多，空余田土面积较大，加之泽果村属高寒山区，海拔比较高，产业发展主要是：其一，种蜂养殖。泽果村老百姓有养蜂的习惯，但规模较小，加工十分粗放，所以产品质量难以得到提高，蜂蜜价格一直徘徊在100元/斤左右，难以形成规模化生产，宜积极引导、扩大规模、加强培训。其二，家畜家禽养殖业。泽果村山多地少，森林资源丰富，在山上发展养殖业具有得天独厚的条件，如养猪、牛、羊等。此外，泽果村草场资源十分丰富，养鸡也具有优势。其三，种植业。譬如刘小斌种植的油茶，规模有500多亩，带动贫困户与非贫困户20多户。雷吉兵种植的博落回，规模200多亩，已有20多户签约他的合作社。王正双种的锥栗，规模100亩，并套种药材，已入村的合作社，带动贫困户4～5户、非贫困户4～5户。这些产业的发展，加快了土地的流转，增加了村民收入。

通过做实传统产业，做强特色产业，做好新兴产业，泽果村村民收入逐渐提高，生活不断改善，泽果村于2020年实现整村脱贫。

二、文化遗产

（一）物质文化遗产

1. 传统建筑

清嘉庆《龙山县志·风俗》载：“土民依山结层，层垒排比无次第，每间撑五六柱，无窗户，檐低户小，俯首出入，设火床，翁姑子妇同卧处，客民至其家，眠一榻无嫌。牛羊鸡犬居其下，相习莫知其秽。”[①]改土归流后，土家建筑得以发展，光绪《龙山县志》中有“富族丽舍，一里率二三家”的记载。20世纪80年代以后，逐渐富裕起来的土家人修建起了小洋楼，全木结构的土家建筑很少新修。[②]

泽果村村寨依山依涧而建，层层叠叠，房屋朝向依托山势。这种房屋构造选址与格局既暗合阴阳五行中“负阴抱阳，背山面水”，“前有照后有靠”的风水理念，又能享受到充足的光照。村落在布局上，一户一栋，随山就势，依地而建，错落有致、鳞次栉比，别有情趣。旧时村落建筑的建材构件均是利用当地丰富的木材资源。

泽果村向阳老屋（王航　摄）

四排三间的传统建筑是泽果洞民居的主流，中间为正屋，两边为厢房，或者左配楼子右配厢房。建筑规格上有三柱四棋、五柱六棋、五柱八棋不等。房屋从左至右按习俗称头间、二间、三间，大户还有五间、七间的，楼子不计。传统民居头间为居室，二间为堂屋，三间为厨房，每间以中柱为界，分为前后两间。头间内设火坑，火坑置有三脚架（当地称三脚），

① 〔清〕缴继祖：《龙山县志》卷7，嘉庆二十三年刻本，第132页。

② 龙山县民族宗教事务局：《龙山县民族志》，学苑出版社2018年版，第86～87页。

可架鼎罐铁锅，常年不准移动，只有大年三十可以移动一次，不准用脚踩踏，以免亵渎神灵。火坑上方吊有一炕架，挂土家腊肉、野味等可熏食之物。火坑内常年烧柴或煨树蔸不断烟，取“香火不断”之意，烟熏更是木屋防腐的最好方法，使房屋的构件免遭虫蛀之患。

由于土地利用范围的扩大和乡村改造的推进，目前村内传统建筑大大减少。向阳老屋是泽果村仅存的清末民初的建筑。向阳是出身黄埔军校的国民党军官，曾任龙山县县长。该屋为木质连五间配厢房，形成“钥匙头”。该建筑大门保存完好，窗棂精美且未受损。但因资金等各方面问题，该建筑缺乏必要的修缮。

彭吉勇老屋吊脚楼（王航　摄）

彭吉勇老屋位于泽果村三组，是泽果村规模最大的老建筑之一，约有40年历史。该建筑为木质连五间配吊脚楼，占地面积逾200平方米。其造型古朴大方，属典型的土家族建筑。

2. 古井

泽果村有古井5处，形成年代为清代，主要供村民的生活饮用水。距泽果村村部数百米的位置就有一口造型精美的水井。该水井形成

泽果村古井（王航　摄）

年代为清代，20世纪80年代，泽果村对该水井进行了翻修，现已用混凝土搭砌，并用木板遮挡雨水灰尘。水井上横向刻有“甘露泉”3个大字，纵向刻有两行字：“昔日饮水如甘露，至今清泉水长流。”由泽果村擅长书法的村民雷吉善所书写。古井两侧雕刻有精美的梅花，下方刻有两只麒麟，整体对称、美观、古朴。古井是构成村落文化的一部分，反映了历代居民主要靠凿井用水。

泽果村石舂（王航　摄）

3. 生产工具

泽果村的传统生产工具有石舂、石磨等。泽果村的石舂由石支架、木碓杆、石碓、石臼、石盆等几部分构成。使用的时候，需要一人或多人用力踩木碓杆，使得另一头的石臼有节奏地抬起并落下，将石盆里的粮食进行打磨。还需一人用小扫帚随着石臼的起落快速搅动石盆中的粮食。整个舂粮过程需配合得当，否则易受伤。

泽果村石磨（王航　摄）

泽果村部分村民会使用石磨制作豆腐，且至今使用人力，方式较为传统。优质的大豆经过石磨研磨、渣浆分离、卤水点制、高压压制等一道道工序，被制作成营养丰富的豆腐。

（二）非物质文化遗产

泽果村非物质文化众多，如婚嫁、节日、舞蹈、歌谣、传说、医药等，且大部分保留了传统特色。

1. 婚嫁习俗

嘉庆《龙山县志》记载：

> 男家多先求女家庚帖。命日者推算曰合婚不合者，仍以庚帖还之。士君子多不信日者言。只访门户相匹，请媒妁求亲。如允，择日备鸡、鹅、豚蹄等物，以鸾笺先书男庚于左，至女家，书女庚于右，曰插香；女家酬以荷囊、棉履，自此亲谊关切。或月内，或岁内，彼此折柬延饮，曰会亲；将婚用豚酒纳吉，曰报期；复以羊、豕、喜饼、花鍛、衣饰馈女家，曰过礼；迎亲日，富者用鼓乐、彩轿、红灯数道引前，贫者用常轿，均以斗米置轿中，曰坐轿米；彩轿舁至女家，庭中麾舆从出，闭门以斗覆轿前，女兄弟扶女出，立斗上，拜辞祖先，撒箸一束，曰不家食；送亲，男则兄弟伯叔，女则兄嫂弟妇，诸姑伯姊父母不送。女至壻[①]门，壻家陈香楮、酒醴、鸡一，祀护送神，曰堵煞；大门坎下，燃灯一盏，列火七炷，罩以筛，轿从上过，曰烛邪；入门，壻立堂东，设香烛，铺氍毹，同拜堂上，曰拜堂；二女童执烛导入洞房，曰迎花烛；设酒果，壻西向，妇东向，行合卺礼，曰交杯酒；壻出，妇乃盛妆同谒祖先，曰庙见；拜舅姑，以次拜亲长，曰拜大小；择夫妇全，而有福庆者先拜之，曰开拜；明日夙头，妇以棉履、枣栗，贽拜舅姑及诸亲长，曰拜茶；亲长各赠以喜钱，曰拜仪；宴妇之伯叔兄弟姑姊妹，曰宴上亲；备筵送妇父母，曰报宴，取报谢之义；于归后妇偕壻往省父母，或三日十日或一月或候春朝，统曰回门；母家延客宴壻，曰陪郎；回日具米粢米馓礼物，遣之嫁奁，厚薄视家贫富。富者赠袍服冠带，加以钱或以牛马。贫者弗论也，不索厚奁。故俗鲜溺女之风，聘礼亦然。[②]

可见，旧时，龙山土家族婚礼要经过一系列烦琐的程序，如插香、会亲、报期、过礼、置坐轿米、不家食、堵煞、烛邪、拜堂、迎花烛、饮交杯酒、庙见、拜大小、开拜、拜茶、拜仪、宴上亲、报宴、回门、陪郎等。此外，龙山土家族还有哭嫁的习俗。在封建包办婚姻的束缚下，土家姑娘只能接受嫁鸡随鸡嫁狗随狗的命运，她们将满腔的幽怨与不舍通过《哭嫁歌》倾诉。

---

① 同“婿”。

②〔清〕缴继祖：《龙山县志》卷7，嘉庆二十三年刻本，第139～140页。

龙山各地《哭嫁歌》节奏大致相同，但歌词各异，且常根据哭诉对象等实际情况进行改动。泽果村《哭嫁歌》歌词为：

我的外外[①]喂！
你的前程到了，时间到了。
你莫伤心，莫悲泪，
离娘离爷不是你一个。
前朝有礼不可灭，
后朝有礼不可兴。
矮子上楼梯，
要步步高升去。
你若发财去，
你自己创造了新家庭，
你要好好去珍惜。
你远走他乡是生地，
眼见是生人，
要孝敬公婆，
尊敬丈夫，
姊妹兄弟要和睦，
左右邻居要团结，
你就才会为人。
贺喜你家也发人也发，
贺喜你家和万事兴。[②]

通过《哭嫁歌》可以看出，女方家人对家中女子出嫁有万般不舍，但拘于“前朝有礼不可灭，后朝有礼不可兴”的礼教，出嫁女不得不接受安排，

① 此处“外外”意为外甥女。
② 访谈对象：朱学玉，72岁，泽果村村民；访谈时间：2020年8月2日。

离开父母。出嫁前，女子会得到家人的良好祝福。具体来说，《哭嫁歌》是一部恋亲恩、伤别离的家庭伦理、道德行为教材。其主要内容有哭爹娘、哭祖父祖母、哭哥嫂、哭姐妹、哭叔伯、哭姑母、哭舅父舅母、哭姨父姨母、哭骂媒人、哭梳头、哭戴花、哭离娘席、哭辞祖先、哭上轿等。其歌委婉，其情动人，充满了恋亲恩、伤别离的凄楚。《哭嫁歌》现在是湖南省非遗项目，泽果人能表演《哭嫁歌》的有田金凤、朱四托、田忠娥等。

在泽果村，"断煞"时会唱《断煞歌》：

此鸡不是非凡鸡，
王母娘娘报晓鸡。
抱得三十六个蛋。
出了三十六只鸡。
别人拿来无用处，
弟子拿来断煞鸡。
上断，是三十六天官，
下断，是七十二地煞。
断天煞，断地煞，断娘煞，断爷煞，断时煞。
吾奉太上老君句句律令。①

在婚礼现场，还有《婚歌》：

新郎披红戴花，
左拿金花一对，
右拿银花一双。
别人拿来无用处，
我今拿来戴新郎。
左插花，花好月圆；

---

① 访谈对象：彭祖爱，62岁，泽果村村民；访谈时间：2020年8月2日。

右插花，双拜花堂；
前插花，前程似锦；
后插花，富贵双全。
生下的儿女是国家的栋梁，
贺喜祖宗荣华富贵万万年。
手拿红绫五尺长，
拿在手中放光芒。
别人拿来无用处，
今天拿来配新郎。
上绣红绫配凤冠，
下绣织女配牛郎，
左绣梨花配丁山，
右绣吕布配貂蝉。
左配左丞相，
右配状元郎。
贺喜新郎和新娘，
荣华富贵万万年。[①]

2. 节日习俗

泽果村“四月八”（泽果村村民　供图）

泽果村最有名的节日是“四月八”（泽果村称“四月七”，农历四月十七）。泽果村村民会在这一天推豆腐、舂粑粑、唱汉剧。嘉庆《龙山县志》记载：“土人以（四月）十八[②]为大节，作粢宰豕，脱为大脔，糁糯米蒸之，祭先祖

① 访谈对象：田忠娥，57岁，泽果村村民；访谈时间：2020年8月2日。
② 土家人过节往往提前一天，“四月八”的实际日子是农历四月十七。

毕,环坐共啖兼延客。”[①]《龙山县民族志》记载:“四月八”是土家人的大节期,有说是牛王节,有说是祭婆婆神、嫁毛毛虫的日子。且此日忌用牛。[②]

3. 舞蹈

土家人能歌善舞。在泽果村,有一支特别的老年活动队,他们在务农之余将当地的九子鞭、摆手舞等民族艺术传承下来。

九子鞭又称金钱棒,常以竹为之,长3尺许,中空3节,贯以铜钱。[③]舞者手持花棍载歌载舞,花棍忽上忽下,时左时右地击肩、背、足、四肢,打出有节奏的声音。九子鞭有24式:头4式、足4式、身8式、二人对8式。花棍过头顶击打后肩叫“雪花盖顶”;横胸前击打左右肩叫“花子打街”;击打左右腰部叫“黄龙缠腰”;击打左右小腿叫“枯树盘根”;左右脚踢毽式触花棍叫“花子踢球”;二人对舞棍式叫“连八棍”等。其音乐采用地方小调,节奏鲜明、平稳、轻快。九子鞭现为州级非遗项目,经常表演九子鞭的有朱四妹、向兴珍、彭吉凤、向娇等。

泽果村老年活动队表演九子鞭(吴海平　摄)

泽果村九子鞭表演方式多样。方式一:表演者右手持九子鞭中部,先用鞭子两头击打左手,紧接着用两头击打双肩、击打身体两侧,然后举足迎击三次,共计9次,如此循环往复。方式二:右手持九子鞭中部,先将九子鞭一头点地,举左足迎击,继而左手拍打九子鞭两端,旋即用九子鞭敲打双肩3下,敲打左手1下,随后举足,敲打双足内外侧,如此循环往复。九子鞭表演配有音乐,音乐为小调式单句体,1/4节奏。总体而言,九子鞭是一种既具有娱乐功能又具有

① 〔清〕缴继祖:《龙山县志》卷7,嘉庆二十三年刻本,第135页。
② 龙山县民族宗教事务局:《龙山县民族志》,学苑出版社2018年版,第105页。
③ 龙山县民族宗教事务局:《龙山县民族志》,学苑出版社2018年版,第245页。

健身功能的地方艺术形式。

泽果村摆手舞会模仿家禽行走的动作，并将田间劳作的场景用艺术化的形式自然、真实、生动地呈现出来。旧时摆手舞舞蹈语汇十分丰富，按其形式分为单摆、双摆、翅旋摆等；按其内容，有“祭祀舞”“狩猎舞”“农事舞”“迁徙舞”“民俗舞”“军前舞”等。其舞姿粗犷、潇洒，气氛热烈、雄浑。2006年5月12日，土家摆手舞被列为国家级非物质文化遗产。泽果村在节庆日经常跳摆手舞的有向恒香、彭金秀、叶吉莲、雷吉理等数十人。泽果村摆手舞唱词为：

土家山寨好，好风光哎～
锦绣田园画一张哎～
男的和女的，日子都好过。
田土都有，这样的社会日子好。①

4. 戏剧

汉剧现在是省级非遗项目，泽果村经常演汉剧的老一辈有向兴林、雷吉善、田正义等数十人，年轻一代有雷玉琼、田兰琳、田丽英、雷吉勇等。

泽果村的汉剧曲目有《武家坡》《手拿碟儿敲起来》等。

泽果村《武家坡》唱词为：

未成开言泪满面，叫一声大嫂细听我言。忆昔当年夫遭难，流浪天涯受饥寒。白日长街去讨膳，晚来夜宿你花园。花园之内得相见，二人暗地订姻缘。二月二日龙出现，三姐打扮彩楼前。王孙公子有千万，绣球单打平贵男。你父闻言怒满面，席棚赶出王宝钏。无处立来无处站，城南寒窑把身安。七江河内妖马现，平贵投军在营前。平贵降了红鬃马，唐王见了加封官。封我一字都督府，你父上朝奏本

① 访谈对象：朱学玉，72岁，泽果村村民；访谈时间：2020年8月2日。

章。西凉国反了女玳瓒,我都督府改为先行官。炮响三声催前站,破屋寒窑别宝钏。宝钏难舍薛平贵,三姐送我七江岸。手拉缰绳泪不干,马缰绳索剑割断。……三姐不信掐指算,去来整整十八年。……①

《手拿碟儿敲起来》唱词为:

手拿碟儿敲起来,小曲好唱口难开。声声唱不尽人间的苦,先生老总听开怀。月儿弯弯照高楼,高楼本是穷人修。寒冬腊月北风起,富人欢笑穷人愁。

5. 歌谣

泽果村当地有民歌,且与时俱进,主要反映百姓生活的变化。对于政府的扶贫工作,当地百姓交相称赞,编成歌谣如下:

树子有根才有花,民族有国才有家,毛主席带领打天下,幸福日子全靠他。

现在主席习近平,他是我们带路人,为了穷富都平等,所以就在搞扶贫。

扶贫同志坐龙山,付出代价不简单,金钱付出几千万,他们站得高来看得远。

同志们坐到龙山城,工作到了泽果村,有能力来有水平,就像科学专家人。

扶贫同志勤付出,也有乡干也辛苦,村干爱心为家族,是我村民的幸福。

我的村子最闹热,扶贫同志来做客,我们这里条件劣,六月蚊子倒吃客。

---

① 访谈对象:田正友,71岁,泽果村村民;访谈时间:2020年8月2日。

干部同志最热情，你们是我村的大恩人，我村有颗感恩心，下次再来我欢迎。

今天是个开心天，我不占大家的时间，唱到这里收了吧，唱得不好请原谅。[①]

6. 医药

蛇药贝母(王航　摄)

土家蛇医是土家族人民在与毒蛇猛兽共存的过程中逐渐掌握的一种医疗手段。土家族长期生活在山峦重叠、沟壑纵横的武陵山区，这里丛岩邃谷、山泉冷冽、雾岚熏蒸，勤劳善良的土家人受瘴病之气侵袭和毒蛇猛兽危害，如处水火。尤其是蛇患，防不胜防。土家人在与毒蛇的斗争中，悉心研究各种毒蛇的毒性和生活习性，不断寻求克制方法，探索治疗蛇伤的秘方，积累了丰富的经验。

泽果村的雷吉林(本名雷继林)为土家医药州级非遗传承人，有徒弟雷家生等3人。雷吉林先生1934年1月出生于泽果洞的土家医药世家，得到祖父雷世龙真传，并在继承的基础上不断丰富医术。雷吉林老先生过世后，其子雷家生于龙山县城开设医药诊所。

据雷家生介绍，雷家祖上是自四川迁来，雷吉林老先生学习医术大约是在1960年。据民间传言，雷氏的祖先是一个很神奇的人，他走在山上，所经之处的蛇不但没了蛇形，还变成了树枝木条。他甚至会蛇语，可以操控蛇的运动。雷家生于1985年开始随父亲学习蛇医，在乡里为人治病，1993年来到龙山县城，2000年开始在县城行医。由于雷氏父子医术高超，湖北恩施、鹤峰，湖南永顺、保靖、龙山等地的病人都会慕名而来。雷家治疗蛇毒的主要配方都是本地中草药，许多药材在书中无法查询，甚至

① 访谈对象：朱学玉，72岁，泽果村村民；访谈时间：2020年8月2日。

药材的名字都是本地土医生起的。治疗蛇毒的主要药材有七月一枝花、贝母、红花、蜈蚣、沉香、半枝莲等。

雷家生治疗蛇毒主要分为三步:

第一步,消肿排毒。雷家生治疗蛇毒的方法完全不同于西医。一是全程不用刀,不放血;二是采用外敷内用的方法;三是对伤口不挤压,不用常规方法包扎。

第二步,去腐生肌。由于五步蛇蛇毒会破坏人体血液,凡是被五步蛇咬伤的患者,十个人中九个伤口肌肉会溃烂。雷家生会让患者服用煎好的药,并用秘制中草药敷在伤口上,内外兼施。患者每天起床后,需烧一壶水,待开水冷却,清洗伤口。时间一久,腐肉就会附着在纱布上。

第三步,理疗。即调理经络、疏通血管。在整个治疗过程中,患者不允许饮酒。

雷家生及其家人讲述道:

我们治蛇毒得有经验。被五步蛇咬伤,疗程最少五六天,多则一个月,甚至两个月以上,一般都是半个月左右。五步蛇伤人,情况有很多种。被五步蛇咬伤的部位不同,严重程度也就不同,最严重的两小时之内就会死掉,最长的一天多都不会伤及性命。相比于动脉损伤,被咬到静脉血管反而更严重。中医理念里,两个小时为一个阶段,不同时间段被咬,被咬部位不同,严重程度也不一样。至于蛇的大小则关系不大。如果是被银环蛇咬伤,治疗就比较简单,它的毒不破坏肌肉,只破坏神经,患者今天来治疗,明天就可以走。至于烙铁头蛇,它的毒什么都不破坏,就是肿、疼,最长治疗一礼拜就可以了。但如果长时间不治疗,伤口也会溃烂。

有的人被五步蛇咬伤后,七窍出血,看起来很吓人,但在我们看来没有那么严重,我们自有办法。有的患者会把毒蛇打死拿过来给我们看,怕我们不知道,其实没有必要。我们只要看伤口的形状、肿胀程度,摸一下温度,凭经验就可以知道是什么蛇咬的,咬了多长时间。而且五步蛇咬完，周围会起水泡……当然，我们治蛇毒也只有百分之八十的把握，不可能每个人都能治好。

过去有人种地，也有人抓蛇，现在基本不种地了，年轻人也都出去了。所以不是说蛇少了，而是被蛇咬的概率大大降低了。[①]

如今，雷家生诊所拓宽了治疗范围，除了治蛇毒之外，还治疗皮肤病、肠胃炎、风湿、疱疹、跌打损伤、骨质增生等疾病。

（本章由王航撰写）

① 访谈时间：2020年8月5日。

第十三章　塔泥村

塔泥村位于农车镇东北方向，距离县城约35公里，距离农车镇约15公里，村域面积12平方公里，辖9个村民小组，村民皆为土家族。村寨整体风貌保存完好，房屋分布集中成片，建筑多为传统木质结构，依山就势而建，沿等高线在河滩平地逐级横向排开。村寨中保留少量古建筑遗迹，地基上的阶檐、石级、屋场清晰可见，还有土家族冲天楼、转角楼和四排三间传统建筑，飞檐翘角，历经沧桑仍保存完好。塔泥村的传统民歌类型丰富，其中山歌、小调、孝歌尤为特色。2019年6月，塔泥村被列入第五批中国传统村落名录。

一、村落概况

（一）地理生态环境

塔泥村山溪 （吴海平 摄）

塔泥村位于农车镇区东北方向，距离县城约35公里，距离农车镇区约15公里，村域面积12平方公里。塔泥村所在的农车镇地处武陵山腹地，地势北高南低。村落地貌形态为山地中的中低山地貌，少量河谷平地，河道较窄，多为溪流沟涧，在山坳开敞地局部展宽。村域海拔400～560米，相对高差约160米。塔泥村是坐落在大山中的村寨，主要山峰有明镜界、印家界、阳雀界、天门山、马岭界等，平均海拔410米。属于亚热带季风气候区，四季分明，气候凉爽宜人，雨水充沛。年均降雨量1545毫米左右。境内有汝池河、猛必河、几车河等水系。年平均气温16.4℃，极度最高气温40℃，极度最低气温−7.2℃。无霜期年平均为270天，最长达299天。适宜的气温，充沛的雨水，为动植物的生长提供了良好的条件。因全年气温垂直差异明显，适宜各种乔木、草本、灌木生长，多种野生植物在境内均有分布，林业资源丰富，林以松为主，森林覆盖率达到90％以上。

（二）村落历史

塔泥村形成于明末清初。最早迁入塔泥湖沟的覃岩宝因躲避战乱，从湖南沅陵郡迁入荒无人烟的一条封闭小沟。覃岩宝带领族人在入沟之处建造了一处泥土塔，寓意烦恼消除、寿命长远、所愿成真、利益速积而获得圆满，便以此命名此地为塔泥湖沟。覃岩宝在塔泥湖沟站住脚跟后，他的远房亲戚李氏和高氏先后迁入塔泥湖沟，村落逐渐发展壮大。以后又有王氏、张氏迁入。由于覃氏中途败落，后代子孙一直未发展壮大，李氏、高氏、王氏、张氏逐渐成为塔泥四大姓氏。新中国成立后塔泥湖沟设公社，为方便百姓买卖，设有圩场，有老场沟一说。

塔泥村东面是天下闻名的盐井河，与永顺县的盐井乡隔河相望，发源于武陵山中部八大公山的汝池河自西往东环绕整个村寨，从印家界流下的小河在此与汝池河相会后流入猛洞河。塔泥村东侧与永顺县接壤，地处云贵高原东侧与鄂西山地交界处，武陵山脉中段，境内重峦叠嶂，溪谷纵横。九个自然村寨各居一处，背靠省级自然保护区——印家界。塔泥湖的先人们在村落选址上，充分考虑了建房的地势地貌、水流风向，清一色土家木构建筑，彰显土家特色。塔泥村村寨在山峦之间的河谷地带依山就势而建，三面群山环抱，中间是一个“T”字形平地。“塔泥”又称“塔泥湖”，是土家语“塔捏湖”的演变，“泥”是“捏”的音变，土家语“塔捏”指“后面”“后头”，“湖”是“谷地”，“塔捏湖”是“后面的谷地”。

塔泥清代属辰溪里，民国时属下辰乡。塔泥村自解放以来至1956年，为塔泥乡驻地，1950年属第二区，1952年属第十二区，下辖塔泥、汝池、舍竹三个小乡。1955年属东辅区。1956年撤区并乡设塔泥乡。1956年至1957年，为塔泥初级社。1957年至1958年，为塔泥高级社。1958年属红岩公社，1958年至1959年为塔泥人民公社塔泥大队。1961年从红岩公社分出成立塔泥公社，1984年更名为塔泥乡。1990年，名称正式改为塔泥村。2015年区划调整，塔泥乡、农车乡成建制合并设立农车镇，之后塔泥村隶属农车镇管辖。

（三）村落人口

塔泥村有上千人口，村落由9个自然村寨组成，主要姓氏有李氏、高氏、王氏、张氏这四大姓氏，多为集族而居。村内将近40%的青壮年劳动力外出务工，集中在江浙、长沙、吉首等地。据2020年当地派出所普查，全村辖9个村民小组，现共有人口1239人，大多数为土家族。

（四）物产与特色产业

村内产业以种植业、养殖业为主。塔泥村有耕地780亩，出产丰富、独特、绿色的原生态农产品，主要农作物为水稻、玉米、油茶、烤烟、百合、红薯、马铃薯，其中水稻田40亩、玉米100亩、油茶300亩、药材100亩、红薯和马铃薯100亩。养殖业以湘西黑猪、牛、山羊为主，但规模较小。

塔泥村经济作物主要有油茶、马铃薯。村内建立了经济合作社，将油茶和红薯粉加工生产，远销外地，为村民带来丰厚的利润。

（五）经济社会发展状况

塔泥村地处武陵山区腹地，由于通村路2017年才硬化，第二产业基本缺失。2019年村民人均年收入约5000元，村集体年收入约2万元。

公共管理设施：村庄综合服务平台位于六组，用地面积约1500平方米，并结合村委会设置了卫生室、警卫室、文化活动室、文化广场等设施。

教育机构：塔泥村村内无小学和幼儿园等教育设施，村中学龄儿童由家长接送至盐井乡或汝池社区就读。

医疗卫生机构：村庄综合服务平台处设置一处卫生室，有1个床位，面积约80平方米。

商业服务设施：塔泥村村内有两家小卖部。

二、文化遗产

（一）物质文化遗产

1. 塔泥转角楼

转角楼是塔泥村人的特色民居，是土家人长期以来与大自然抗争选择的传统建筑之一。转角楼有“钥匙头”“撮箕口”两种形式，钥匙头较多。钥匙头转角楼由正房加左或右厢房构成，厢房一般为三层。撮箕口转角楼，就是在正屋左右两边建厢房，左边厢房一般为两层，右边厢房一般为三层。两层式厢房一般是三柱四棋、三柱五棋，一般连二间，一层外间为厨房，餐厅、里间为食物存储间；二层由瓦面与一楼楼顶构成。三层式厢房一般为三柱三棋、三柱四棋、三柱五棋。底层一般作猪圈、牛栏、仓库、碓磨房。二层为客房、闺房。二楼内侧、前侧配上走廊，上有栏杆，走廊为观景、休闲、绣花的回廊。外侧、内侧配悬空圆柱支撑走廊。三层由瓦面与二楼楼顶构成。

塔泥村土家吊脚楼内部结构（吴海平　摄）

余小龙古宅。建于中华人民共和国成立初期，建筑坐北朝南。建筑主体层数为二层，四排三间，五柱四棋。主体建筑一侧有吊脚楼，悬山穿斗式木结构，立柱为柏木，穿拉枋为

余小龙古宅（吴海平　摄）

松木，小青瓦屋面，花格窗，司檐悬空，飞檐翘角，木栏扶手，万字窗格，台阶用青石垒砌。吊脚楼有吊瓜作为装饰，四面均有万字花格扶手。底层架空，用于堆砌木柴。建筑依山顺势，建在汝池河边，古色古香，为土家族特有的精美建筑。

四排三间的传统建筑是塔泥民居的主流，中间为正屋，两边为厢房，或者左配楼子右配厢房。建筑规格上有三柱四棋、五柱六棋、五柱八棋不等。

高长兴古宅。建于中华人民共和国成立初期。房屋为一字形布局，房屋前侧有古石墙。建筑为三柱四棋，五排四间，窗花精美。内部功能空间主要为堂屋和火坑屋，堂屋是最重要的精神信仰空间，占据整栋楼房的正中间。整栋楼房都共用一间堂屋，祭祖、祭神、男婚女嫁的礼仪，都在堂屋举行。火坑屋是山民做饭用餐、冬寒取暖、休闲聊天的场所。

高作祥古宅。建筑整体保存完好，为三开间，左侧为辅房，一层木构建筑，围合墙面为木质材料，是传统土家族民居，风貌保存尚好，具有一定科学研究价值。

2. 塔泥古迹

（1）古官道

塔泥村有从龙山县到永顺县、桑植县的古官道。古官道多为青石铺成，现可见部分遗迹。当时为便于通行，塔泥人用古青石板从山脚一直铺到山顶，使险道变坦途。古官道反映了当时劳动人民不畏艰辛、吃苦耐劳的精神。

塔泥村古战壕及古道（吴海平　摄）

（2）古战壕

塔泥村有一处为抗击土匪而建的战壕，位于汝池河河谷山脚，利用一处天然山洞修建，反应了当时塔泥人民的勇敢与智慧。现战壕已损毁。

(3) 古庙遗址

塔泥老场沟前原有一古庙,毁于兵火。塔泥王家寨有一古庙幸存,解放后成了学校。经过数十年多次改、扩建,只留下条石等遗迹。

(4) 古桥

古官道上有2座古桥。其中一座为寿世桥,全部用大的石块垒砌,长40米,宽12米,呈圆拱形,结构稳定,至今保存完好。另一座为官道跨溪石拱桥,名长久桥。古桥反映了当时建造工艺的精湛以及村民在建村过程中与自然和谐共处的智慧。

(5) 古河道

汝池河古河道位于村落东南侧,河上架设有几座拱桥,是当时永龙官道的必经路线,古河道与古官道相辅相成。主要村寨都沿河谷建设,两条山间小涧沿南北侧山体汇入汝池河,溪流宽约2米。

3. 特色建筑——塔泥冲天楼

塔泥村有土家传统建筑百余栋,包括土家冲天楼、转角楼和四排三间的传统建筑。最具特色的是李自银冲天楼,该楼修建于清康熙年间,到如今已传了15代,有300多年的历史,是土家建筑工艺的“活化石”。冲天楼整体保存完好,一层木构建筑,层高极高,约10米。按前堂后厅的规制建造。前屋为堂屋,五柱八棋;后屋为厅堂,四柱八棋。正屋后为拖步,左右侧为偏刹。拖步与偏刹连接处为磨角,又叫龙眼。正屋左右配有转角楼。前堂后厅设有神龛,上供家先牌位。神龛上挂匾额。后厅天厅为冲天楼子。

塔泥村冲天楼(吴海平　摄)

（二）非物质文化遗产

1. 民间文学

（1）塔泥民间故事与传说

塔泥本地民间故事诙谐精练，且富有深刻寓意，在简短的故事背后隐藏着生活的智慧，对劝人向善和提升品质修养都有积极的意义。

侯先生

在塔泥村与永顺县交界处的河边有两只参天古树，学名钩栗，又叫猴栗树，其树为中药，树龄在500岁以上。河对岸的永顺县有一个人生了病，去医院检查无果，四处医治。有一天，一名七旬老者碰到他，帮他医治好了，那人问老者姓甚名谁，在何处居住。老者只道姓侯，在河对面住。病人康复后，前来寻人报答，问遍河两岸的居民，均未发现有侯姓人家。最后发现河对岸有古树名为猴栗，便认为是其化作老先生过河前去给自己治病，于是把礼物尽数祭拜给古树。

当时的勇气

过去村里有一位姓彭的老人，很有文化，最爱和侄儿们逗笑，他最爱上山打野鸡。一天半夜过后，他一个人进了深山，走到一棵两丈来高的树下，看见上面有个黑影在动。凭经验认出是野鸡，拿火枪瞄准黑影就是一枪，没将其打死。野鸡只断了一边翅膀，并靠另一边翅膀飞下了一丈高的岩檐。当时老人就急了，不顾一切就跳下岩檐，寻了半个湾，终于把野鸡寻着了。这时天已亮了，他把野鸡提回家中，对侄儿们讲当天打野鸡的过程。其中一个最年轻的侄儿问他道："安拜(就是叔老子，土家方言)，我们大家和你到现场去看你再跳一次，怎么样?"老人笑着说："你们年轻人知道什么？我是凭当时追野鸡的勇气跳。"

还赶不赶早

从前有个姓田的财主，家人都很勤劳，请了个长工，名张五，人很机灵，又讨人喜欢，早起晚睡，长年劳多休少，疲劳不堪。有一年二月中旬种荞子，主人大约三四点钟起床，对张五说："我们上前走了，你到猪栏后面搬灰筛篮，好筛灰。"张五起床后根据主人的交代搬个筛米的浪筛子，上了坡。走到隘口上天还未大亮，主人把张五搬来的筛篮一看，生气地说："你怎么搞的？筛篮都不认得。"张五回答主人说："你们催得急，天又未亮，我哪里看得到呀？我现在回去取。"主人说："快点啦！"张五说："好。"一个回转大约20里路。等张五第二次到达目的地时，太阳已经升得很高了，主人说："这个早白赶了。"张五心想："看你以后还赶不赶早？"

(2) 花鼓谜语

文王兵百万，孔明看端详，刘备坐在帐内看，不怕文猖狂。(长脚文)

上坡稀稀梭，下坡挠江河，孔明能捉他不捉，皇王奈不何。(风)

见曹气冲冲，孔明坐囚笼，时时只想见庞统，主公人不同。(猪)

竹小姐兵广，对着孙兵战，如果捆仙绳一断，众兵就逃亡。(刷把)

木摆天门阵，铁拐李耍流星，穿云而过雪将军，子牙兵回营。(旧式棉花出车)

(3) 花鼓字谜

千字不像千，八字排两旁，可惜一个美娇仙，嫁到鬼面前。(魏)

止字下面呆，一字一楼台，反手文字写得乖，衙门把名排。(政)

一人力不小，头戴两顶帽，他把月亮压倒了，立刀旁边瞧。(前)

提起用手摸，摸到妹戈哟，哥哥挨到和妹坐，长期好合作。(找)

西比东边多，东边一丘禾，鹅多鹅少一起坐，分开各是各。(移)[①]

---

① 民间谜语资料来源：丁道生著《孝道录传》，节选。

2. 传统音乐——塔泥民歌

塔泥村有一独具特色的演唱艺人丁道生。塔泥村有众多民间歌谣，如《三棒鼓》《孝歌》《土家山歌》，这些歌谣村民们虽口口相传，但都得益于丁道生，他对塔泥本地乃至周边曲艺人的传承产生了重要影响。

丁道生，于1939年出生在龙山县塔泥乡舍竹坪一个农民家庭，因家庭贫困，读完小学三年级，便终止学业，走入社会，自食其力。此后，因父母年高，兄弟幼小，为养家糊口从师学艺。在外做手艺期间，常以艺人身份演唱，特别在民间艺人彭继茂师傅的传授指导下，学习各种民间文艺。他对《三棒鼓》《孝歌》《土家山歌》等民间歌谣十分喜爱，也经常从事民间的演唱活动。从初学到现在，几十年来，他不断演唱，唱遍了武陵山区的山山岭岭、土寨苗乡，成为一个独具特色的演唱艺人，著有《孝道录传》一书。

(1) 苗族民歌

丁道生收录的苗歌、孝歌、三棒鼓等的歌词皆是注重韵脚，且部分无具体曲目、歌名，只以韵脚为名。

根心韵

九个子女一母生，贵贱不同命里分，升官发财都是命，做事不要坏良心。

八字不好莫灰心，自强自信要自尊，艰苦创业勤发奋，黄土也能变成金。

教儿成才靠儿听，养女娘要多操心，忠孝仁爱礼智信，行善积德孝双亲。

聪明有种富有根，此话可听可不听，家大富豪讲孝敬，为人不能起歹心。

堂前教子是古根，枕边教妻夫认真，盘儿养女是应分，敬老要有责任心。

一家老少不须争，内外谗言不能听，好坏自有人评论，自古家和万事兴。

老伴姓彭我姓丁，姑表兄妹结成婚，儿女女婿都孝敬，特别外孙和内孙。

两老同德又同心，艰苦勤奋几十春，上周下圆桥路正，全家深感党的恩。[①]

丁道生传承的塔泥本地民间传统音乐，除了特色鲜明的苗歌还有民间情歌小调，包括男女对唱与个人独唱。

(2) 情歌小调

双探妹(节选)

男唱：正那月，探小妹闹元宵，我观我小妹子生得多美貌，常在门口站合，妹子呀，把你看见了，知道不知道。

女唱：小妹妹，一听得，急忙开言道，尊一声情郎哥，细听奴根苗，小妹本知道，哥哥呀，爹妈管着了，怎敢往外跑。

男唱：二那月，探小妹龙抬头，我观我小妹子，坐在大门口，抬头看见我，妹子呀，板凳往内拖，为何不见我。

女唱：小妹子，一听见，急忙开言道，尊一声情郎哥，细听奴根苗，不是不见你哈，哥哥呀，你的朋友多，知道怕乱说。

男唱：三那月，探小妹是清明，我约我小妹子，二人去采青，采青是假意啥，妹子呀，试试你的心，知情不知情。

女唱：小妹子，一听见，急忙开言道，尊一声情郎哥呀，细听奴根苗，昨日得梦照哈，哥哥呀，抱着奴的腰，难舍又难抛。

(3) 民间小调

十二月子漂，劝人莫赌钱(节选)

正月 子漂是新年，奉劝我郎喂喂子哟，莫赌钱呀，奴的干哥，十

① 苗歌韵脚唱词资料来源：丁道生著《孝道录传》，节选。

个赌钱九个输，有劝我的郎，听听你小妹，哪个赌钱位维子哟，有好处呀？奴的干哥。

二月 子漂龙抬头，太公钓鱼喂喂子哟，直上钩呀，奴的干哥，万事宁可直中取，有劝我的郎，听听你小妹，曲中莫求喂喂子哟，要自尊呀，奴的干哥。

三月 子漂是清明，手挽手来喂喂子哟，恩爱恩呀，奴的干哥，二人义重情义深，有情我的郎，乖乖我的妹，不再赌钱喂喂子哟，重做人呀，奴的干哥。

四月 子漂插秧忙，不再嫖赌喂喂子哟，走正道呀，奴的干哥，从此嫖赌我不沾，有情我的妹，乖乖我的郎，夫唱妇随喂喂子哟，孝爹妈呀，奴的干哥。

五月 子漂是端阳，龙船下河喂喂子哟，闹长江呀，奴的干哥，两边坐的撑船手，有情我的郎，乖乖我的妹，中间坐的喂喂子哟，我的郎呀，奴的干哥。

六月 子漂三伏天，手挽手来喂喂子哟，去游山呀，奴的干哥，游山观景走四方，有情我的郎，看看我的妹，三伏天气喂喂子哟，熟难当呀，奴的干哥。①

3. 曲艺——塔泥花鼓

(1) 三棒鼓(花鼓)表演

三棒鼓又称花鼓，即三根木棒在手里轮流抛耍，再配以鼓词演唱。花鼓表演形式较堂鼓小一些，且击打节奏与堂鼓也不一样，按照花鼓的唱词来进行，四句一板。一个鼓也可打，一般分为两面鼓交替唱，两面锣有时配以抛刀的形式进行表演，红白喜事都可以表演，以娱乐与助兴为主。

(2) 花鼓词

花鼓词与山歌、小调、孝歌的歌词迥然相异，自成体系，没有过多的形式与韵脚，有自己的曲名。一板一句，一句4个短句共22个字，前两句与第四短句为5字短句，第三短句为7字短句，以白话为主，结合生活轶事随

① 民间情歌小调资料来源：丁道生著《孝道录传》。

机而唱。全文并无统一的韵脚,每一板的韵脚都可能不一致,但是唱起来朗朗上口,配以鼓锣的欢快,充满独特的魅力。

这首《白话乐》花鼓词的开篇把塔泥本地的花鼓起源,花鼓唱词讲究、格式、表达形式都一一介绍了出来:内容无含义,情节无主题,一共4句话,言词要优雅,上下内容莫分家,意思要通达,且极其考验唱者的个人记忆能力以及对韵脚和文字的把控能力。甚至于有些唱者经验丰富、记忆力超群,能连续唱上一天一夜。

白话乐(节选)

列位都请坐,打响鼓和锣,讲玩讲笑分莫过,慢慢开言说。
虽爱花鼓棍,初学花鼓文,白话和书都上劲,有错请批评。
白话无止境,书本有明文,四句唱词要押韵,语言要合情。
花鼓唱四句,内容要统一,为了押韵东扯西,一句一个题。
有的四句话,为了把韵押,相互内容勾不挂,仔细没检查。
四句话押韵,情由不分明,各是各的一本经,四句不同情。
内容无含义,情节无主题,下句不复上句意,句子搞独立。①

(3) 抛刀绝技

抛刀是三棒鼓这项传统艺术中最难练、最危险,也是最精彩的部分。抛刀的形式多种多样,不只限于刀,还包括斧子、梭形刀、小镰刀、菜刀等多种工具。现今,塔泥村有抛刀表演者肖二妹,打鼓左彭吉厚,打鼓右彭南云,打锣彭友根。

孝歌队抛刀表演(吴海平 摄)

打花鼓、唱花鼓词,配以抛刀的绝技表演,观众们为其叫好,在抛刀者面前扔下钱财。观众扔钱一是给演出者奖赏,二是考

① 花鼓唱词资料来源:彭吉厚,塔泥村人,塔泥孝歌队成员,主唱孝歌,辅唱花鼓。

验抛刀者的功力:在抛刀的过程中把钱捡起来。与此同时,因为花鼓词的开放性与即兴创作,演唱者也会在表演的过程中说观众的好话,使其投下钱财,用以助兴。抛刀的每个动作根据其难度和抛耍动作都有其特有的名字,如美女纺纱、美女梳头、古树盘根、懒婆娘簸米、姜太公钓鱼、老君打铁、仙女过梭、金鸡独立、苏秦背剑、黄龙缠腰等。

4. 民间美术

(1) 土家族转角楼建筑与家具雕刻

转角楼的窗、门、梁木、檐口、栏杆上多土家木雕,花式繁多。柱基石多为正方形,也有上圆鼓、下方正形的,凿有各种图案。阶沿石凿有图案。院坝内有的铺青石板。楼子悬空柱下端上部为鼓形木雕,称“木绣球”,下部削成五或七面,写或刻有精美图案。楼子外侧有两根旗柱,称“伞把柱”;穿挑木,称“伞把骨”,使得瓦面挑成飞檐翘角,整个转角楼轻盈飘逸。屋脊多用小青瓦组成多种几何造型,线条优美大方。

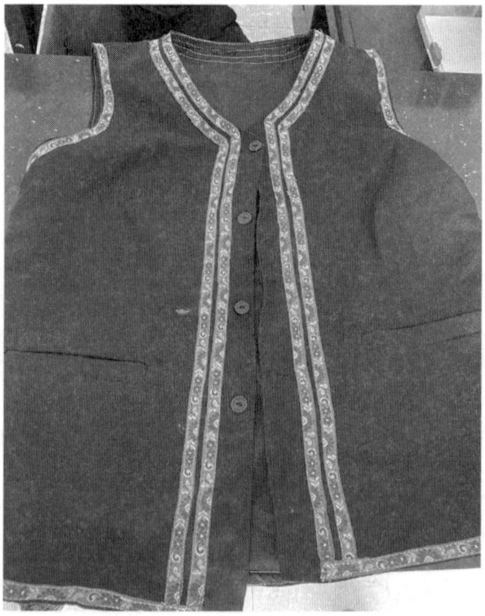

塔泥村孝歌队传统服饰(吴海平　摄)

(2) 塔泥土家族服饰

塔泥本地的土家服饰几乎已无人穿戴,土家技艺传承人每当演出时会穿戴龙山县文化局颁发的土家服饰,或去龙山县专门的土家服饰店购买。男上衣为对襟,女上衣为满襟,裤子无明显区别,颜色也无固定,在衣服四周脚边绣以花纹。

5. 传统技艺

(1) 竹编工艺

塔泥本地至今还有不少老人保留着自给自足的扎筲帚工艺,以高粱糜子、麻绳、竹篾为原材料,通过干晒、捆扎,最后修整成筲帚,制作一把筲帚大概需要七个小时。

(2) 建筑技艺

土家吊脚楼,取材于塔泥本地遍及山间的杉树,并无地基,以石础为基,冬暖夏凉。土家吊脚楼依山而建,有时坐东朝西,有时坐西朝东。现今,因为木匠的传承与材料、经费问题,多数村民不再修建吊脚楼,据村民介绍,修建吊脚楼的花费大概是建楼房的两倍。

6. 民俗

土家族结婚仪式繁杂,在相亲、拦门酒、迎新娘、请喜、求高亲、堵(挡或断)煞、新郎新娘三拜九叩首喊礼等环节中礼官扮演着重要的角色。礼官有的唱,有的聊,有的喊,尽量做到有礼有节。男女双方都有礼官,两位礼官一般是一问一答,但是礼官对答环节的内容则是插科打诨,风马牛不相及。礼官的说唱之词基本以祝福为主,为讨彩头,包含很多典故与序数词,听起来节奏感和厚重感十足。如这首《结婚搬帐子》唱得是喜气十足,让东家听得喜笑盈盈。

结婚搬帐子①

远看雾雾尘尘,近看是帅府衙门,屋塾高万丈,提笔点翰林。忙忙走,走忙忙,不觉来在府门前,站在檐前打一望,对联贴得亮堂堂。举目抬头回下观,新婚对联贴门前,上联左边写的双手推开窗前月,右边写的一石投破井中天。又一联东南志同成佳偶,秦晋道合结良缘。

喜盈盈,笑盈盈,上了台阶进门庭,红罗帐子进大门,禀告主东帮忙人,快把礼信呈一呈(红包未到手不往前走继续讲,随机应变向主东讨喜钱)。(送了红包给主东封尊)送快发得快,荣华富贵万万代,家发金银千千万,人发子孙几大寨。

红罗帐子进喜堂,举目抬头看端详,鸾凤和鸣四个字,闪闪发亮映华堂。恭贺新郎天长地久,贺喜新娘地久天长,早生贵子当爹当娘,一胎生两个,两胎生两双,胎胎生龙凤,个个考状元。

① 结婚礼词资料来源:丁道生著《孝道录传》。

富贵华堂，四直方，楠木桌子摆中央，金杯玉盏若干个，金银筷子若干双，坐上客堂满，杯中酒不干。

不才信步往前行，红罗帐子进二门，有请各位帮忙人，帐子进门要礼信(和进大门一样)。送得快发得多，儿孙满堂坐朝歌，养女成凤凰，养儿超帅哥，儿女都有用，个个考大学。

喜洋洋，闹洋洋，红罗帐子进洞房，帮忙大姐听我讲，我问主东要喜钱。你也忙来，我也忙，我把帐子要交还，帐子交给帮忙人，我跟主东要封尊，红罗帐鸳鸯枕，龙凤牙床配新人，白头偕老五世齐昌。

7. 孝歌

土家族有“父母死，击鼓踏歌”，“亲属饮宴舞戏，鼙鼓以道哀”的古老民俗。清嘉庆《龙山县志》卷七“风俗”记载：“俗初丧举家散发披麻，族里亲疏毕集，曰坐夜；鸣钲击鼓，歌咏达旦，曰闹丧。”这种鼙鼓悼哀的歌谣，流传至今的有《跳丧歌》和《丧堂孝歌》两种。《跳丧歌》是一种吊唁式挽歌，其歌古老粗犷，音乐原始，多以单一的三声腔行腔而歌，其“起堂”时唱的《开天辟地》歌显然受汉文化影响，如“开天，天有八面；开地，地有四方；乐土在下，祖先在上。爵主开疆辟土，吾辈守土安邦。勤于稼穑，精其农桑，睦邻而善处，家和乃族旺。根深叶则茂，源远而流长”。《丧堂孝歌》分坐堂鼓、行堂歌两种，有单唱、联唱、对唱等形式，歌手自唱自打鼓，不绕棺，不做动作，歌词内容以劝人行孝为主，如《十月怀胎》《二十四孝》《劝世文》等。尤其在“点孝”时根据亡人生前事迹即兴编唱的“点孝歌”，具体到亡人的儿子、媳妇、女儿、女婿及外甥、孙辈等，贴人贴事、入情入理、委婉揪心、催人泪下。

土家族以歌舞治丧的古老民俗使《丧歌》得以继承发展，尽管受汉文化的影响带有一些儒家文化色彩，但从中表现出来的那种重生歌死的生命意识和不悲不喜的人生态度，仍是土家人的秉性所在。

(1) 孝歌起源

孝歌有4个称呼：孝歌、桶子鼓、坐堂鼓、夜歌。叫夜歌是因为白天不唱,晚上才唱。劝孝家,谈亡者生平,教育后人尊敬长辈孝顺父母,搞好整个家族团结,为人多做好事,行善积德。一般演唱者都围绕这个中心去咏唱。

相传隋唐时期佛教还未传入中国,唐王李世民死了母亲,当时道教的道士,做了七七四十九天的道场,老母的灵魂仍然不能升天,仍在家中,梦扰子孙,唐王十分无奈。时有朝廷重臣见此情景于心不忍,于是上奏朝廷重做丧事,唐王立即准奏,四外悬方挂榜招尽天下歌郎。

> 首先来了白氏兄弟,白文龙、白文虎、白文豹三郎。且看他们怎生打扮:头戴金魁乌纱帽,身穿乌纱紫龙袍,脚穿药皮朝靴一双,手拿象牙鼓槌一对,怀抱象皮鼓儿一个,前打三槌响鼓,鸡也乱叫,后打三槌响鼓,狗也乱狂。这样的歌郎,算不得歌郎。三杯黄茶、两杯清酒送出歌场,罚他做场街市上卖柴的儿郎。
>
> 尔后又来了田正、田广、田宝三郎,及其歌爷歌娘。请看他们怎生打扮:头戴白布孝帕一根,身穿白布孝衫一件,腰系麻纯草索一根,脚穿竹麻草鞋一双,怀抱牛皮鼓儿一个,手拿枸木鼓槌一对,前打三槌丧鼓,鸡也不敢乱叫,后打三槌丧鼓,狗也不敢乱狂。这样的歌郎才算得歌郎。三杯敬茶、两杯玉酒请进歌场,歌郎到此大吉大祥。(唱孝歌之时,此段也会纳入其中,作为引子开场)

(2) 结尾送亡(王)

先点明时间时刻,如"笼中金鸡把翅展,它要开口迎太阳,不久时刻天要亮,引魂童儿催动亡(王)"。

唱歌人请亡人起床,梳妆打扮辞别一切要起程上路。

生离死别,永别了阳间的一切,十分难舍难分,必须告别,一一都要交代接管,向家中一切旧物旧人作告别。唱歌人代表亡者唱出离别之情,先从房中箱箱柜柜、衣物细软、铺笼帐盒分别讲起。

从房内到火炉房,辞别家人儿女,侄子回来再到厨房、中堂、祖先堂,辞别祖先,辞别一切,等等。

辞别大门,把门将军,辞别屋檐童子,辞别猪槛牛栏,封尊六畜兴旺。

安五方五位。

到土地堂讨过关文凭。

借送所有宝件。(如孙悟空的金箍棒、观音菩萨的袈裟)

送亡者上路:①经过望乡台;②半山坡茅棚唱迷魂汤;③过四大名山;④过奈花河过奈河桥;⑤过狂犬村;⑥过网丝城(忘事城)。

游十殿,一殿秦广王、二殿楚江王、三殿宋帝王、四殿五官王、五殿阎罗王、六殿汴城王、七殿泰山王、八殿平等王、九殿都市王、十殿转轮王,到阴阳岭分阴阳。

回到东家封尊东家而结束。

(3) 掌堂师起歌头

讲白:打扫堂前,地炉内装宝香。列位都请坐,听我舀学开个歌场,开个短的一夜不得天光,开个长的又怕耽误得众位歌郎,开个不长不短共同来陪老亡(王)。

亡者何日病,何时倒床,何日得病,何时倒床,满门孝官措开笼,打开箱,取出银钱有若干,上街找药师,下街找药郎,上街请来张药师,下街请来李药郎,两拉医师一齐到。急急忙忙开药方,凉药热药开齐全。抓来凉药好几服,又抓热药好几双,铜罐煨来,铁罐煎,熬好汤药送床前,凉药吃了不退热,热药吃了不退凉,良医良药都用到。大寿已到,医治无效,亡者一命呜呼上了天堂。亡者死了三五一期无人打鼓闹丧。罗义秀才云游打马到此,见状不忍悬方挂板召聚天下歌郎。

第一批来了白文龙、白文虎、白文豹弟兄三郎。头戴乌纱帽,身穿紫龙袍,脚穿朝靴一双,杯包象皮鼓儿一个,手拿象牙鼓棒一对,前打三槌哀鼓,鸡也乱叫,后打三槌哀鼓,犬也乱狂,这样的歌郎算不得歌郎,三杯黄茶、两杯清酒送出歌坊,罚他做坊街市上卖柴的儿郎。

第二批请来了田正、田广、田宝兄弟三郎,以及歌爷歌娘。头戴白布孝帕一根，身穿麻布孝衫一件，脚踏竹麻草鞋一双，怀抱牛皮鼓儿一个，手拿枸木鼓槌一双，前打三槌哀鼓，鸡也不敢乱叫，后打三槌哀鼓，犬也不敢乱狂。这样的歌郎才算歌郎，三杯贡茶、六杯玉酒请进歌坊。哪位歌郎先唱？（同伴歌郎齐答）自打自唱，好久未唱。（诸位齐答）唱试看看。①

(4) 孝歌歌词

孝歌歌词包罗万象，有历史，有评书，有生活故事，介绍人的生平事迹，又劝人行善向孝，歌词中点缀着人生的哲理。因其独特的唱腔和朗朗上口的韵脚，配以鼓锣乐器演奏，庄严肃穆，而又发人深思。孝歌的歌名并不固定，有时直接以其演奏程序为名，有时直接以故事梗概为名，通俗易懂。

起鼓打五方(节选)

一锤鼓来打东方，惊动东方木字旁，人生莫把木作践，百年过后木内眠。

东方青帝把位让，我到东方要安亡，或者你把蓝天上，或者四海去游玩。

二锤鼓来打南方，惊动南方火字旁，人生莫把火作践，殁后焚香化纸钱。

南方赤帝把位让，我到南方要安亡，有请你把南山上，游山观景看端详。

三锤鼓来打西方，惊动西方金字旁，人生莫把金作践，殁后要金口内含。

西方北帝把位让，我到西方要安亡，若有得罪请原谅，送亡之后再登堂。

四锤鼓来打北方，惊动北方水字旁，人生莫把水作践，死后要水抹胸膛。

---

① 访谈对象：彭吉厚，塔泥村人，塔泥孝歌队成员，主唱孝歌，辅唱花鼓。

北方黑帝把位让，我到北方要安亡，不看君面看佛面，恩深义重情也长。

五锤鼓来打中央，惊动中央土字旁，人生莫把土作践，灵棺要在土内藏。

中央皇帝把位让，我到中央要安亡，五方大帝对亡看，功果圆满定还原。[①]

(5) 孝歌韵脚

唱孝歌不像唱花鼓十三个半韵全用上，一般常用的只有五六个，如上黄、令人、爱才、貌桃、会陪、动同。其他窄韵很少唱，上黄韵唱得特别多，因为韵字最多，水平低一点的歌者也能唱。窄韵脚，对老手来说都是一种考验，所以窄韵唱得少。词的分类也有几种，七字韵、四六词（十字韵）、五赶四，还有一种叫浪淘沙。但浪淘沙词特别难唱，咬文嚼字，叙事不清，听众多数听不懂，所以这种词没有人唱了。现将这几个韵脚示范几板（节选）：

劝孝（上黄七字韵）

尊敬孝官快陇站，弟兄姊妹到灵前。
张开各位黄凤贯，细听愚下吹打弹。
今晚度亡是大战，兢兢业业陪老亡（王）。
六亲三党都陇站，还有内族与边坊。
唱歌中心把亡唱，一劝孝官二谈亡（王）。
都陪老亡来悼念，想和各位聊家常。
为人来在世界上，各自有爹又有娘。
堂屋椅子轮流转，子女成家当爹娘。
从古至今都一样，世世代代往下传。
修仓积粮防涝旱，养儿防老度往年。[②]

① 访谈对象：彭吉厚，塔泥村人，塔泥孝歌队成员，主唱孝歌，辅唱花鼓。
② 孝歌韵脚唱词资料来源：丁道生著《孝道录传》。

孝歌的词，因地而变，因时而变，即兴而作，但是其讲究韵脚，与方言相融形成独特的艺术形式。除以上几种韵脚与七字等形式外，还有十字词，如《十字韵》《五赶四》《方言多》《七字词》等，基本围绕“孝”展开。具体歌词见附录孝歌歌词。

三、自然资源

（一）龙山印家界

村域范围内有“龙山印家界省级自然保护区”。自然保护区南北长15.4公里，东西宽12.1公里，总面积73.8平方公里，距龙山县城66公里。2005年9月被湖南省人民政府列为省级自然保护区。自然保护区地势东北高，西南低，呈三级阶梯自西北向东南递降，内有雷打岩、黄金台、飞虎塘等景点。这里有从龙山县到永顺县、桑植县的古官道，古官道多用青石铺成，现可见部分遗迹。村中有一川洞，洞境庞大，上下三层，有奇山怪石，景色迷人。

塔泥村古树（吴海平　摄）

（二）动植物资源

因村内自然环境保护得很好，村庄被划入了印家界自然保护区。村庄内69棵百年以上的古树，古树树龄在100～600年不等，主要为钩栗、黄梨木、光叶榉等，枝干繁茂，具有美化村落的作用，同时也是古老村落的象征。

附　录

(一) 苗家民歌

以韵脚为名,常无具体名字,有时以主题内容命名,和现实生活紧密结合。

话老年

人到老来百病生,腰痛腿酸脑壳晕,拖儿盘女苦得病,都要报答养育恩。

人在世间度光阴,稻草捆秧会尽心,提篮提笋累得病,劳苦奔波乾与坤。

耕读为本教儿经,有的偏偏话不听,父母为官受人敬,养儿变了犟着瘟。

娘不亲来爷不亲,婆娘老公一条心,幺子孝敬不孝敬,根本未讲养育恩。

爹妈盘儿又引孙,儿媳回头思双亲,父母老了该孝敬,才有好的后代根。

嗣裔传承后代根,将心比心摸良心,三病两痛常照应,住院打针看医生。

张公九代家未分,孝善美德传到今,老子孝敬儿孝敬,孙而子来子而孙。

做儿做媳想自身,莫对翁姑起歪心,若有三代不孝顺,能否保住后代根。

屋檐水滴现坑坑,上慈下孝要认真,孝与不孝有报应,忤逆儿子忤逆孙。

言传身教树佳声,家教能够把家兴,宽恕饶人守本分,做事莫起坏良心。

慧眼识才断假真，五阴六阳要分清，教育后代莫忘本，子孝妻贤扬名声。

人要自信和自尊，正直为人讲良心，贵在有志勤发奋，战胜困难挖穷根。

一娘九子九条心，为分祖业闹纠纷，照养父母相互腾，好的东西大家争。

弟兄姊妹一条心，大不争来小不争，和睦相处不憋劲，家也发来人也兴。

为人做事讲认真，团结友善情义深，媳贤子孝好人品，娘开心来爷开心。

有的后代话不听，大人操得空头心，做事油盐都不进，并且反眼看母亲。

人一世来草一春，何必要把高低分，养老护幼是责任，诚心报答父母亲。

不论城市或农村，和睦相处过一生，尊重仁义礼智信，开开心心度光阴。

谈现实(天仙韵)

有的公婆好乐观，儿女媳婿孙一般，衣食享用是高档，海陆空游走四方。

有的公婆难得当，儿媳在外未到边，留守儿童要照管，三病两痛泪不干。

虽然未愁吃和穿，都靠自己办三餐，若得重病怎么办，谁送茶饭与药汤。

年轻得子好喜欢，哪怕设计与编宽，劳累奔波各情愿，大人一天儿一天。

不论贫富一块天，命运八字不一般，家大富豪客未断，穷在大路无人张。

不另李四和张三，这种现象比较宽，父母在世不游远，难过金钱这一关。

湘鄂川黔回省边，打工沿海去上班，若不抓钱要挨饭，家事父母逼担当。

留守儿童万万千，想爹想妈眼望穿，公孙相依作陪伴，自想自解度时光。

孝顺二字内心装，二十四孝不硬搬，媳妇不孝儿欠炭，多数难过婆娘关。

盘儿周媳非一天，聚谷提防闹饥荒，养儿防老靠儿养，老了不张不应当。

愚贤贫富在人间，自古百善孝为先，人人都是父母养，孝顺儿媳感动天。

(二) 情歌小调

十二月子漂，劝人莫赌钱

七月 子漂荷花开，十朵荷花喂喂子哟，朵朵乖呀，奴的干哥，摘朵荷花给妹戴，有情我的郎，看看我的妹，相亲相爱喂喂子哟，结同谐呀，奴的干哥。

八月 子漂是中秋，十个赌钱喂喂子哟，九个偷呀奴的干哥，路走错了早回头，有劝我的郎，看看你的妹，浪子回头喂喂子哟，金不换呀，奴的干哥。

九月 子漂是重阳，好汉做事喂喂子哟，好汉当呀，奴的干哥，有错能改我喜欢，有情我的郎，想想你的妹，回头是岸喂喂子哟，人称赞呀，奴的干哥。

十月 子漂小阳春，我郎出门喂喂子哟，要小心呀，奴的干哥，保佑出入都平安，有情我的郎，时时记在心，在家日好喂喂子哟，出门难呀，奴的干哥。

冬月 子漂是大雪，父母年老喂喂子哟，冷不得呀，奴的干哥，棉衣棉裤都要办，有情我的郎，贤德的小妹，儿孝不如喂喂子哟，媳妇孝呀，奴的干哥。

（三）花鼓词

此首《六甲纳音》，用白话将天干地支和金木水火土五行衔接在一起，并结合时间，以六十甲子配纳音，有其独特的流程和规则。

六甲纳音

老少且安静，多数都知情，六十甲子配纳音，运行有流程。
各有各本领，文人和盲人，用它来给人算命，能分富与贫。
五行的原则，制化和生克，刑冲克害要懂得，算命才合格。
全部配纳音，六甲分六句，从头唱给老少听，有错请批评。
各位老中青，包括干与群，甲子乙丑海中金，慢慢讲下文。
观众都请坐，好好听明确，丙寅丁卯炉中火，纳音各是各。
共同玩花鼓，佳态和师傅，戊辰己巳大林木，火享现成福。
告诉众朋友，语词唱情由，庚午辛未路旁土，克水不用愁。
老少且稍停，唱完第一句，壬申癸酉剑锋金，克木有可能。
再唱第二个，闲话不多说，甲戌乙亥山头火，火势比较弱。
纳音要硬背，大家听众唯，丙子丁丑洞下水，克火实难为。
干支配一路，各位听从头，戊寅己卯城头土，捧土把墙筑。
我来唱纳音，用心听分明，庚辰辛巳白蜡金，克木不可能。
纳音这本书，语词未记熟，壬午癸未阳柳木，少要水照顾。
第二唱扫尾，又唱第三回，甲申乙酉泉中水，水生木有为。
各位好朋友，仔细听从头，丙戌丁亥屋上土，生金有源由。
观众内行多，我也不啰唆，戊子己丑霹雷火，克金不算恶。
纳音都有数，程序莫含糊，庚寅辛卯松柏木，木把火照顾。
不懂不要吹，双耳听从维，壬辰癸巳长流水，水生木就肥。
三句唱对劲，来把第四论，甲午乙未沙中金，金水一家人。
讲么就讲么，莫把别的说，丙申丁酉山下火，火望金受磨。

一步靠一步，老少听明目，戊戌己亥平地木，火得木享福。
一首接一首，程序讲原由，庚子辛丑壁上土，土要把火求。
相克和相生，也是有因情，壬寅癸卯金箔金，金土要平衡。
四句唱扫脚，再唱第五个，甲辰乙巳佛灯火，此火比较弱。
五行都排类，侧耳听从唯，丙午丁未天河水，克火回吧回。
命运的乘丑，八字的来由，戊申己酉大驿土，生金起高楼。
多数人知音，大家对五行，庚戌辛亥钗钏金，土金不平衡。
五句以扫尾，又唱第六回，甲寅乙卯大溪水，土难解火危。
五句讲得有，生克象对头，丙辰丁巳沙中土，长期可保留。
六甲纳音歌，好多都会说，戊午己未天上火，生克各是各。
八字叫四柱，是部科技书，庚申辛酉石榴木，火难得享福。
六句唱扫尾，高人贵相陪，壬戌癸亥大海水，土木难解危。
六甲的内容，细节重上重，多数内容我不懂，是块假白铜。

重重词（节选）

坑坑坎坎路，弯弯拐拐沟，上上下下不好走，慢慢达达游。
将将就就办，里里外外忙，左左右右去观看，人人个个昂。
高高低低坎，大大小小山，长长短短树成片，片片块块连。
红红绿绿灯，村村庄庄人，男男女女度新春，锣锣鼓鼓鸣。
山山水水美，雀雀鸟鸟飞，老老少少迎新岁，团团圆圆围。
老老少少欢，家家户户忙，村村庄庄鞭炮放，快快乐乐年。
爷爷奶奶老，弟弟妹妹瞧，爸爸妈妈把钱找，日日夜夜劳。
勾勾和打打，皮皮与踏踏，拉拉扯扯不像话，嘀嘀和嗒嗒。

（四）结婚礼词

五赐五送贺新

一赐鸳鸯配凤凰。双凤朝阳，有梁鸿与孟光，全家福禄官，状元子转家乡，全家安康。二赐摇钱树一根，又赐聚宝瓶，早落金，晚落银，富贵相称若遇闹饥荒，开仓救万民。三赐天长地久人三昌，指去东南，汉阳扫铜台，孔阳登台去拜帅，老者安少则怀，父子进锦阶。四赐四杆龙凤旗，机杆齐立，发富文人配娇妻，恭喜你，贺喜你，今日添财又添喜。五赐五子登科早，一品当朝随太君去侍朝，身赐满袍，把各标，快乐逍遥，子孙多，读书饱，代代儿孙做官高，为民效劳。

一送文官包丞相，二送武官杨六郎，三送三元早中，四送早下科场，五送五男二女七姊妹团圆，恭贺主东家发人兴，源远流长。

（五）孝歌歌词——丰富多姿的韵脚

十字韵（令人韵）

自盘古，天地分，乾坤已定；有万物，有山川，然后有人。
有君臣，有百姓，乡村城镇；有五谷，有蔬菜，走兽飞禽。
有六亲，和三党，五名杂姓；农工商，兵学政，社会组成。
人与人，相互间，沟通诚信；周公他，制礼义，人间亲情。
君与臣，父与子，忠孝论定；臣敬忠，子敬孝，遵照执行。
为人子，孝父母，责任应敬；羊跪乳，鸦反哺，何况是人。

五赶四（爱才韵）

人生天地间，有恨有爱；官吏和百姓，量体衣裁。
官对老百姓，当子看待；相互常沟通，才有情怀。
父母教儿女，平等对待；父爱和母爱，内心而来。
人生富与贵，命上所代；千万不能爱，不利之财。
家教训儿女，不能教坏；家风规要严，不能乱来。
别人发横财，千万莫爱；努力勤发奋，常记心怀。
人要心术正，莫骗莫害；为人走正道，才有舞台。
人都不容易，来在世界；诈骗和拐抢，处罚要挨。
国法和家教，叮咛告诫；人人做一个，有用之才。
子女对父母，真心敬爱；反眼看双亲，家法制裁。

自己盘儿女，也不例外；父母不孝敬，生从何来。
换位去思考，细想实在；养育恩莫忘，十月娘怀。
姑嫂全知道，祸福利害；将心比良心，也把儿怀。
村村和寨寨，内内外外；家家与户户，继往开来。
人不讲道德，父母不爱；不孝又不仁，难把名排。
见财起歹意，若把心歪；良心无半点，后人不来。
示范唱几板，诸莫见怪；少读圣贤书，愚下无才。

方言多（五赶四，会陪韵）

人生在世上，和气为贵；是官或是民，不可非为。
积德与善美，良心无味；修桥和补路，千古名垂。
锦上去添花，做法不对；雪中去送炭，多送几回。
忠孝两个字，内心无愧；真正能做到，确是难为。
孝敬父和母，努力加倍；双亲年岁高，常把伴陪。
四肢若无力，洗澡抹背；衣被勤洗换，不能腾谁。
所有儿和女，深思换位；说话互沟通，莫像打雷。
轻言和细语，须知进退；父母养育恩，能报几回。
应知谁都老，尊敬长辈；忠孝能两全，百炼千锤。
若做人面光，哪个都会；真心敬孝道，做到三陪[①]。
笔者谈孝念，不少有罪；告诫所有人，愿把礼赔。
有错能悔改，难能可贵；敬孝有错过，早把头回。
知道自己错，又不悔罪；终究有一天，你会倒霉。
示范这几板，告诉各位；对愚多指点，从把人为。

七字词（动同韵）

禀告读者和大众，笔者出生家贫穷。少读四书没得用，纯粹一块假白铜。

① 三陪：一陪散步，二陪吃饭，三陪聊天。

对摆家常我最棒，几个时辰不翻重。
人生要把父母疼，哪怕蛇儿变妖龙。
爹娘当作活神供，自古父望子成龙。
家有弟兄父母共，相互之间多包容。
都是同娘把乳共，情也同来义也同。
父母养育恩最重，双亲教导要服从。
弟兄姊妹要互疼，不要争得眼睛红。
夫妻相互要尊重，不能爱富嫌贫穷。
发家致富靠劳动，坐吃山空必然穷。
不利之财心莫动，尽管人穷眼莫红。
不要搓事把事拱，早不相逢晚相逢。
骗人害人命会送，对待亲朋莫日弄。
边环邻近勿争颂，姓不相同地方同。
好汉莫说当年勇，老了怕变落锅容。
做事讲话要合众，遇困有人把情同。
积德行善情义重，孝敬放在头一门。

（本章由吴海平撰写）

第十四章　天桥村

天桥村位于武陵山余脉、湖南省境内永顺与龙山二县交界处的永龙界西侧，属典型的山间盆地。天桥村在农车镇以南，东邻永顺县，北邻高坪村，南接合心村，西靠高桥村与靛房镇信地村，村域面积4.5平方公里，辖5个村民小组，村民皆为土家族，主要有刘、汪、殷、魏、彭等姓氏。全村有传统木屋140栋，上百年的房屋建筑20栋。天桥村崇文重礼、民风淳朴，至今保留着土家族风俗，有摆手舞、咚咚喹、打溜子、哭嫁等国家级非物质文化遗产传承。2019年6月，天桥村被列入第五批中国传统村落名录。

一、村落概况

（一）地理生态环境

天桥村雨后远山（吴海平　摄）

天桥村属于典型的喀斯特地貌，村域面积4.5平方千米，村庄占地面积0.2平方千米，耕地面积0.53平方千米，林地面积0.6平方千米。天桥村地处云贵高原东端，武陵山脉腹地，重峦叠嶂，溪谷纵横。村域内常态地貌（侵蚀流水地貌）和岩溶地貌同时发育，山高谷深，河流侵蚀切割强烈，地形起伏大，呈山地、山原、丘陵、岗地及向斜谷地等多种类型。村落地貌形态为山地中的中低山地貌，少量河谷平地，河道较窄，多为溪流沟涧，在山坳开敞地局部展宽。村域海拔500～650米，相对高差约150米。

村寨在山峦之间的河谷地带依山就势而建，两面群山环抱，中间是一块长长的平地。该村属亚热带季风气候，年降水量在1500毫米左右，偶有春涝夏旱之灾情。气候温暖湿润，夏天酷暑，冬少严寒，垂直差异悬殊，主体气候特征明显，小气候效应显著，植被丰茂，自然洞穴多，适宜多种动物繁殖生长。

（二）村落来源

最早定居天桥村的先民是易姓和熊姓，后来陆陆续续又迁进了向、彭、石、刘、汪、尚、魏等姓。他们都看中了这里有山有水、地势平缓的地理和温暖湿润的气候环境，村落格局至今未曾改变。明末清初时，因逃避水灾，刘家先人从江西辗转至此。这里群山环抱，有一天然石桥曰天生桥，小溪蜿蜒，树木葱茏，两侧山坡如一位母亲的双臂，将天桥古村环抱。于是先后就有了刘家寨、汪家寨、尚家寨、魏家寨。到了清代中晚期，有殷、汪、魏等姓慕其风水，接踵而至，在此定居，形成规模恢宏的村落群。然后殷姓迁入，于是又有了殷家寨，其余各姓氏则散落在全村各处，遂以“天生桥”为村名。各寨村民在此繁衍生息，和睦相处，同建家园。从晚清到民国，天桥村一直隶属董步里、董步乡；中华人民共和国成立初期属农车公社，1958—2016年划入他砂公社（乡），2016年归农车镇所辖。

刘家先人被这里的优美环境深深吸引，来此安家立业，出可开垦耕耘，入则修身养性，可谓天生乐土。在300多年的历史进程中，刘氏与当地土家族通婚联姻，融为一体。据考证，刘家先人为将地势与村落布局完美融合，在南山堡两侧的山坡上各修建了两座大屋，在中间的平坝修建了刘家大屋，整个村庄布局看起来像一只腾飞的凤凰，南山堡两侧山坡的大屋如凤凰之两翼，前面的刘家大屋就是凤头。村庄坐落在长年青山绿水，四季鸟语花香的自然环境中。建筑主要是土家吊脚楼和排扇屋，重要特点是以宗亲血缘为纽带聚族而居，于是就有了富甲一方的刘家寨“谷子”和威震遐迩的刘家寨“锤子”，壁垒森严的汪家寨“房子”，金榜题名的魏家寨桅子。彭家虽然家财万贯，但因其居住较散而无姓氏寨名；殷氏虽有寨名，但因其定居天桥较晚而不在“子”列。

（三）村落人口

天桥村有上千人口，由20多个姓氏组成，其中刘、汪、殷、魏、彭为五大姓，占全村总人口的90%以上，多为集族而居，且居住地多以姓氏命名。有将近65%的青壮年劳动力外出务工，集中在江浙一带。2020年全村辖5个村民小组，共178户648人，大多数为土家族。

（四）物产与特色产业

天桥村主要种植水稻、玉米、红薯、洋芋等农作物。千岭万壑都是苍翠葱茏的竹山林海，林区内有丰富的葛根、蕨根，此外，还有八月瓜、杨桃子、羊奶子、马奶子、牛奶子及红似玛瑙的樱桃。村内有黄松、楠木、山矾、椤木石楠、任豆（任木）、朴树、枫杨、黄连木、柞木、金弹子等树种，有三七、黄檗、黄连、杜仲等野生中药材。大山中野生珍稀动物繁多，生活着白颈长尾雉、刺猬、野兔等野生动物。

天桥自清朝中期就是永龙边界非常繁华的集贸市场。市场上有牲畜行、印染行、肉行、米行、菜行、竹木器交易行；茶馆、酒馆、烟馆、赌馆；药铺、饭铺、裁缝铺；手工作坊有煮酒熬糖的、碾米榨油的、磨豆腐做粉条的、补锅打铁倒铧口的。手工艺人则有起屋建房的、打桶做盆的、检瓦烧瓦的、绩麻纺线的、织布缝衣的、劁猪骟牛的、杀猪阉鸡的；有打簟子、织背篓、编筐箩的；有媒婆、巫婆、接生婆；有采药、打猎、捕鱼的；有卜卦算命的、练拳习武的、开山采石的、伐木烧炭的；还有做生意跑江湖的，当然更多的是耕田种地的。可以说天桥是大世界中的一个小村落，然而这个小村落中也囊括了一个大世界。这样的村落，具有如此规整系统的行业结构、齐全完善的社会功能，实属少见，不可多得。

天桥村的美食有天凉洞（天桥村品牌）霉豆腐、白豆腐、炸豆腐、干豆腐、豆瓣酱、酸辣酱、干竹笋、腌制鲜竹笋，糖粣、油粑粑，用柴火熏烤的腊

天桥村特色物产(吴海平　摄)

猪肉、腊香肠、血灌肠,大蔸菜酸菜、酸豇豆、馇辣子、干茄子、干豇豆、干青菜、折耳根(学名鱼腥草),还有闻名遐迩的大碗酒、大块肉。牛栏洞(天桥村品牌)白酒,采用本地山泉水与自产粮食酿造而成,深受当地及周边人的喜爱。

(五)经济社会发展状况

1. 经济发展

天桥村自古以来,一直以种植、养殖、农产品加工等为支柱产业。从明朝末期到民国年间,这里一度曾是永龙边境相当繁华的集贸市场。2019年村民人均年收入在3700元左右,主要经济收入来源于农业种植和外出务工。粮食作物以水稻、玉米为主,经济作物以百合、烤烟为主。天桥村始终把特色产业助农增收作为该村脱贫攻坚的重中之重。天桥村紧紧抓住区位优势和资源优势,大力发展黄牛养殖、豆制品加工产业,成立雨辰黄牛养殖合作社,养殖黄牛达100余头、山羊200余只,农民增收50余万元。全村民营企业方兴未艾,通过兴办水豆腐和霉豆腐加工小作坊、小酒坊,先后带动本地40余人次就业。

2. 人居环境

天桥村人居环境优美,卫生保洁理想,全村每户配有两个垃圾桶,实行垃圾分类处理,聘有村级保洁员3名,负责村庄公共场所卫生保洁。全村共建有垃圾池5个,涵盖了全部村民小组,垃圾池内的垃圾实行定期清运,统一运送至乡垃圾场进行处理。村内建有公共活动场所,进村道路全部硬化处理,改水改厨改厕工程推进良好,人居环境不断得到改善,全村环境状况能时刻保持良好状态。

3. 基础设施

村庄综合服务平台与村委会一起,用地面积约1500平方米,并设置了卫生室、文化活动广场等设施。医疗卫生机构:村庄综合服务平台设置一处卫生室,有1个床位,面积约80平方米。商业服务设施:天桥村内有小卖部,均结合私人住宅而建。

4. 天桥文教——桅子传承

天桥学校就坐落在村庄中心地带,除外村、外县、外省学生外,该村学生距校都不超过10分钟路程。天桥学校是一所具有百年历史的老校,其前身最早应是清朝中晚期的“魏家学堂”,直到民国末期,该学堂在连年不断的匪乱中销声匿迹。中华人民共和国成立后,由政府开办了天桥学校,1996年结束了它的历史使命。随着社会经济的不断发展和人们价值取向的不断更新,一部分先富起来的村民在县城买了房子,学生和幼儿也陆续转入县城入学、入园。2016年秋,这所具有一百多年历史的天桥学校才得以恢复重建。初建伊始,学校借用村部两间空房作为教室,共有学生9人,教师3人。2016年秋,天桥学校被纳入“龙山县人民政府2016年十二项重大工程”。天桥学校积极传承天桥本地传统文化,在开课期间大力推广咚咚喹、打溜子、高脚马等活动,受邀到湖南电视台表演咚咚喹等土家族传统文化节目,在天桥本地引起了巨大的轰动。天桥学校校长魏峰波在2016年牵头举办了天桥村第一届春晚,引起了强烈的反响,推动和巩固了天桥村整体文教事业的发展。

二、文化遗产

（一）物质文化遗产

房屋密集、紧凑是天桥村的总体特征，村民按姓氏聚族而居，于是各寨以姓氏命名，形成刘、汪、尚、殷、魏的寨名。庙宇、神堂则选在幽静处及村中的至高点上。村部在村子的中心，到村子四周都不会超过十分钟路程。

村里的房屋大都选址在依山傍水、避阴向阳、四面环山、地势平缓的开阔地带，建材大多选用木料和石料。房屋选址很讲究风水，也注意人与自然的和谐关系，一般都不占用便于耕种的大坪大坝，多是依山就势，但也有选在低洼处建房的。

自明朝崇祯年间(1628—1644年)至民国时期，这里一直是最繁华的山区集贸市场。村中有两条石板街：一条南北走向，从汲泽路到湖泊路，途经刘家寨、汪家寨、尚家寨；另一条东西走向，从南北大街的中点，垂直延伸到殷家寨，呈现"丁"字形。然后两条街分别向西北端唐家堡和西南端的魏家寨延伸，构成一个"人"字形。而从空中俯瞰，几条街加上一长排刘家大屋，就构成了一个"天"字形，整个村庄体现出"天人合一"的巧妙构思。

1. 刘家大屋

刘家大屋于2012年被湖南省人民政府公布为省级文物保护单位。据传，刘氏先人占魁在兴修今天的刘家大屋平整地基时突然挖出一只大鹏。大鹏腾空而起，展翅翱翔，先在屋场西北角的一棵枫香树上作短暂停留，然后飞向东北角稍息片刻，最后直冲云霄，不知所踪。后来，刘占魁便分别在西北角和东北角的半山

天桥村刘家大屋远景(吴海平　摄)

腰上各建了一栋房子，象征大鹏展翅，刘家大屋象征大鹏的头和身。后来，刘家家大业大，人才辈出，曾终身供职于中国科学院的刘邦富就是刘占魁子孙。

天桥村刘家古宅防火墙(吴海平　摄)

现存刘家大屋是一个结构复杂、设计精巧、工程浩繁的古建筑群落中的一部分。其四周为青石墙群，上部为封火砖墙，顶部四角及中间起伏部位均是飞檐翘角。整栋房子可看作两个单元，总进深40多米。

正屋前面是一个约80平方米的用正方形青石板铺成的坪坝，周围有1米多高用正方形青石垛子岩砌成的围墙，上面再砌上1米多高的青砖，围墙上有多个枪眼和炮孔。左前方是气势恢宏的用近3米高的大条石构成的朝门，朝门两边的圆形图案里用狂草书就“福”“禄”二字，每字的直径约50厘米(现已消逝)。

从坪坝拾级而上，就是正屋大门，共6扇，每扇都有雕龙画凤。堂屋上方，依次挂有“云程远大”“技能穿杨”“经传甲第”3块宽大的镏金牌匾，每两根柱子间挂有一木制条幅，其刚劲有力的字体虽多已斑驳，然仍有依稀可见部分。堂屋正前方是刘家神龛，其下方到地面部分是一个大橱柜，为存放香纸、蜡烛及其他祭祀用品的专柜。

刘家大屋堂屋(吴海平　摄)

堂屋左右两边共两个大间，每个大间又有5个小间，这就是刘家人日常生活起居的地方。堂屋后面有一个约12平方米的四合院，两边各有一个约2平方米的长方形天井，这是整个大屋的排水系统，全用青石板铺砌，其底部正中刻有太极图案，前后两端及侧面的条石上钳着用铸铁制作的排水孔。

古宅中的天井排水系统极其先进，内侧的排水孔有石制与铜制两种，历经300余年仍不失其本色。多雨季即使下再大的雨，天井内的蓄水从未满过，据当地人介绍，天井内所蓄之水可直接排到村内河流。四合院左右两侧是花楼，也称“绣楼”，各有3个小间，从花楼可以看到下面的天井和对面的花楼，视野相对比较局促狭窄，这就是古代大户人家小姐的闺房。

四合院正中是一个相对独立的建筑——冲天楼，从地面到楼顶高约15米，共3层，每层间都用木板梯相连。站在楼顶，则四面清风、八方紫气，皆接纳在怀；远山近水、朝阳落日，全汇聚眼中。

四合院后面，也就是两个花楼中间的平台上还有两个小间，这应该是老者的居所，其左右两侧各开一扇小门，正对着两边的花楼。在四合院左右各有一个大条石阶梯，用以连接两边花楼和中间小屋。小姐的花楼和老者居所的后面则是花卉苗木园圃，俗称“后花园”。

刘家是最先迁徙到天桥村的，经年积累，成为本地第一大户，在天桥“五子”中独占两子——“谷子”和“锤子”。刘家的粮食众多，田地广布，需要大量骡马来运送粮食，在现存古宅50米处有一密林，为刘家原马圈遗址。

2. 特色民居

全村约有180栋房屋，其中传统木房子140栋左右，新砖房15栋左右，百年以上房屋建筑近20栋，为木质结构或砖木混合结构。均有小青瓦、花格窗、司檐悬空、木栏扶手，走马转角，古香古色。大多都有小庭院，院前有篱笆，院后有竹林，青石板铺路。原有的祠堂、摆手堂均已被毁。其中，保存完好的特

天桥村窗花雕刻（吴海平　摄）

天桥村古院墙(吴海平　摄)

色民居还有10栋,户主有刘邦金、殷哲金、刘国华、汪祖华、汪泽星、魏德松、刘代恩、刘绍品、刘代明。房屋建筑均为五柱棋、八柱棋不等,柱础(磉磴岩)有鼓图形、正方形,雕凿有各种精美图案,阶檐石脚磴岩,地圈岩精打细凿,依次排列整齐,用糯米、石灰等调料勾缝砌成。建筑物均属土家族传统民居风格,特点是以柱棋多少定规模,有的还保存转角楼。转角楼廊栏、门窗多雕刻形式多样的花格,画面栩栩如生;封火院墙,飞檐翘角,青砖碧瓦,雄伟气派,别具一格。从布局特征上看,这些建筑一般顺应自然山水形式,对建筑选址的地形地貌、水流风向等因素都有周到的考虑,建筑融合于山水之间。建筑装饰朴实,没有繁缛的雕饰。其典型代表为位于古村落中部的刘家大屋。刘家大屋建筑的建造艺术是汉族和土家族建筑技术的大融合。建筑构件上的木雕花窗、彩绘、石雕内容丰富,为今人研究这些建筑技术和土家族民房营造技法提供了实物范本,有着极高的艺术价值。

寨中民居建筑风格独特,其建造艺术是土家族建筑技术的最好代表,是武陵山区保存完整、不可多得的原生态民族聚落形态实证,为今人研究这些建筑技术和土家族民房营造技法提供了宝贵的实物范本,有着极高的科学研究价值,也是土家族文明发展过程中积累下来的一份不可多得的宝贵财富。

四排三间的传统建筑是天桥村民居的主流,建筑规格上有三柱四棋、五柱六棋、五柱八棋不等。天桥村土家族木构传统建筑的特点,从屋面到地面主要有:

屋面,当地人称屋顶上或瓦面。因土家族传统木构建筑的整体结构是中间高，前后两边低，从侧面看呈三角状，一般为“两合水”，由数以万计甚至是数十万计的小青瓦覆盖。瓦的多少主要看房子的规模。瓦面阴阳相接，形成凹凸形态，凹面为走水，凸面压制凹面，为承重，防止瓦面向下滑动，当地人称瓦梭槽。屋顶由小青瓦凹面连接坡面的凹凸面，以防漏水。在屋顶小青瓦的凸面，立起小青瓦，是为屋脊，也叫“龙脊”，主要防止瓦面滑动。在屋脊的正中位置，也是堂屋的正中，用小青瓦凹凸对立，组成莲花等图案，寓意“观音坐堂，菩萨保佑”。在屋脊的两端，有小青瓦凹面向天，象征屋主运势飞天。

排屋是地脚枋与柱头之间的空间，用杉木板经锯、刨，楔口连接而成。穿枋的水平面用松木板铺就楼面叫天楼，地脚枋水平铺就的楼板叫地楼，构成一间一间的房子。

大门在头间与三间之间，一般开有六扇门。中间的两扇门，选材有讲究：门扇的大木枋用椿木、门板用桐木、小木枋用梓木、雕花用柏木，大门的地脚木枋用猴栗木，寓意“百子同春、进出侯门”。

地脚枋一般用杂木，外挡枋也有石板，并在石板上凿有精美图案，也有的只有细錾没有图案，主要看屋主的经济实力。

土家族建房一般在房子前面建比较宽敞的平地，是为坪坝。经济条件宽裕的，就把坪坝铺上青石块，干净清洁。

天桥村的传统建筑总体上是土家族建筑，民居主要建材是当地丰富的木材。选材、制作是一项非常细致的工匠技术，特别在建房的规模、石料、木料的选取上，砍、锯、刨、锉、凿、雕都有严格的技术标准和要求。

田代香古宅，始建于清代，屋顶青瓦，墙体为木质结构，现仍有3人居住。建筑现状整体保存一般，建筑为二层建筑，均为木质结构，围合墙面为木质材料，因为年久失修，二楼栏杆及屋顶出现一定破损。

刘邦德古宅始建于民国，面积近300平方米，现仍有3人使用。建筑现状保存一般，一层木构建筑，围合墙面为木质材料，是传统土家族民居，建筑辅助用房仍为木质结构。

3. 天桥“五子”身份象征——石阶与砖

天桥村历史建筑现存的主要有“五子”中汪家“房子”遗址及部分建筑实物和遗迹。魏家桅子也仅存残缺部分，其用行书镂空技法镌刻的“光绪丙午科进士魏光连”十个大字的碑身疑似埋进了现在的水泥路下。

天桥村魏家桅子(吴海平　摄)

魏家桅子共用4块青石板分成两对竖在魏光连故居前的坪坝上。桅子是当时文人才子的象征。两对桅子相距约30米，每对桅子由两块规格相同的青石板组成，造型也基本相似，整体上窄下宽，底部边长约60厘米，上部边长约50厘米，厚度约15厘米。两块石板在离底边约5厘米处各凿有一个直径3～4厘米的圆孔，一截打磨得较光滑的石棒将两块石板穿连起来，上端则凿成边长约8厘米的方孔，穿上石棒，两块石板牢牢地连在一起，呈“人”字形，埋入地下约50厘米处，露出地面部分约2米。北端桅子的正面用行书镂空技法凿出醒目的“光绪丙午科进士魏光连”十个大字；南端桅子的正面是魏光连的生平简历。两端桅子背面的石块组成方框，中间是祥云图案，其顶部有鸟头形装饰。

汪家“房子”是一座青砖碧瓦的深宅大院，其外围采用青砖，内部采用木料。现在遗址上新建了木房，仅从遗址前两米宽的青石台阶上还可以看出当年的森严壁垒和恢宏气势。台阶共有三层，俗称“三道衙门”，每层有5～8阶不等，每上一层，就有一个平台，台阶两旁均用长方体石料做成护栏。汪氏先人文炳曾为董步乡十八里(18个行政单位)的总保董，乡里

天桥村刘氏先人练功所用石锁(吴海平　摄)

的所有案件均在此审理,犯人也在此关押。村中不少显赫大户的院墙石砖因为长久无人居住,被村民在盖新房和围墙庭院的时候东一砖西一瓦,都给拆运变成新房子的原材料。

彭家的"银子"。彭家经营桐油生意,成为天桥当时最富裕的人家,在家中有专门存放银子的库房。由于银子易发霉,便请长工夏天晒银,年年如此。

天桥村古石阶(吴海平　摄)

刘家的"锤子"。一为维持地方治安,二为保护家中的丰厚资产,防御强盗和贼人,刘家的壮士们每天一早起来练功,要30斤重的石锁。据说壮士们每天都会在早晨练石锁,在柱子上钉上100张纸,打拳,直到把纸打透,才结束自己早晨的训练,每日如此。[①]

无论是天桥"五子"故居还是天桥的众多遗址,抑或是现存的一些大家房屋处,都有石阶存在,用以彰显地位。比如刘家古宅的石制朝门,汪家的"三道衙门"与砖墙遗址,还有现存的一些古石坪坝、古石台阶,使得屋子在高处,彰显了主人家的地位。天

① 访谈对象:魏峰波,70岁,天桥村学校校长,魏光连为其七世祖。

桥村周围树木林立,木质结构的房子易于建造,但不易于保存,累世之家在拥有足够的财力与人力的情况下,愿意花费更多经费运来石材,建造房屋,这在天桥是地位的象征。

4. 其他古迹

(1) 刘家大院

刘家大院位于村落北侧,建筑面积大约为400平方米。是一座合院式民居,建筑前面有较大的石板庭院,两侧为高高的砖石围墙,通过一处朝门与外面相连。建筑为木质结构,屋顶用青瓦铺盖,分为两层,内部有木质楼梯相连,依旧保留着传统的栏杆雕花。

天桥村刘家大院大门(吴海平　摄)

刘家大院是汉民族和土家族建筑技术的大融合,建筑构件上的木雕花窗、彩绘、石雕内容丰富,为今人研究这些建筑技术和土家民房营造技法提供了实物范本,有着极高的艺术价值。

(2) 土地堂

土地堂上有土地的神像,还有用于烧香火的洞。土地堂作为村民祭祀、祭拜的场所集中反映了村民们的生活信仰,现已被拆,只留下建筑遗迹。

(3) 古井

天桥村现存古井两处:一处古井为村民主要生活用水取水点,有山泉水流入井中;另有一古井被掩埋在了道路下面,古井方正,四周曾有青石台阶,全村的人都来此取水。

天桥村古井之一(吴海平　摄)

(4) 古朝门

古时大户人家用朝门来装饰和

分割空间，也有身份与财富的象征作用，朝门多以木质结构为主。天桥村的木质结构古朝门，于2020年雨季时腐朽坍塌。

(5) 古水槽

古时天桥村村民用石块围成水槽，用于储存生活用水。目前天桥村尚有一座保存完好的古水槽。

(6) 古础

石墩又叫础，用以建造房屋，土家族建房并无地基，以础为基。古础分布于天桥村落各地，一般为上圆下方，雕刻有花纹。

天桥村古础（吴海平　摄）

(7) 古道

古道呈"一"字形分布在村落民居之间，全长约100米，用石板铺筑，现基本保存完好。

(8) 古墓

天桥村有几百座古墓散落在村庄周围，现只有魏家祖坟保存基本完好。魏家祖坟是天桥村的第一座公墓山，祖坟里现存36座青石细錾的古墓，其中有"皇清"字样的碑就有5座，是天桥村最具规模的古墓葬群。其中，魏光连之父被封为正六品武官之职，其碑上刻有"皇清例赠正六品军功"字样，魏光连伯母碑上刻有"皇清例赠正八品显妣"字样，另有3座墓碑刻有"皇清待赠"字样，可见魏家显赫。

(9) 古池塘

据传，魏光连的前身曾是鲤鱼精，性喜水，因此他故居前辟有一口池塘。后来，果然是"鲤鱼跳龙门"，他于清丙午年高中进士，皇榜题名当年的池塘仍在，只是被整改成了村内的游泳池。该池塘遗址位于魏家学堂遗址前方，与魏光连祖宅相连。

(10) 古石坪

古石坪用石头铺砌，为传统入户空间。村落内家家都有坪坝，但是用石头铺砌的大户人家才有石坪，天桥至今保存完好的只有刘氏家族的古石坪。

（二）非物质文化遗产

1. 民间传说

王家五太斗孽龙

村北一山洞住有一条孽龙，要么三五十天潜伏不动，导致大旱；要么翻滚腾跃，导致山洪暴发，河水泛滥，常常导致庄稼颗粒无收。据说王家五太的前生是犀牛，为了战胜孽龙，必须在蒸笼里蒸上七天七夜，使犄角足够坚实。可是其母心疼他，当蒸到三天三夜时，忍不住揭开笼盖，只见犀牛刚长出一只一寸来长鲜嫩的犄角。无奈，王家五太只好勉强出征斗孽龙。出发前，他对随行的人说："我把我的草鞋挂在洞口，看到两只草鞋打架，你们就使劲敲锣，如果锣声停了我就会有不测。"他与孽龙从天桥山洞一直打斗到爱溪村的一个大山洞，洞口的人看草鞋打架着了迷，忘了敲锣。王家五太渐渐感到体力不支，犄角也还太嫩，最后被孽龙用尾巴一扫撞死于石壁。据传，其宝剑至今仍插在爱溪大洞的石壁上。

"鳖"背钓鱼

村北有个天然的大洞口，村里人称其为趴趴背洞。洞下的地下湖，深不见底，用强光电筒照射都不会有回光，也从未有人能进去一探究竟。有一天，一老汉在那钓鱼，坐在石头上抽旱烟，临走之时，把烟斗里仍在燃烧的烟灰磕在屁股下的石头上。正磕着烟灰，突然感觉湖水漫上来了，眼看要淹到脚了，老汉一下跳到了岸上。定睛一看，不是水漫上来了，而是坐着的石头在动，在往下沉。那石头好似一只大"鳖"一样的鱼，刚才老汉磕烟灰可能烫到了大鱼，它才开始慢慢下沉。

借米还糠

相传村北有山洞，洞中有仙人。村民常常去乞求仙人给予口粮，但仙人只道:“只借不给。”于是村民在困难时候去借粮充饥,待到来年收获,再次来到洞口还粮食,因此所求全部应验。有一次,一个懒人前来借米,借了很多,仙人全部应允,可是懒人还粮时却用的糠,仙人便把借给懒人的粮食尽数收回,并从此消失,不再借粮。

2. **传统音乐**

在天桥村,也流行着打溜子这种传统的土家族民间音乐形式,村民们一般将其称为“打五子家伙”。

咚咚喹是土家族的一种极其古老的簧管气鸣乐器,以直径约1厘米的细竹尾为管体,长10~14厘米,上端留节,于节下削簧凿孔,形成三孔一筒音。其发音清脆、明快,具有打音、颤音兼备的特点,演奏时为竖吹,左手专打节奏,右手专按旋律。龙山县坡脚有擅吹双管的,左、右手各持一根咚咚喹,用娴熟的技巧,一只手按一根乐管,双管齐吹同一首曲牌。天桥村本地生长着大量的竹子,制作咚咚喹只需一把小刀、一根竹管便可。咚咚喹也是小孩子们平时玩乐的器物。

3. **传统舞蹈**

清嘉庆《龙山县志》载:“土民赛故土司神,旧有摆手堂。供土司某神位,陈牲礼。至期既夕,群男女并入,酬毕,披五花被锦,帕首,击鼓鸣钲,跳舞唱歌,竟数夕乃止。”“其期或正月或三月或五月不等。”在“红灯万盏人千叠,一片缠绵摆手歌”中,“男女相携,翩跹进退,故谓之摆手。”

土家摆手舞以祈求吉祥幸福为主题,它是集歌、舞、乐、剧于一体的庞大艺术载体,表现开天辟地、人类繁衍、民族迁徙、狩猎捕鱼、桑蚕绩织、刀耕火种、古代战事、神话传说及饮食起居的日常生活等广泛而丰富的社会生活内容。土家摆手舞以自然、洒脱的舞姿,真实、生动地再现了土家族人的生存和劳作,表现他们的欢乐和向往,以其简朴稚拙的美学形态给人们以感悟,以史诗般的结构和炽热的色彩,向人们展示出一幅幅气势磅礴的民族历史画卷和风情浓郁的土家生活画卷。

4. 传统戏剧

土家族《挖土锣鼓歌》是土家族人民在聚众劳动中藉以消除疲劳、鼓劲助兴的一种劳动歌。清嘉庆《龙山县志·风俗志》载:“夏日芸苗,数家人合在一起,彼此轮转,以次而周,往往数日为曹。中以二人击鼓鸣钲,迭相歌唱,其余者进退作息,皆视二人为节,闻歌欢跃,劳而忘疲,其功较倍。”清同治《龙山县志》亦称:“土民群事翻耕、插秧、芸草……间有鸣钲击鼓歌唱以相娱乐者,亦古田歌遗意然。”土家族《挖土锣鼓歌》内容丰富,分为歌头、请神、扬歌、送神四个部分。唱得有声有色、有情有景,带有浓郁的生活气息、浓烈的乡土色彩。

民国时期,来自各地的人汇聚天桥村赶场、看戏。天桥当时的戏班子就在现今刘家大院大门的正前方。天桥村自己的戏班子,一般上午演一场,下午演一场。所唱的戏有汉剧,有阳戏。汉剧类似于现代京剧。当时的戏班子里有刘民福、彭施恩、刘万邦等人。天桥村此地是三天一赶集,三天唱一场大戏,上、下午都有一场。逢年过节唱大戏,一唱就是十天半个月。刘民福因长相出众唱旦角;殷先林唱花脸与武生;殷先恒扮丑角;汪忠方扮老生;彭施恩则是全挂,生旦净末丑,吹拉弹唱都会,这便是天桥当时完整的戏班子组成。①

三棒鼓为当地红白喜事中的娱乐表演,一般击鼓而唱,歌词为一板22字,4小句,歌词无单一韵脚,将生活中的传闻故事讲述得生动诙谐。

一百零八将绰号(节选)

宋江及时雨,梁山坐首席,玉麒麟叫卢俊义,他不争第一。
智多星吴用,豹子头林冲,外号行者叫武松,美髯公朱仝。
扑天雕李应,霹雳火秦明,入云龙叫公孙胜,双枪将董平。
没羽箭张清,小旋风柴进,花和尚叫鲁智深,小李广花荣。

---

① 访谈对象:天桥村学校校长魏峰波,70岁,退休前为龙山一中教师,魏氏后人,20世纪70年代的本科生。

大刀是关胜，金枪手徐林，双鞭呼延灼最狠，插翅虎雷横。
九纹龙史进，两头蛇解珍，浪里白条叫张顺，船伙儿张横。
浪子是燕青，混江龙李俊，青面兽杨志算狠，三阮也有名。
三弟兄不错，阮小七活阎罗，立地太岁阮二哥，弟兄守江河。
弟兄都相顾，水军的头目，短命二郎阮小五，无人不佩服。
李逵黑旋风，病关索杨雄，神行太保叫戴忠，绰号各不同。[①]

5. 传统体育

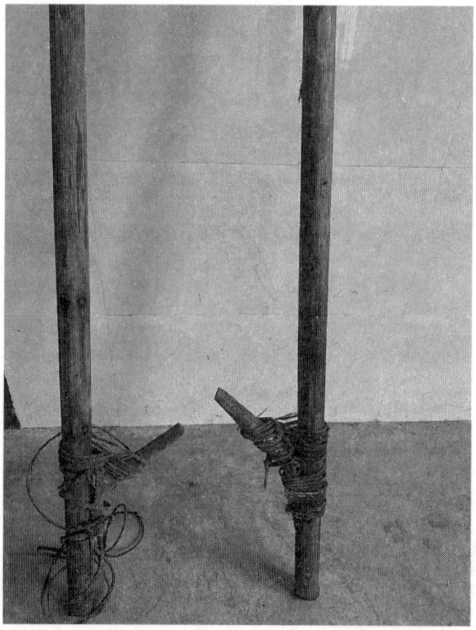

天桥村土家高脚马（吴海平　摄）

当地人在田间劳作之时利用树枝、石块便可进行棋牌娱乐活动。其中“打三棋”是将三个正方形的各边中点与节点连接，只要一方先把一条线上的三个点填满便可拿掉对方一子，是原生态的民间娱乐活动，原材料随地可取。

土家高脚马是土家人的传统竞技体育项目。土家人居住在高山深壑谷地，在亚热带季风性气候的影响下，年降雨量均在1500毫米以上，沟、溪水易涨易消。这里植被丰富，野生毒蛇、毒虫种类多，影响人们出行。先人们充分发挥智慧，在山竹上绑上藤条，做成出行工具，出门时把双脚插入藤条编织的囊中，离地面一尺有余，即为高脚马，现为州级非物质文化遗产。

① 访谈对象：天桥村学校校长魏峰波，70岁，退休前为龙山一中教师，魏氏后人，20世纪70年代的本科生。

6. 土家族服饰

天桥村的土家族服饰，男上衣是矮领“对胸衣”，扣芯和扣绊均用布做成，两襟下方各缝上一块方形的布作为口袋；女上衣是矮领“满襟衣”，从右侧系扣，下摆不超过膝盖，实际上就是短版旗袍。较为闲适而又讲究的老头也穿长衫和长袍。裤子则不分男女，可通用，其裤腿宽大，与裤裆是整块布料，裤裆以上则用不同颜色的布料做成裤腰。

7. 民俗

（1）节庆活动

天桥村除殷、魏两姓将端午作为本族一年中重要节庆之外，其余各姓都崇尚“七月半”，届时，家家户户都在自家门前或土地堂装香、烧纸、点蜡烛，祭拜先人。“七月半”俗称“鬼节”。传说，每年农历七月十三这一天，玉皇大帝都在云南召开所有鬼魂的大会“云南大会”，无论贫富，所有鬼都得准时与会，否则将受到严惩，且会祸及后人。于是每到是日，家家户户都用装香、烧纸、点蜡烛的方式，为已故先人送上盘缠并附上刀头（肉类）、酒饭。

“四月八”，是为纪念王家女子的节日。传说有一王家女子，还未出嫁。王家女子最爱绣花，是出了名的绣娘，家里的白果树（银杏）半夜开花，便每天半夜守在白果树前，等待花开。这些被她的嫂嫂看到，嫂嫂便在女子的母亲面前说她坏话，说该女子生活不检点，每天半夜起来在白果树前等野男人。女子的哥哥听说后很生气，于是便把自己的妹妹捅死了。女子死后变成了一只鸟，非常漂亮，叫声非常动听，后来人们根据发音，听出了四句话：“王八叽叽喳喳，门前白果开花，哥哥信嫂嫂话，把她一刀捅啦。”后人就在四月八纪念她。①

① 访谈对象：天桥村学校校长魏峰波，70岁，退休前为龙山一中教师，魏氏后人，20世纪70年代的本科生。

(2) 婚丧嫁娶

① 婚嫁。先是暗媒访亲,后是明媒说亲,接下来就是认亲、订婚、嫁娶等几个阶段。说亲成功后,男方须按一定的程式求亲,俗称“取八字”,此后就是拜大年,订婚期。男方当年拜年时送上带猪尾巴的猪腿,女方同意就将猪腿收下,若不同意当年出嫁,则将猪尾巴割下退给男方。若同意,男方将请八字先生择下吉日良辰送给女方,双方开始婚嫁的筹备工作。女方出嫁前一个月,就要请亲姐妹、堂姐妹、表姐妹、伯母、叔母、舅母、姑母及闺中密友哭嫁。出嫁当晚,女方家在朝门外设障拦门,拦门先生百般刁难男方迎亲队伍,若未能回答出拦门先生的问题,则不得入内,这实际是考拦门先生和督官的能力。娶亲时,男方要请一支打“五子家伙”(大锣、小锣、头钹、二钹、唢呐)的班子、搬嫁妆的队伍(搬帐子,背铺盖,抬箱柜及锅碗瓢盆等一应卧具、饮具、餐具及女工用品)。花轿抬到男方家,就拜天地,拜高堂,入洞房,当晚会有很多年轻人前来闹新房,男方得拿出烟酒、茶糖及红包招待客人。

② 丧葬。有亲人过世,先给死者擦身洗澡,穿衣入棺,子女、侄子女披麻戴孝后,请僧人或道士超度亡灵,唱孝歌。一般从死者过世当日计,第三日方可下葬,超度仪式也得持续进行不可间断。下葬当日必须在鸡叫三遍之前“挖井”(墓穴),后才发丧,将棺木抬至墓地。此时,掌堂道士或僧人先杀一只公鸡,将血洒在棺木上,后在“井”底撒上芝麻秆烧成的灰,然后下葬,所有戴孝者齐齐下跪,最后垒坟,立碑。从逝者下葬当晚起,亲人要到坟前送三晚火,第三天早上还要到坟上为在世亲人捉魂。每年大年三十晚上要送亮祭拜,三年满社,这就算守孝结束。[①]

① 访谈对象:刘代成,瓦岗寨人,刘氏后人,其父是当地风水先生。

三、自然资源

（一）自然景观

天桥村天生石桥（吴海平　摄）

村内一溪流从铁路坡流经新寨、马蹄、农车、茶园、正河、高坪、高桥，最后到达天桥村最南端，便一头扎进深不可测的洞穴中，然后又从200多米处喷然涌出。天桥村天生石桥，天生石洞，其洞远远望去狰狞森严，犹如张开的巨口，仿佛要择人而噬。天桥村的先人便种植大量树木，堵住大洞，其后有一积雨潭，又有悬崖峭壁。

（二）动植物资源

村落北侧有一处古树群，树龄在250年左右，枝干繁茂，具有美化村落的作用，同时也是古老村落的象征。村中挂牌古树有朴树250岁、白兰150岁、枫香150岁、无患子150岁、栾树300岁等。

四、历史事件

明朝中期，倭寇猖獗，天桥刘家的“瓦岗寨三十六弟兄”中的十多人毅然奔赴抗倭战场，最后都为国捐躯。

1949年湘西剿匪，攻打匪巢牛栏洞。因洞中的二头目是天桥的魏金万，解放军一个连的官兵都驻扎在天桥，直到匪巢被破，匪首被擒，匪患被除，解放军才撤离天桥。

1950年抗美援朝战争爆发，天桥村就有王正兴、刘方正、汪良承、刘绍富、张官青、殷先海、汪祖述七人赴朝作战。1953年，战争结束，他们伤残的肢体上挂满了军功章，光荣地回到了家乡，为家乡的各项建设再立新功。[1]

（本章由吴海平撰写）

---

① 访谈对象：刘代成，72岁，瓦岗寨人，刘氏后人，其父是当地风水先生。

第十五章　耳洞村

耳洞村位于洗车河镇北部的耳洞河畔，距龙山县城60余公里，距离洗车河镇约18公里，东靠曾家界大山，西侧有一条村级公路，南北均为巨大的山陵，村域面积7.4平方公里，辖3个村民小组，村民多为土家族，主要有聂、王、彭、向、田等姓氏。村寨坐落于山坡之上，传统木屋依山而建，错落有致，传统民居风貌保存较完整，其中转角楼50余栋，排扇屋百余栋，全村90%的房屋为木构建筑，配以古井、古墓、古碑等古迹。村内还保留了三棒鼓、打溜子、汉剧等民间文艺活动。2019年6月，耳洞村被列入第五批中国传统村落名录。

一、村落概况

（一）地理生态环境

耳洞村位于龙山县中部偏南地带，距龙山县城60余公里，距离洗车河镇约18公里。地处洛塔国家地质公园和苗儿滩镇惹巴拉景区中部，距离洛塔国家地质公园15公里，距离惹巴拉景区18公里。村子东面是海拔1000米的农车大界，西面是海拔650米的洛塔大界起点。洗车河、红岩溪从村中流淌而过，村域内山体最高海拔约900米，最低海拔也在280米以上，山峦重叠，坡陡，谷地相对平坦。村内全年四季分明，气候宜人，属亚热带季风气候区，雨水充沛，依山傍水，生态环境优良。年平均气温15.4℃～16.6℃，年平均降雨量为1350毫米，无霜期250多天，年日照数约1275小时。①

耳洞村风光（李超　摄）

① 相关数据来源于耳洞村村民服务中心，查阅时间：2020年7月30日。

村域内基本农田因其山高陡峻的地势大半呈梯田式分布，随着山势的起伏，错落有致的梯田显示出与众不同的颜色，远远望去，春如层层银带，夏如滚滚绿波，美不胜收。依山而垦的梯田，一层层从山脚盘绕到山顶，春季的梯田，云雾缭绕，如诗如画，恍如仙境。另外，耳洞村以林地为主，多为常绿阔叶林，间有竹林、松柏林，山林环境保护较好。村庄房前屋后种植李、桃、梨等果木，周围古树林立，环境质朴。

耳洞村四面环山，位于群山环抱的山谷台地。山谷呈东南至西北走向，村寨建筑多位于村寨东南部的山麓上，围绕中心的农田呈环状半圆“耳形”分布。县道X011可通往耳洞村，接以单行水泥村路与外界联系。耳洞村民居均依山而建，与屋舍相伴的是山麓地带逐级而生的梯田，中间低洼平地亦为大片农田，形成了“山环水绕、金中镶玉”的村落格局。耳洞村村民服务中心位于耳洞寨入口核心地带，干比与列巴哈分别距离村部大约3公里，皆以山路相连。耳洞村村部地势海拔相较耳洞村民居低，但整体为低洼台地。

（二）村落来源

耳洞村的村名来源于土家语，音译过来的“耳”在土家语中意为“猴子”，“洞”乃“坡”之意，因以前村内有很多猴子居住，名为“猴子坡”，故以“耳洞”为名。“耳洞”的又一解释则与耳洞村的地形相关。据彭光武介绍，从耳洞村鸟瞰图可以看出整个村子的形状酷似弥勒佛的耳朵，故以“耳洞村”命名。

耳洞村在清代属五寨里，在民国时期曾属五寨乡，1958年设耳洞大队，1984年置耳洞村。东至纸厂村，南至老洞村，西至支家村，北至干溪村。

（三）村落人口

洗车河镇耳洞村是湖南省省级深度贫困村，全村共辖耳洞、列巴哈、干比、柏那4个自然寨，共计3个村民小组（其中干比与柏那同属一个村民小组），共计147户、532人。其中柏那由于受精准扶贫政策帮扶现已集体搬迁至县城居住。耳洞寨人数最多，大约有300余人，列巴哈和干比均有百余人。村民主要为土家族，但也有少量苗族与汉族人口，一说为婚嫁人口，二说为四川迁徙于此。耳洞村村民基本不通晓土家语，日常用西南官话与普通话交流。耳洞村主要有聂、王、彭、向、田5个较大姓氏，人口最多的姓氏为彭氏。另外，据村书记介绍，最初到耳洞的人为聂姓，大约在明朝从“岔体”（土家语）迁徙而来。清朝，先后有彭姓、王姓、向姓迁徙于此并定居下来，繁衍生息。

（四）物产与特色产业

耳洞村村域面积11100亩，村庄占地面积约228亩，稻田210亩，有生态林3410亩，天然商品林6464亩，退耕还林1300亩。主要经济收入来源于种植、养殖和外出务工，粮食作物主要有水稻、玉米、黄豆，经济作物主要有脐橙、黄檗、黄桃、猕猴桃，其中有脐橙约100亩，黄桃约30亩，林地种植以松、杉为主，养殖业以鸡、鸭、牛、羊、蜂蜜、猪为主。

（五）经济社会发展状况

耳洞村村集体年收入5万元，村民人均年收入2950元，经济收入主要来源于农业产业和外出务工。据统计，全村常年外出务工人员172人（含外出务工贫困人口82人），务工人员主要集中在广东、深圳、浙江、福建等区域，从事纺织、建筑、服务等工种。

2018年以来，全村围绕脱贫攻坚责任、政策、工作“三落实”，实施驻村帮扶“三个一”，狠抓教育、医疗、住房“三保障”，采取以奖代补形式，鼓励支持贫困农户兴产业、增就业、置家业，有效帮助村民增收。目前，全村有低保户10户、26人（含兜底户1户、3人），残疾人24人（重度残疾9人），散居特困供养4人，集中供养五保3人；有建档立卡贫困户学生56人，享受学生教育补助政策56人（其中学前8人、小学28人、初中10人、高中5人、大学和中职5人）；有大病重病户3户、3人，慢性病签约服务29人，所有建档立卡贫困户均纳入基本医疗保险、大病保险并享受“先诊疗后付费”、慢病签约服务等医疗救助政策。累计完成危房改造9户，累计30户贫困户入住易地搬迁集中安置点，实现集中供水全覆盖、安全住房和安全饮水全覆盖；新建了村级综合服务平台，新修通村（组）道路2.2千米（硬化2.2千米），新修产业路2千米，2018年实现村组道路通畅通达，2017年完成农网改造，全村农户家均通生活用电，整村于2019年出列。①

自湖南省总工会驻村定点帮扶以来，耳洞村社会经济取得了较大发展，并取得了一定成绩。扶贫队结合当地特点，由村集体牵头，新建种植养殖合作社一个，180亩脐橙园超期建成，新增产业路2000余米、灌溉用水池4个。连续三年出台发展种养殖业的奖补方案，面向全村提供技术支持和资金扶持，村民自主发展产业规模鸡、鸭、鹅约4000羽，牛、羊、猪140头，蜂蜜120桶，鱼塘10亩，特色水果60亩，油茶40亩，黄檗85亩，枳壳20亩，2019年种养殖产业规模较2018年实现翻番。改造农副产品加工合作社一个，投资60万元新建300平方米的农副产品扶贫加工车间，发展农民电商经营户3户，打造本地“销售＋电商平台＋消费扶贫”的销售体系，协助加工车间和电商平台销售农产品80余万元，农副产品国家注册商标已正式注册。贫困户杨莎莎、向进夫妇开办的“乡部落”电商平台月营业收入实现平稳增长。收购村民农产品原材料，带动就业，加工竹笋、腊肉、豆制品等，实现合作社带动全部贫困户及部分非贫困户，实行利益联动。同时，通过村集体占股、设施设备厂房租赁等方式，使村集体实现稳定收入达18余万元。加上村集体牵头的脐橙种植项目，实现多产业融合发展，短中长期效益稳步提升。

① 相关数据由耳洞村村民服务中心提供，查阅时间：2020年7月30日。

二、文化遗产

（一）物质文化遗产

民居建筑大多依山势而建，基本上以坐东朝西的方位修建。传统建筑普遍是清一色木质瓦房，层层相依，处处可见转角楼、吊脚楼，三柱四棋、五柱四棋、五柱八棋大小不一，房屋分布蜿蜒曲折，错落分明。另外，村组硬化道路已接入村内，各家各户均有硬化路面和土路相连，村落分布格局合理宜人。寨子内的清代古石桥仍在使用，周围古树林立。

耳洞村拥有60余栋土家族传统古建筑，村内古井、古墓、古石碑、水碾、磨坊等历史文化遗存和物质文化遗产较为丰富。

1. 传统建筑

(1) 数量及年代

耳洞村现保留土家族传统建筑较多，从耳洞村的鸟瞰图来看，全村90%左右的房屋为土家族传统木构建筑。全村共有传统建筑68栋，百年以上的传统建筑21栋。耳洞村传统建筑的年代大致可分为三个时期，即清代、民国、20世纪50—80年代，且传统建筑保护较好，留存数量较大。据不完全统计，该村土家族转角楼数量达50余栋，排扇屋百余栋。

耳洞村古建筑（李超　摄）

笔者走访调查后将其房屋数量统计如下表：

耳洞村传统建筑数量年代表

年代	数量（栋）	主要居住人物	备注
清代	2	彭光祥旧宅、王峰旧宅	—
民国	5	彭光玉旧宅、王天付旧宅、聂敬松旧宅、彭菊英旧宅、聂镇旧宅	—
20世纪50—80年代	38	王敏旧宅、聂祖清旧宅、王国宝旧宅、彭光武旧宅、王忠花旧宅等	—

（2）形式与规模

据彭光武书记介绍，耳洞村在明代末期便有人居住。耳洞村的土家族传统建筑形式主要分为厢房与转角楼两大类。其中转角楼有钥匙头、撮箕口两种类型，钥匙头为最多。钥匙头转角楼由正房和左侧或右侧的厢房构成，厢房一般分为三层。撮箕口转角楼就是在正屋左右两边搭建厢房，左边厢房一般为两层，右边厢房一般为三层。

两层式厢房一般是三柱四棋、三柱五棋，一般为连二间，一层外间为厨房、餐厅，里间为食物存储间；二层由瓦面与一楼楼顶构成，矮小狭窄，放一些杂物。三层式厢房一般为三柱三棋、四棋、五棋不等，底层一般为两间房，二层为一间房。一层作为猪圈、牛栏、仓库、磨房等。二层作为客房或者闺房。二楼内侧、前侧配上走廊，上有栏杆，走廊为观景、休闲以及绣花的回廊。外侧、内侧配悬空圆柱支撑走廊。三层由瓦面与二楼楼顶构成，矮小狭窄亦可以存放杂物。

转角楼的窗、门、梁木、檐口、栏杆多用土家族传统雕花技艺雕刻而成，花样繁多。柱基石多为正方形，也有上圆鼓、下方形的，凿有多种图案，阶梯沿着的石凿亦有图案雕刻。院内铺有青石板。楼子悬空柱下端上部为鼓形木雕，称“木绣球”，下部削成五或七面，刻有精美图案。楼子外侧有两根旗柱，称“伞把柱”；穿桃木，称“伞把骨”，使得瓦面挑成飞檐翘角，整个转角楼轻盈飘逸。屋脊多用小青瓦组成多种几何造型，线条优美大方。

正屋一般为四排三间的传统建筑，中间为正堂，两边为厢房，或者左边配楼子，右边配以厢房。建筑规格上有三柱四棋、五柱六棋、五柱八棋不等。房屋从左至右按习俗称头间、二间、三间，如果大户人家还有五间和七间。头间为居室，二间为堂屋，三间为厨房，每间以中柱为界，分为前后两间。头间内设火坑，火坑置有三脚架，可架鼎罐铁锅等日常炊具，常年不准移动，只有大年三十可以移动一次，不准用脚踩踏，否则被视作亵渎神灵。火炕上方另有一炕架子，悬挂土家腊肉、野味等可熏食之物。火炕内常年烧柴烟火不断，是取“香火不断”之意。烟熏是木构房屋防腐的最好方法，有效地避免了虫患。耳洞村的一些建筑，在正屋后增加一根柱，盖上茅草或杉树皮，或小青瓦，称为拖屋，增大了此前的空间利用效率。近年来，由于湖南省总工会扶贫工作队驻扎耳洞村，村内有较大部分传统建筑被重新刷漆进行保护。

(3) 建房礼仪

耳洞村在传统建筑修建过程中需遵照一定礼仪规范。一般而言要经过选址、地基、起屋、上梁、盖瓦、油漆等几个环节，其中最为重要的环节亦是最具仪式的环节即为上梁。耳洞村《上梁词》亦有特色，其言：

弟子手拿金斧云错，漫之走漫之走，我与主东开梁口。先开东后开西，后开骡马笑嘻嘻。口问骡马笑什么，骡马笑的状元回。梁口开得深，金银有万斤，梁口开得浅，金银往上涨。日吉时良天地开昌，鲁班到此正好讲梁。讲此梁、说此梁，讲起此梁有根源。此梁生在何处，长在何处。生在昆仑山上，长在黄毛岭上。何人是它父，何人是它母。青山绿水是它父，地脉龙神是它母。日长几尺，夜长几丈。日长三尺，夜长三丈。何人得见，何人得砍。张良打马云中得见，报以鲁班，鲁班得砍。头斧砍的什么叫，二斧砍的什么啼，只有几斧未砍倒。头斧砍得金鸡叫，二斧砍得凤凰啼。

主东用作万代梁，锯子锯齐路成行，刨子刨下大发旺。主东栋梁不美观，又请先生来画梁。老先生的学问广，乾东坤西写两旁，梁头写了富贵字，梁尾又写字双全，中画两仪和四象，四相八卦定一方，八宝英武齐上当，主东从此大吉祥。主东赐我一定红，我跟黄龙背上龙,左三边出富贵,右三边出诸侯。主东赐我一定青,我跟黄龙背上钉,左三边出天子,右三边出状元。主东赐我一定兰,我跟黄龙背上臣,左三边生贵子,右三边出宰相。天子宰相稳坐华堂,左右七叫,正是主东上梁时。升起,升起,连升三级,贺祝主东千年的发达,万代的主梁。①

上述《上梁词》仅为部分节选,待房屋建好上梁时,有些主东与上梁师傅要配合着进行长达几个小时的上梁仪式,有些甚至还会唱上一整晚。上梁仪式过程中敬香敬酒、唱念歌词是最为重要的环节。

2. 古井

耳洞村原先保留有9口古井,有8口古井逐渐干涸,现耳洞村仅保留一处古井。该古井位于耳洞寨内,距离村民服务中心仅约800米,年代不详。井口呈扇形,井口周围已用混凝土加固,以保护井口周围土质,混凝土表面贴青色瓷砖以加固古井。井水顺石阶而下,清澈甘甜,村民常到此取水饮用或洗衣做饭。另外,村民常引井水灌溉附近农田。井水四季长流,如遇连续降雨,井水会漫过浅水塘,即使连续干旱天气,井水亦不会干涸。

耳洞村古井(李超　摄)

3. 古桥古碑

耳洞村现存一处古桥驿道。据王彪介绍,相传旧时从外地来龙山赶考的秀才们都要经过耳洞村这座石桥。石桥的修建年代大致是明末清初,虽历经百余年亦没有倒塌。2018年湖南省总工会对口帮扶精准扶贫

① 访谈对象:彭光武,土家族,62岁;访谈时间:2020年7月31日。

耳洞村古石碑(李超　摄)

项目启动，耳洞村村民和扶贫队伍一起对古桥进行了保护和修缮，并在古桥之上修建了仿古护栏，桥体重新用混凝土加固。

在古桥西侧3米处现存一处古石碑，碑身历经风雨侵蚀已有破损，碑文字迹也已不能完全辨认。碑文标题为“侯灵□碑”，正文内容模糊，仅能从落款处发现“道光”二字，具体年月不得确认，故以此判断此石碑应是清道光时期的古碑。碑身正文残存一些“聂”氏姓名，据此推断应是修建此座石碑的筹资众人的姓名。至于该古碑与旁边古桥的关系，也许是“聂氏家族”筹资修建了这座古桥，后以立碑为记，但此仅为推测，无从考证，故不可断言。如今这座古石碑的左右两侧也已加固和保护。

4. 古墓

耳洞村现有古墓两处，一处位于耳洞寨距离村部大约1公里的高地之上，另一处相较地势略低，位于村民聂敬化宅院西侧。第一处古墓的整个墓葬形制属于夫妻合葬墓，但却有两座墓碑，属合葬不用碑的特殊做法。两座古墓碑端庄古朴，形制仿造房屋而建，由于年代久远，墓碑“屋檐”上方花纹已被风蚀。正面碑文也已残破不得辨认，隐约可见墓碑的落款中有“道光”二字，具体日期则已残缺。墓主人男为王氏，女为聂氏。墓碑后侧还能看到

耳洞村古墓(李超　摄)

墓身台基，呈椭圆状。古墓周围虽已杂草丛生，但没有被破坏痕迹。

另一处古墓的形制与前一座类似，区别是此墓为单人墓葬。墓碑上方“屋檐”部分已基本被毁，墓碑正文也已残缺不全，无法清晰辨认。但从两座古墓的形制比较推测应该属于同一时期的墓葬，甚至后者的年代比前者更早。此处墓葬靠近居民点，故墓葬周围有庄稼、蔬菜种植，但对墓葬整体并未造成破坏。

6. 其他历史遗物

耳洞村现存有旧时遗留下的农业生产用具——石碾盘与水碾盘若干。其中石碾盘共计3块，水碾盘1块，均散落在耳洞寨东侧的玉米地内。石碾是一种用石头和木材等制作的使谷物等破碎或去皮的工具，由碾台、碾磙子、碾盘等组成。过去村民常用其碾压和加工一些谷物。使用一段时间后，碾盘锯齿会被磨平，村民便会请石匠重新凿出锯齿来。水碾盘是一种利用水力带动碾子加工粮食的农业生产工具。水碾盘呈圆形薄饼状，中央留有空隙，应有木棍穿过，通过转动压取加工谷物。石碾盘与水碾盘保存状况均良好。这些物质文化遗存展现出耳洞村村民辛苦劳作的形象，同时也印证着耳洞村过去较为发达的农业生产。

耳洞村石盘(1)(李超　摄)

耳洞村石盘(2)(李超　摄)

（二）非物质文化遗产

耳洞村现有打溜子、三棒鼓、汉剧、阳戏、打围鼓等众多异彩纷呈的非物质文化遗产，其中以聂林的三棒鼓为代表。聂林是湘西土家族苗族自治州非物质文化遗产代表性传承人。

1. 三棒鼓

(1) 传承人聂林生平事迹

此次调研团队有幸结识耳洞村三棒鼓州级非遗传承人聂林，他于2020年7月31日，特意从龙山县城赶回耳洞村为村民进行了一场三棒鼓表演。在对聂林进行深度访谈后，笔者将其生平事迹记录如下：

> 我是土家族人，初中文化，1968年出生，今年52岁了，是湖南省龙山县洗车河镇耳洞村人。我从小就爱好文艺，跟随伯父学习打溜子，学唱山歌，喜爱打花鼓。1988年在县木偶戏团作打鼓将，成家以后就与妻子的大哥田道才学习打三棒鼓，在红白喜会陪客作打，深受观众好评。进城后受到多名老师的指导，再加上我自己努力，中途一直没有间断过，1998年到长沙世界之窗湘江谷参加文艺表演。回来后又继续唱三棒鼓，2011年去湘西自治州乾州古城非物质文化遗产太阳树剧团表演，当过行政团长。回龙山后就专心一直唱三棒鼓，靠此为业。2013年在龙凤示范区三棒鼓擂台上荣获团体二等奖。2014年申报了花鼓"县级传承人"，2016年被评选为州级代表性传承人，2016年在第二届三棒鼓擂台赛荣获第三名。我要把三棒鼓发掘好、保护好，把这个文化发扬出去，争取做一名德艺双馨的传承人。[1]

(2) 起源与表现形式

关于三棒鼓的起源，据聂林介绍，三棒鼓最初是由凤阳花鼓逐渐演变而来的。据明代田艺蘅的《留青日札》所载："吴越间妇女用三棒上下击鼓，谓之三棒鼓，江北凤阳男子尤善，即唐三杖鼓也。以表演者轮番抛动三根嵌有铜钱的棒子击鼓，边击边唱而得名。"但凤阳花鼓传至龙山地区已逐渐形成以西南官话为语言工具的地方曲艺形式，并且"三棒鼓"已演变为"两棒鼓"。聂林特意将三棒鼓的起源故事以曲艺的形式呈现出来，

---

① 访谈对象：聂林，土家族，52岁；访谈时间：2020年7月31日。

笔者将部分三棒鼓起源唱词转录如下：

源远水流长，根生枝叶旺。今日花鼓闹开放，先把根源唱。讲起打花鼓，根源有来处。扬州凤阳两个府，先把三棒舞。扬州和凤阳，花鼓老家乡。后人继承来推广，普天来同唱。花鼓创始人，说来有因缘。居住庐州合肥郡，地名苏居村。村中有一人，名字叫苏恒，娶上何氏结婚姻，相敬胜如宾。苏恒很贫寒，无地又无田，生下一女又一男，凭手找吃穿。儿子苏子见，一十四岁满，女儿兰交满童汉，学把花鼓玩。父母死得苦，兄妹很孤独，无计只好打花鼓，流落跪江湖。兄妹武艺好，天下称英豪，山东救驾立功劳，一举天下晓。①

关于三棒鼓的起源的唱词仅在相互传唱时所用，故事的真实性姑且不论，但可大致推测，现如今在龙山县境内流行的三棒鼓表演与凤阳花鼓有密切联系。

耳洞村乐器——鼓（李超　摄）

关于三棒鼓的表现形式。耳洞村所流行的三棒鼓与传统三棒鼓队伍不同，演奏时需要3人一起配合，即1个花鼓表演者、1个大锣、1个小锣。值得注意的是，花鼓表演者手执两根木棒敲打，而非3根木棒，传统三棒鼓队伍中有抛刀表演，而耳洞村的三棒鼓已不再加入该元素。3人演奏时，最为核心的主角应是打花鼓之人，其一边掌控花鼓的节奏，一边仍要根据鼓点的节奏即兴演唱，其余两人的锣位则配合花鼓的鼓点左右敲打，声音错落有致。一首三棒鼓长则半小时，短则三五分钟，根据不同曲目而定。

① 访谈对象：聂林，土家族，52岁；访谈时间：2020年7月31日。

(3) 曲目与演唱内容

三棒鼓的曲目非常丰富,演唱内容大致分为三类:第一类是传统鼓书,一般有特定唱词,例如《花鼓根源》《大闹黄花院》《三打祝家庄》《青云楼》《天宝图》《三打华府》《四下河南》《孔雀东南飞》《八仙图》《八美图》《杨家将》等;第二类为新编花鼓词,一般以宣传党的方针政策、法律法规及中心工作为主,如《森林法宣传》《计划生育宣传》等;第三类为即兴创作曲目,多出现在几个花鼓队联合演唱或三棒鼓比赛时,艺人们都能以其丰富的知识、敏捷的思维、灵活的对答,相互调侃,从天文地理到古今中外,从天南地北到士农工商。按照当地的风俗,凡是有红白喜事都要请三棒鼓花鼓队进行表演,大多持续几日才会结束。红会多用《甘露寺》《回龙阁》《天仙配》等曲目,而白事多用《二十四孝》《十二月花》《劝孝》《十月怀胎》为主,以情推理,情理交融,抑恶扬善,扣人心弦,常常使听众感动涕零,在潜移默化中起到了教化民众、净化风尚、崇礼守德、弘扬文明的社会作用。但据聂林介绍,现如今的三棒鼓表演主要在白事时进行。

聂林能够根据实际情况即兴演唱三棒鼓,他还创作了诸多三棒鼓曲目,例如《贺中国共产党成立99周年》《新时代赞歌》等。聂林近年来一直保持原创花鼓词,接连创作了多首脍炙人口的作品,例如《十大元帅》《打工族》《漫步湘鄂变化》等。此外,聂林多年坚持三棒鼓的学习与传承,至今门下已收3位徒弟。

2. 打溜子

耳洞村现今仍流传着打溜子的传统民间音乐技艺。洗车河镇的打溜子与其他地方不同,在打溜子的团队构成、演奏形式和说唱技艺方面有着鲜明的地方特色。

(1) 成员构成

打溜子本是土家族地区流传最广的一种古老民间器乐合奏,其节奏明快,表现力极其丰富,是土家族独有的艺术形式。打溜子的乐队一般由溜子锣、头钹、二钹、马锣等组成,而耳洞村打溜子团队的组成不局限于这4者,除了传统的大锣、小锣、头钹、二钹之外,耳洞村还有唢呐的加入。

唢呐一般在打溜子的最开始演奏，相当于序曲部分，待唢呐吹奏完之后，溜子队伍的铜质乐器才会加入，故耳洞村打溜子队伍常常有5人，不过4人队伍在耳洞村也可以进行溜子表演。

(2) 演奏形式及曲目

耳洞村溜子演奏形式主要有两种，一种为溜子乐器现场演奏，一种为溜子说唱。第一种需要4~5人协同演奏。耳洞村溜子乐队的演奏艺人均为耳洞村村民，分别为郑许华，63岁，负责小锣；聂敬贤，75岁，负责大锣；王正孝，84岁，负责唢呐；聂敬化，72岁，负责小钹；聂林，51岁，负责头钹。需要指出的是，上述各位成员并非只通晓一种乐器，在不同的乐队组合中可以根据自己掌握乐器的种类进行自由变换，只需要演奏前进行简单磨合就可以打出一首完整的曲子。

耳洞村乐器——锣(李超　摄)

耳洞村打溜子的另外一种独特形式便是溜子说唱。此种溜子说唱一般由单人运用口技模仿打溜子团队中各种乐器所发出的声音，例如“呆、七、卜、当、配、的”等音节，整首说唱曲目由一人独立完成，节奏明快，抑扬顿挫，爽朗迅捷。据聂林介绍，这种打溜子说唱并不是每人都可以掌握和独立完成，有些人会演奏但不会说唱，而有些人会说唱但不会演奏。聂林老师为耳洞村为数不多的既通晓打溜子各种乐器也能独立完成溜子说唱的人。

现今耳洞村所流行的溜子曲目较多，比较常演的有《八哥洗澡》《锦鸡拖尾》《锦鸡出山》《画眉跳杆》《鸭子下田》《蚂蚁上树》《一字清》《光光铃》《四季发财》。其中演奏频率最高的是《光光铃》。目前耳洞村并未申请到打溜子的县级传承人，因为打溜子如若参评非物质文化遗产传承人，则必须为4人一队一同参评，而耳洞村现有常住村民较少，能够凑齐打溜子的团队实属不易，且年龄偏大，固定队伍参评或经常外出演出的可行性不大。

(3) 打溜子的当代功能

中华人民共和国成立后至改革开放以前，耳洞村打溜子主要用于结婚喜事，一般在迎娶的队伍中实行三吹三打的典范仪式，其中“吹”即为唢呐在队伍中起到的引领作用，而“打”即为大锣、小锣、头钹、二钹的配合敲打。在迎亲的队伍中，一般要一路吹吹打打，以营造婚庆的喜悦气氛。但现如今，耳洞村村民结婚已不再使用或极少使用打溜子，当代打溜子的功能已转化至娱乐与表演方面。从本质而言，打溜子作为土家族传统非遗文化的典型代表之一，保护、传承与发展亦成为现今更重要的价值旨趣。

3. 汉剧、阳戏

耳洞村的非物质文化遗产较为丰富，其中汉剧、阳戏作为两个不同剧种在耳洞村皆有发展。现今耳洞村精通汉剧、阳戏的代表性老艺人为王正孝。王正孝今年82岁，早年曾在龙山汉剧团乐队职掌京胡，同时也熟练掌握唢呐，村内打溜子队伍中唢呐位置只有王正孝一人能够胜任。与此同时，王正孝早年也通晓三棒鼓，在耳洞村可谓是多才多艺之人。

耳洞汉剧。据王正孝介绍，汉剧是龙山地区较为流行的剧种，属于荆河戏派系。龙山汉剧与我国其他戏曲艺术相类似，具有写意性、虚拟性、程式性等特征。汉剧基本遵循以形写神的美学原则，真假互变、虚实相生，角色内外一体，舞台上下相通。在人物造型、情节结构、表演动作等各个方面，都广泛运用虚实结合的表现手法，如以桨代舟、以鞭代马等。汉剧的音乐队伍称之为“场面”，管弦乐队称之为“文场”，打击乐器称之为“武场”。通常使用的唱腔有南路、反南路、北路、反北路、南杂北、四平调等，南路又可细分为一、二、三流，北路又可细分为一、

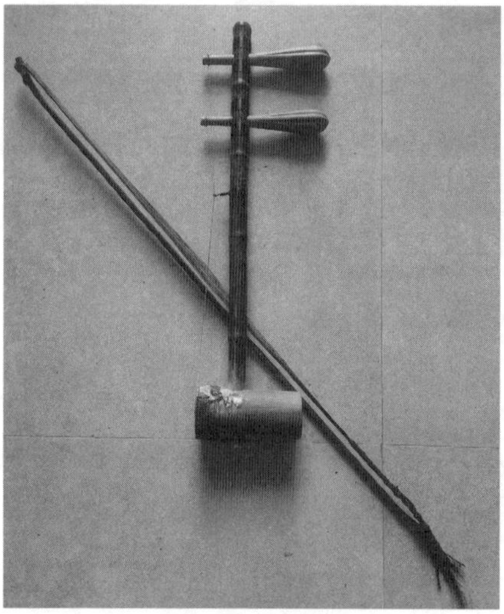

王孝正收藏的二胡(李超　摄)

二、三流，有些剧目兼唱辰河高腔。北路曲调慷慨激昂，多用于弓马戏；南路曲调缠绵委婉，多用于家庭戏或历史悲剧。王正孝作为戏班中的一员，南路、北路皆可弹奏。汉剧的代表剧目有《回窑》《四郎探母》《穆桂英下山》《三家店》《秦香莲》《铡美案》《穆桂英挂帅》《杨门斩子》等。[①]

耳洞阳戏。王正孝老人在演奏完汉剧《回窑》片段后，又为调研团队演奏了阳戏片段。阳戏为一种流行于湘西的地方小戏剧种，耳洞村附近流行的阳戏主要有娱人和纳吉的作用。阳戏与傩戏相对应，一个为“阳”，一个为“阴”。早期阳戏需要戴着面具表演，到了后期人们只要涂抹化妆就可进行表演。阳戏的剧目类别较多，例如有赐福戏、贺寿戏、婚娶戏、送子戏、逗乐戏等。剧本则主要有《盘花》《捡菌子》《掐菜薹》等。总体而言，阳戏要比汉剧曲调简单，阳戏的曲调种类亦没有汉剧复杂。王正孝早年并没有在阳戏剧团进行表演，只是知晓阳戏的音律，能够用京胡演奏出来。

4. 打围鼓

耳洞村打围鼓也是当地有名的非物质文化遗产项目，但现今并没有人参与申报。打围鼓是一种兼具花鼓与溜子为一体的综合性表演项目。围鼓的参与人数较多，通常为5人，由大锣、小锣、大钹、唢呐、花鼓5种乐器共同完成，如有小钹参与则由6人共同协助演奏。因为该项目参与人数较多，且演奏之时大家为了配合彼此的鼓点经常围坐在一起，故称之为“围鼓”。演奏过程中打花鼓的角色最为重要，掌控着整首曲子的节奏；唢呐手一般起到重要节点的过度作用；小锣、大锣与钹为配合协奏。在整个演奏过程中打花鼓的角色还要进行唱念，与三棒鼓不同的是唱词不是念白，而是类似于龙山汉剧的唱词腔调。

耳洞村围鼓的曲目范围没有过多的限定，一般汉剧中的剧目围鼓皆能演奏。演奏的时间亦没有要求，可以是剧本中的一个片段，也可以是剧本中的一幕场景。

---

① 访谈对象：王正孝，土家族，82岁，耳洞村耳洞寨人；访谈时间：2020年7月30日。

5. 民间游戏——占堡

耳洞村流行着一种民间游戏——占堡。这个游戏不仅是现在中年人儿时曾风靡一时的游戏，而且至今耳洞村的小学生们亦大为喜爱。

游戏场地的设置。玩占堡之前应在空旷处寻得一块约20平方米的空地，将场地用粉笔或砖石画出地图。场地的大小也没有特别要求，可大可小，但最小不能低于10平方米。

游戏人数的设定与站位。参与占堡游戏的人数可为8人、10人、12人不等，但必须是双数，因为在游戏进行当中要分成两个阵营，即红方、蓝方两队。游戏开始前双方人员要分别站到自己的“大本营”，即扇形圆点的区域内。

游戏规则。“占堡”，顾名思义，就是参与游戏的双方以占领对方的堡垒为目的的体育游戏。游戏的基本规则为：自身大本营的成员沿着曲线回廊跑出，再从外围进入对方大本营的回廊中，只要身体抢占对方的小扇形阴影区域即可宣告胜利。但值得注意的是，在一方进攻对方大本营的过程会受到对方成员的攻击，对方成员只要在自身大本营内隔着线将进攻方拉入自身大本营或推出轨道，即算进攻方的该名选手出局。两个未闭合的圆形区域是进攻双方的缓冲安全区；只要进攻方进入该区域，防守方就不得攻击进攻方，或攻击无效。游戏规定，双方队员中只要有1名成员一只脚踏入对方的扇形阴影区域即可判定获胜。故而两支队伍既攻既守、既防既攻，颇具战略性，游戏异常激烈。该游戏有效地锻炼了成员的身体素质、团队协作能力和顽强拼搏的性格品质。

6. 灵姑仙与灵姑庙的传说

走访调研中，73岁的王国兴讲述了耳洞村灵姑仙的传说。耳洞村很久以前有一座灵姑庙，专门供奉灵姑仙、八部大神和观音菩萨，灵姑庙已损坏，但灵姑仙的传说却在耳洞村附近广为流传。

据王国兴介绍，很久以前山里没有郎中，有一年闹了一种怪病，十个人中有七八个都因为这个病去世，老人说只有灵坳山上的灵芝草才能医治。但是灵坳山是虎豹豺狼、毒蛇经常出没的地方，基本没有人敢去。一天有一个土家族的石姑娘，决心去灵坳山采灵芝。石姑娘一路经过水巴洞、鸡公岭、湖格沿沟，终于来到了灵坳山。以前耳洞寨附近猴子很多，但灵坳山的险峻使猴子都不敢涉足，可想路途艰险。

当时灵坳山的东西面是万丈悬崖，崖口刚好朝向太阳出来的地方。灵芝草就生长在那陡峭的山壁上，由四条白蛇和五条青蛇守护着，据说是观音菩萨派来看护的。这九条蛇平日里不眨眼睛，只有太阳刚离开地平面的一瞬间才眨眼。石姑娘接了九根血藤，结成九九八十一丈长的绳子，套在山顶的青杆树上，又在自己身上缠绕了七七四十九道，防止坠崖。终于有一天，她趁毒蛇眨眼的瞬间抢到了一小块灵芝，她将灵芝泡在碗里，碗里的水瞬间变成绿色的汤药。石姑娘回村后将药给病人服用，病人们渐渐都康复了。后来石姑娘经常往返灵坳山采灵芝救命，终于在八月十五这一天灵芝采完了，石姑娘也摔死在悬崖下。村里的人为了纪念她，特意为她修建了灵姑庙，将“灵坳山”改成了“灵姑山”，庙里除了供奉灵姑，还供奉观音菩萨。据王国兴口述：

> 从前我们这里去龙山考状元的书生都要经过灵姑庙，每个赶考的人都要叩拜，我们在每年农历二月十五、五月十五、八月十五都会去烧香。[①]

7. 婚姻习俗

耳洞村的传统婚姻与龙山其他地区大同小异，通常为问亲、定亲、迎娶、回门四大步骤。不同的是有些细节凸显出耳洞地域特征。

问亲、定亲。在婚姻择偶方面，耳洞以前是以父母包办为主，但也有根据对方的相貌和人品方面来考虑的。结婚前夕，男方要主动给女方送两天类似于嫁妆的东西，与此同时女方也要提前准备手工制作的衣服（耳

---

① 访谈对象：王国兴，土家族，73岁，耳洞寨人；访谈时间：2020年7月30日。

洞村要求必须是自己亲手制作),一共为12套衣服,男女各6套,另外还需准备布鞋、水鞋等数双。

迎娶。男方在迎娶女方的时候女方要换鞋,女方出嫁的时候必须由其妹妹或者堂妹背着出门。迎娶的过程中还有拦门礼,一般找两位能说会道的人来辩论,输者喝酒接受惩罚。如果迎娶的过程中遇到河流、小桥的话,必须由男方背着女方过到河对岸,在此过程中女方是不准脚着地的。迎娶进门,在堂屋拜堂之后才能送入洞房。耳洞地区亦有闹洞房的传统习俗,许多新郎新娘的亲朋好友进入新房后会索要各类食品,新郎新娘对客人所提出的各种要求要尽力满足。耳洞附近村寨一般有“抢床”的习俗,新郎新娘谁先抢坐在床上,谁日后就能当家做主。

回门。在结婚后的第三天清早要回门,回门的时间一般为3天,如果路途较远回门需4天至5天。据彭光武介绍,当地有句俗话称:“养女不要紧,架起锅子等。”意为无论是过去还是现在,养女儿的负担都比男孩子轻一些。

嫁妆。新中国成立前,耳洞村婚俗中要求女方的嫁妆有斗柜一对、木箱一对、碗筷一对、衣柜一对、八仙桌一张。新中国成立后,经济水平有了实质性提高,在嫁妆方面除了一定数额的金钱,还有家用电器等物品。①

8. 丧葬习俗

耳洞村传统丧葬文化具有一定的地方特色。丧葬仪式一般有报丧、入殓、出殡、喊三等。

第一,如果老人去世,要用火铳放大炮,用以报丧,请村内有空闲之人前来帮忙。第二,老人去世后,要在棺材的底板上盖上一层木灰,并且要用倒扣的碗盖在上面印80个印子,之后铺上草纸,再在去世老人身上绑上80条麻绳带。第三,入殓之后,按照习俗要唱哀歌或者请人做三棒鼓表演。解放前,用得最多的是哀歌。哀歌是由7至8个人同时完成的,几

---

① 访谈对象:彭光武,土家族,62岁,耳洞村村书记;访谈时间:2020年7月30日。婚姻习俗系采访后整理所得。

个人依次接替敲鼓唱念哀歌。第四，去世老人的棺木一般在家停放3天，当地有“七不葬父，八不葬母”的说法，意思为每逢初七、十七、二十七不葬父亲，母亲亦然。如果老人去世3天后碰巧遇到这样的日子，则再停放一天无妨。第五，出殡时间统一在太阳升起之前，通常凌晨4时就要出殡上山。第六，入土后的第三天清晨亲属子女要到坟前进行喊魂仪式。喊魂的人辈分必须要高于死者，并且可以直呼其名，喊魂时要立一个竹竿在土堆上，之后喊出死者的名字。一般竹竿下会有蚂蚁爬出，喊魂人要用纸包好蚂蚁，带回家里封存在坛子内，放入生米，待3年后开坛放生。

关于丧葬戴孝的问题。老人去世后，只有死者自己的儿子、女儿等直系亲属才可戴孝，孙子、孙女可不用戴孝。老人在入土当天，直系亲属可以直接将孝带在坟前烧掉，但女婿的孝带则需要在3年后才能烧掉。

关于坟墓的处理问题。根据耳洞村的丧葬习俗，坟墓挖好之后要用纸钱在墓地内进行焚烧，意图“热墓”。之后还要将小米铺撒在墓地上，如果小米无法找到，用大米代替也可。铺好小米之后要在墓地底部画上八卦图，八卦中间要放一些朱砂，朱砂有避免尸体腐烂的功效。出殡的头天下午，要对墓地进行“扫影子”，用扫帚象征性挥扫几下寓意将修建人的影子扫出。①

9.“四月八”

耳洞村的传统节日除春节、端午节、清明节、重阳节与汉族地区相同之外，最具地域特色的为“四月八”这一节日。按照耳洞村当地风俗，节日当天要请娘舅家的亲人到家里来做客，通常节日的前一天即四月初七到家，“四月八”当天过节，四月初九再返回。节日当天主家要杀一头猪以示隆重，亲朋好友聚餐之时要在房屋的正堂处用餐。正堂在平日里是禁止堂食的，只有在“四月八”节日当天祭祀完祖先之后才可在堂屋进食。“四月八”节日前后的一个星期不允许杀牛，并尽可能让牛不参与劳作。

---

① 访谈对象：王彪，土家族，55岁，耳洞村村主任；访谈时间：2020年7月30日。

三、自然资源

耳洞村古树(李超　摄)

耳洞村现有一株古树,为枫香树,该树已在2017年5月1日由龙山县人民政府和湖南省古树名木保护单位联合挂牌保护。此株枫香树属枫香树属枫香树亚科金缕梅科,树龄240年,于乾隆四十二年(即1777年)被栽种于此,现为国家三级保护树种。该树的树脂可供药用,能够解毒止痛,止血生肌,其根、叶及果实亦可入药,有祛风除湿,通络活血的功效,其木材质地良好可做名贵家具。

四、村规民约

耳洞村村规民约①

为推进我村民主法治建设,维护社会稳定,树立良好的民风、村风,创造安居乐业的社会环境,促进经济发展,建设文明和谐新农村,经村民会议讨论通过,制定本村规民约,作为全体村民共同遵守的行为规范。

一、村寨事务

(一)村组干部、党员应积极学习宣传、执行国家各项法律法规和政策,廉洁自律,带头履行《村规民约》。村两委处理村内事务要公平、公正、公开,保障村民权益,为村民服务,接受村民监督。

① 耳洞村村民服务中心提供,查阅时间:2020年7月30日。

（二）全体村民遵纪守法，诚实守信，自觉遵守《村规民约》，积极参与村内各项集体活动。反对邪教，抵制黄、赌、毒。

（三）凡村内大事要事，严格按照“四议两公开”程序讨论通过，由村两委负责实施，监委会监督落实。

（四）严格执行财务管理制度，做到日清月结，公开上栏。

（五）村民事务调解组积极调解民众纠纷，努力做到大事不出村，小事不出组。

二、社会治安

（一）村民之间应团结友爱，和睦相处，不打架斗殴，不酗酒滋事，严禁侮辱、诽谤他人。严禁造谣惑众、搬弄是非。

（二）自觉维护社会秩序和公共安全，不扰乱公共秩序，不阻碍公务人员执行公务。

（三）严禁偷盗、敲诈、哄抢国家、集体、个人财物，严禁赌博，严禁替罪犯藏匿赃物。

（四）严禁非法生产、运输、储存和买卖爆炸物品。经销烟火、爆竹等易燃易爆物品须经公安机关等有关部门批准。不得私藏枪支弹药，拾得枪支弹药、爆炸物品，要及时上缴公安机关。

（五）爱护公共财产，不得损坏水利、道路交通、供电、通信、生产等公共设施。

（六）严禁非法限制他人人身自由或非法侵犯他人住宅，不准隐匿、毁弃、私拆他人邮件。

（七）严禁私自砍伐国家、集体或他人的林木，严禁损害他人庄稼、瓜果及其他农作物，加强牲畜看管，严禁敞放猪、牛、羊。

（八）认真遵守户口管理规定，出生、死亡要及时申报和注销，外来人员要遵守本村的村规民约。

三、消防安全

（一）加强野外用火管理，严防火灾发生。

（二）家庭用火做到人离火灭，严禁将易燃易爆物品堆放户内、村内，定期检查、排除各种火灾隐患。

（三）对村内、户内电线要定期检查，损坏的要请电工及时修理、更新，严禁乱拉乱接电线。

（四）加强村民尤其是少年儿童安全用火用电知识宣传教育，提高全体村民消防安全知识水平和意识。

四、村风民俗

提倡社会主义精神文明，移风易俗，反对封建迷信及其他不文明行为，树立良好的民风、村风。

（一）提倡喜事新办，丧事从俭，破除陈规旧俗，反对铺张浪费、大操大办。

（二）不请神弄鬼或装神弄鬼，不搞封建迷信活动，不听、看、传淫秽书刊、音像，不参加邪教组织。

（三）建立正常的人际关系，不搞宗派活动。

（四）积极参加村里组织的各种文化、体育活动，提倡全民健身运动，见义勇为、伸张正义，遵守社会公德，扶老携幼，学好科学文化，社会知识，用自身知识影响老一代，教育下一代。服从村镇规划，不准乱修乱建，搬迁、拆迁不提过分要求，拆旧翻新需经村两委同意，报上级有关部门审核，不准擅自动工。

（五）关爱未成年人和留守儿童，保护未成年人和留守儿童的合法权益，特别是留守儿童的生存权和受教育的权利。父母和监护人不得以任何理由和形式虐待未成年子女和留守儿童。

（六）提倡姓氏改革，子女姓父姓、母姓、父母双姓均可。

（七）反对任何形式的家庭暴力。

五、环境卫生、土地管理

（一）积极开展文明新村建设，搞好公共卫生，加强村容村貌整治，严禁随地乱倒乱堆垃圾、杂物，随地吐痰。修房盖屋余下的垃圾碎片应及时清理，柴草、粪土等应定点堆放。

（二）保持村容整洁和道路畅通，不准挤街占道、私搭乱建，不乱摆摊,不乱停乱放。

(三)建房应服从建设规划,经村委会和上级有关部门批准,统一安排,不得擅自动工,不得违反规划或损害四邻利益。禁止非法占用耕地建造房屋。

(四)任何个人不得侵占、买卖、出租或者以其他形式非法转让和变更村集体或他人的土地使用权。

(五)严禁露天焚烧秸秆。

(六)村民各家各户门前院内要保持清洁,清理卫生死角,清除废弃堆积物,禁止在公共场所乱扔、乱倒垃圾和渣土及污水直排,做好垃圾分类。

(七)严禁畜禽粪便向道路、沟渠、河道直排。

六、公益事业

(一)村内兴办公共(公益)事业建设所需筹资筹劳,或由集体经济支出的,实行"一事一议"制度,由村民会议或户代表会议讨论通过。

(二)经"一事一议"决定兴办的公共(公)事业建设及相关筹资筹劳事宜,必须人人参加,兑现。户户参与,不参与投工者,按当地工价折资。

(三)村民议事会成员应密切联系村民,每年的村级公共服务资金用途由群众说了算。

(四)充分发挥村务监督委员会的监督作用。

七、邻里关系

(一)村民之间要互尊、互爱、互助,和睦相处,建立良好的邻里关系。

(二)在生产、生活、社会交往过程中,应遵循平等、自愿、互惠互利的原则,发扬社会主义新风尚。

(三)邻里纠纷,应本着团结友爱的原则平等协商解决,协商不成的可申请村委会调解,也可依法向人民法院起诉,树立依法维权意识，不得以牙还牙、以暴制暴。

（四）依法使用宅基地，老宅基地要严格遵守历史状况，新宅基地按镇、村规划执行，不得损害整体规划和四邻利益。

（五）村民饲养的动物、家禽造成他人损害的，饲养人或管理人负经济责任。没有或限制行为能力的人给他人造成损害的，监护人应负经济责任。

八、婚姻家庭

（一）遵循婚姻自由、男女平等、一夫一妻、尊老爱幼的原则，建立团结和睦的家庭关系。

（二）婚姻大事由本人做主，反对包办干涉，男女青年结婚必须符合法定结婚年龄要求，提倡晚婚晚育。

（三）自觉遵守计划生育政策，实行计划生育，提倡优生优育，严禁无计划生育或超生。

（四）夫妻地位平等，共同承担家务劳动，共同管理家庭财产，反对家庭暴力。

（五）父母应尽抚养、教育未成年子女的义务，禁止歧视、虐待、遗弃女婴。子女应尽赡养老人的义务，不得歧视、虐待老人。

九、违规处理

（一）违反本村规民约的，除触犯法律的交由有关部门依法处理外，村民委员会可做出如下处理：

1.予以批评教育，责令改正；

2.要求写检讨书，并在村内通报；

3.责令其恢复原状或作价赔偿；

4.取消享受或者暂缓享受村里的优惠待遇。

（二）凡违反本村规民约要进行处理的，必须在调查核实后，经村民委员会（或村民代表会）集体讨论决定，不得擅自处理。

（三）凡被依法处罚或违反本村规民约的农户，在本年度不得参与、评获“先进户”“文明户”“五好家庭户”等荣誉称号。

十、附则

（一）本村规民约如有与国家法律、法规、政策相抵触的，按国家法律、法规、政策规定执行。

（二）三分之一以上村民代表或五分之一以上村民联名可提议修订《村规民约》的具体条款。

（三）本村规民约自村民会议通过之日起施行。

（本章由李超撰写）

第十六章　老洞村

老洞村位于洗车河镇北部，东与农车乡交界，西与草果树相邻，南与洗车河镇相接，北与木友村毗邻，距离龙山县约60公里，距镇政府约3公里，村域面积约14.06平方公里，辖7个村民小组，主要有田、彭、向、谢、王等姓氏。村内房屋以木质干栏式结构为主，集中连片，保存完整，共有传统民居百余栋，房屋鳞次栉比，古朴典雅，其中以始建于清末民初的谢氏四合院最为典型。老洞村山奇水秀，自然、人文景观交相辉映，保留了较多传统习俗，如汉剧表演、哀歌仪式、霉豆腐制作技艺等，民族风情浓郁，于2014年被评为“全国少数民族特色村寨”。2016年12月，老洞村被列入第四批中国传统村落名录。

一、村落概况

（一）地理生态环境

老洞村位于洗车河镇北部，距镇政府3公里左右。老洞村属于亚热带季风气候，气候特点是四季分明，春多寒潮，夏多暴雨、干旱，秋多连绵阴雨，冬多严寒冰冻。年平均气温为15.8℃，最高温度39.5℃，最低温度－6℃。无霜期为270～280天。年降雨量1400毫米。适宜的气温，充沛的雨水，为老洞村的动植物生长繁衍提供了良好的条件。

老洞村地处武陵山脉，最高海拔910米，最低海拔313米。村内地貌以山地为主，平地较少，荒地多，且山势险峻，洗车河从村里穿流而过，流程内水流湍急，水资源丰富，河岸两边林木苍翠，绿树成荫，山竹茂密，悬崖高耸。村落地貌特征为东西高、中间低。房屋依山傍水而建，总体布局

老洞村风光（李超　摄）

老洞村吊桥(李超　摄)

基本为坐东向西。老洞村土质含氮多,土壤以羊子岩泥为主。老洞村山体植被覆盖率高,植被种类繁多。

老洞村主要聚居点谢家寨位于洗车河流域旁,三面环山,南有青龙山作为屏障,东与苗子坡、梨子坳相连,西有河流和县道与双雀界相连,北与中秋岭相望,村西、村北和村南有大量田地,北面是通商要道,河流直通沅水,路为原通往龙山县城的货流通道。寨内原来古树参天,曾遭破坏,从20世纪90年代以来,通过“退耕还林”,两岸植被得以有效恢复。寨子通往南北的道路边各有木桥一座,是通商要道。老洞村地形中间低,周边高,形似盆地。村落依山而建,盆地中间基本开发为农田,阡陌纵横。老洞村的建筑主要集中在村子中部,周边山体一定程度上遮挡了冷热季风,村落冬暖夏凉。

老洞村的街巷格局大致可分为三个台级:第一台级大致为自北向南穿村而过的主道路,该道路为水泥路面;第二台级为主道路延伸出的小路,村内小路主要呈树干状,为寨子的骨架路段,决定了村内房屋建筑分布的最主要格局;第三台级为村内大大小小的各种小巷。村内道路路面以青石板、水泥路以及土路为主,青石板巷道占主体,路面宽度为0.8～3米。老洞村于2019年成功修筑水泥石桥,可通车至寨下。老洞村主要对外交通依靠龙苗公路和X011县道。龙苗公路宽约12米,水泥路面。

（二）村落历史

老洞村始建于明末清初，原名“老峒”。“峒”原意为村落连片形成的一个区域范围，后“峒”逐渐演化为“洞”，自此“老洞”的名字传播开来。关于“老洞”名字的由来，有称因村内有一山洞故名为“老洞”。据《龙山县地名词典》载：“洗车河镇村内有一山洞名为‘老洞’，村以洞为名。”[①]但笔者在走访调研过程中不曾听闻老洞村内有山洞，故更倾向于第一种说法，即由“峒”演化为“洞”。老洞村在清代属于五寨里，民国时期属五寨乡，1958年设老洞大队，1984年设老洞村。

（三）村落人口

老洞村村口石碑及路牌（李超　摄）

现今老洞村村域面积约14.06平方公里，下辖谢家寨（下老洞）、上老洞、王家寨、彭家寨、塔卡铺5个自然寨、7个村民小组、298户，共计1071人，常住人口为430人。村部设在谢家寨，谢家寨人数较多，约有500人。老洞村主要姓氏为田、彭、向、谢、王，但查阅老洞村户籍本可知，老洞村现有姓氏共62个。村民以土家族为主，极少为苗族与汉族。目前，老洞村已基本无人使用土家语交流，多数村民说西南官话和普通话。村民起初最先在谢家寨聚居，由于人口逐渐增长，逐步

① 龙山县民政局：《龙山县地名词典》，湖南地图出版社2020年版，第13页。

迁移形成分散居住的谢家寨、上老洞、王家寨3个自然村寨。老洞村一直保持着近缘聚居地,形成现今面积达14平方公里的较大村庄。

(四) 物产与特色产业

老洞村现有耕地865亩,其中水田450亩、旱地415亩,生态公益林10746亩,退耕还林397.1亩。粮食作物主要有水稻、玉米,经济作物以大豆、油菜、烤烟为主。其中烤烟以上老洞自然寨种植最多,达50余亩,已经晾晒好的烤烟可以每斤16元的价格卖出。

(五) 经济社会发展状况

老洞村村民主要经济收入来源于农业产业和外出务工。老洞村2018年脱贫摘帽,2020年全村有建档立卡贫困户80户,共331人。其中2014年脱贫2户,共计12人。2015年脱贫25户,共计113人。2016年脱贫6户,共计28人。2017年脱贫12户,共计52人。2018年脱贫28户,共计116人,2019年脱贫2户,共计4人,社会保障兜底4户,共计11人。低保24户,共计67人,持证残疾人42人。①

二、文化遗产

(一) 物质文化遗产

老洞村物质文化遗产丰富,全村共有传统木质房屋百余栋,以谢氏四合院为代表的清末民初的房屋建筑鳞次栉比,古朴典雅。另外,老洞村三月堂、古井、磨坊等物质文化遗存丰富。

---

① 该数据由老洞村村民服务中心提供;查阅时间:2020年7月26日。

1. 木构传统建筑

(1) 数量及年代

老洞村旧宅(李超　摄)

老洞村内以土家族传统木制建筑为主,其中包含少量砖瓦结构的汉族元素建筑。据统计,全村现存房屋159栋,其中木构传统建筑共计152栋,砖瓦房屋共7栋,百年左右的房屋建筑共有19栋。位于谢家寨核心保护区中的传统建筑有69栋,其中有清代建筑5栋、民国建筑13栋、20世纪50年代至70年代建筑约20栋,另外20世纪80年代以后的建筑约31栋。笔者在走访调查后,将房屋年代数量做表统计,如下表所示。

老洞村传统建筑数量年代表

年代	数量(栋)	居住人物	备注
清代	5	谢氏故居等	—
民国	13	谢开泗、谢开发等	—
20世纪50—70年代	20(仅谢家寨)	陈明成等	—
20世纪80年代以后	31(仅谢家寨)	谢开万等	—

(2) 构造格局

老洞村的传统建筑多为一层结构,也有二层结构的房屋,但数量极少。

木构房屋多由石制基础通过木柱支撑起整栋建筑，采用五柱八棋的干栏式木结构，“飞檐”悬出正屋，造型舒展向上，房屋上的挑梁构造别具特色。

老洞村传统房屋内部结构 （李超 摄）

老洞村现存的大部分木屋修建时充分利用山地有限的空间，随山就势，随物赋形，楼上悬柱，楼下落柱。具体房屋格局为堂屋居中，左右有对称或错落不一的建筑，有“一”字形、“凹”字形和“七”字形。位于老洞村核心区域的谢家寨的传统建筑造型并不统一，大多为“一”字形，偶有转角楼房屋。而上老洞寨由于地势趋于平坦，故房屋也是“一”字形房屋居多。总体而言，老洞村传统建筑规模为三柱四棋、三柱六棋、五柱四棋、五柱六棋、五柱八棋等，其中房屋多以小青瓦干栏式木结构为主，中堂设主梁，两边多雕瓜柱、画看梁、刻挑檐棒、刻齐洞，以自然弯木向上翘为挑梁，封檐、垛脊、扳爪，吊脚则依地势而建，窗棂屋角雕龙绘凤，楼房私檐外栏用万字格、长条形等样式装饰，巧妙精致。

民居平面构成以单座房屋为基本单元，采用“三明两暗”五开间的平面形式。中间一间为堂屋，是住宅中最主要的房间，通常位于住宅的中轴线上，是会客、就餐、祭祀的地方。堂屋开间一般为4~5米，进深7米左右。堂屋楼面稍高，后隔出一截作为后堂(接堂背)，设有楼梯上堂屋阁楼。接堂背与堂屋之间一般以木板相隔，也有用砖墙相隔的。堂屋两侧为侧屋，侧屋各隔成两部分，后半部分作卧室，前半部分为厨房，一为杂物间。

老洞的屋顶一般为双坡木屋架构，加盖小青瓦。屋顶大多是悬山式，高低错落、造型生动，在山墙内，一般不设木构架，而把砖墙一直砌到檐口，在檐口上铺瓦，并做砖封檐。

老洞村传统房屋中的窗户雕花造型尤其奇特，其中谢家寨的房屋窗户有简有繁，雕花有粗有细，依据形式不同，可以分为直楞窗、平开窗、花窗和格扇窗等。直楞窗的外形和构造简单，一般由两根横料和几根木楞拼成，大小约1米见方，无任何修饰，也不刷油漆。由于上下两横料固定于墙上，不能开启，冬季寒冷时糊以薄纸，夏天再将薄纸撕去。由于这种窗的窗洞较小，中间又有较粗的木楞分隔，所以通风和采光效果不佳。但因其造价低廉，且直楞相拼比较坚固，制作省工、省时。另外一种做工精细的窗户是格扇花窗，老洞村谢氏老宅就是用的这种窗户，此种类型的窗户为四抹格扇窗，且窗户的造型融合了花窗的特点，对窗户的花纹进行了镂雕，花纹多以几何纹与植物纹为主。格扇窗一般造价昂贵，用时费力，一般大户人家才能承受。

（3）建房礼仪

老洞村的传统建筑在建房过程中遵循一定的建造礼仪。通常建房要经历测风水选址、铺伞凳岩、地脚、立柱、上度坊、上梁、上水苓、上瓦、盖板、油漆等环节。老洞村一般建房时间选在农闲时节的十冬腊月，东家要事先请来风水先生、木匠、石匠。

首先，要请地理先生(即风水先生)看屋周围的龙脉和志向，选择一片风水宝地，或坐东朝西，或坐南朝北，并且要有水源。屋子的前后左右要有一边有小河或小溪经过。其次，待屋场平整完毕后，木匠把地脚坊放平，把每排架子安置整齐，然后请人立排子。此时需要木匠师傅用公鸡解煞气，左手拿鸡，右手拿一把斧头，唱道："此鸡不是平凡鸡，王母娘娘报晓鸡。头又高尾又低、身穿五色花袍衣。别人拿来无用处，弟子拿来解煞气。"说完后，师傅将鸡冠切开，将斧头向中柱上一捶，喊道："升起！"再次，待房屋立好以后，开始上梁，此时木匠师傅需要开梁口："开梁口，开梁口，贺喜主东跟我走，先开东来后开西，檐罗马笑嘻嘻，我问罗马笑什么，他笑主东是状元府，贺喜主东千年发达，万年兴旺。"最后，请两个人用绳子把梁木从中堂拉上房顶，再请两个人把上梁礼物，即两个茶盘，内装有糍粑、花生、柑子、糖、酒、猪肝、香烟等，送上梁头。接下来最为重要的便是上梁仪式。老洞村的谢海涛为我们讲述了十分详细的上梁语，笔者考录如下：

东边上梁师傅唱道：

东边一朵祥云起，西边一朵紫云开，祥云起，紫云开，鲁班先生下凡来。鲁班先生下了凡，贺鼓主东修华堂。左边修起状元府，右边修起宰相堂。状元府里出伯马，宰相堂里出状元。慢慢走，走慢慢，不觉走到贵府堂。左脚恰门生贵子，右脚恰门点状元。来到堂前举目看，紫薇高照挂中堂。走进堂中向前望，红漆桌子摆中间。金杯玉环摆一对，玉骨筷子摆中双。玉杯筷子齐崭崭，上梁礼物盘中装。慢慢走，走慢慢，双脚走到梯跟前。要上此梯，请讲根源：(上梁师傅自问自答)此梯是何人所兴？何人所造？此梯有好长？此梯有好宽？好多步数上到屋上？讲此梯，说此梯，说起此梯有根由，此梯是张梁所兴，鲁班所造，长有一丈二尺长，宽有一尺二寸宽，十一二步是上到屋上。

脚踏云梯，上一步，一步天光来赐福，一母所生二龙虎，一家安乐之嫦妹。

上二步，二块排，二月白花遍地开，两枝金，头上戴，两边文武站金阶。

上三步，三月照，三月结义贺龙朝，三颗福星堂中照，三代为官逞英豪。

上四步，四逢喜，荣华宝贵从此起，四面亲友站个够，四季进财高官做。

上五步，五圆方，五谷兴隆齐上梁，五龙归位人定旺，五子登科点状元。

上六步，六合春，六鸣映照受皇恩，六郎宋朝掌帅印，六国宰相是苏秦。

上七步，七颗星，宋朝有个穆桂英，七十二阵天门阵，阵阵不离穆桂英。

上八步，八百八，八府其安拜龙楼，彭祖寿高八百步，八仙齐来贺梁头。

上九步，久长远，九颗为星下九天，九站鳌头登金榜，九龙嘴里出状元。

上十步，十合春，十月有个小阳春，十大功劳是韩信，十全十美贺东今。

十一二步上顶头，代代儿孙重诸侯，上了梯又上枋，代代儿孙做高官。手攀一匹枋是陈木，手攀二匹枋是紫檀香，上了枋又攀挂，昔日文王反子牙，魏水反得子牙将，他保周朝八百八。鹞子翻身坐梁头，代代儿孙重诸侯，坐梁头观四方，主东坐的好屋场，前有八步朝檐水，后有八步水朝檐，朝檐水生贵子，水朝檐是点状元。坐梁头观四方，西边先生请上梁。

西边师傅唱道：

慢慢走，走慢慢，不觉走到贵华堂，来得不早又不迟，正是主东上梁时。左脚恰门生贵子，右脚恰门是点状元。上进中堂四四方，四方桌子摆一张。金杯玉杯摆成对，象牙筷子摆成双。喜洋洋，笑洋洋，双脚走到梯眼前。要上此梯，请讲根源：（自问自答）此梯是何人得见？何人得砍？此梯做了好长？做了好宽？多少步数上顶巅？此梯是王母娘娘得见，鲁班先生下凡得砍。做了一丈二尺长，一尺二寸宽，十一二步上顶巅。

手攀云梯，上一步，步步高升。上两步，双凤朝阳。上三步，荣华富贵。上四步，四季发财。上五步，五子登科。上六步，禄位臣相。上七步，七妹团圆。上八步，八仙过海。上九步，久长久远。上十步，富贵双全。十一二步上顶头，代代儿孙重诸侯，上了梯又上枋，代代儿孙做高官。文王魏水反子牙，魏水反得子牙将，他保周朝八百八。师傅坐东我坐西，四言八句由你提。①

① 访谈对象：谢海涛，51岁，老洞村村主任；访谈时间：2020年7月26日。

在上梁过程中，除了东西两边的师傅分别唱念上梁词之外，两位师傅还要进行问答式的上梁仪式。老洞村谢海涛为我们展示了问答环节的上梁词，笔者实录如下：

东问：西边先生听我言，我俩首先说屋场，讲屋场，说屋场，说其屋场有根源，请问：什么先生来看地？什么先生架罗盘？什么挑土平平展展？什么人打岩四四方方？前打几个古凳？后打几个八棱？古凳上雕了什么古花？八棱上雕了什么古双？

西答：百鹤先生来看地，九天贤女架罗盘，七十二人挑土平平展展，跨虎二人打岩四四方方，前打四个古凳，后打四个八棱，古凳上雕的二龙抢宝，八棱上雕的双凤朝阳。

东问：讲华堂，说华堂，说起华堂有根源。何人制五谷？何人造华堂？何树为枋？何树摆四角？何树摆中堂？

西答：神龙皇帝制五谷，鲁班先生造华堂，椿树为柱，楠木为枋，十二枋木摆四角，柏梓枫檀摆中堂。

东问：西边先生听我言，我俩刚才要讲梁。讲此梁，说此梁，说起此梁有根源。此梁是哪年撒种？哪年生秧？此梁生在何处？长在何方？什么过路不敢息翅？什么过路不敢挨身擦痒？又是何人得见？何人所砍？头筒拿来做什么？二筒拿来用何方？只有哪一筒不长不短拿来又做了何用？

西答：此梁是甲子年前撒种，乙丑年前生秧，生在西眉山上，长在九龙头上，凤凰过路不敢息翅，牛马过路不敢挨身擦痒，张梁云中打马得见，鲁班下凡得砍，头筒拿来做了金銮宝殿，二筒拿来修了孔子学堂，只有三筒生得不长不短，主东请了十二位好汉，来到西眉山上，走到九龙头上，迎吹细打，炮火连天，搬进华堂，主东拿来做了万代的主梁。

东问：什么一对好似鸳鸯？什么一个好似凤凰？什么过路齐齐展展？什么过路平平展展？什么过路起了五色的豪光？

西答：木马一对好似鸳鸯，墨斗一个好比凤凰，锯子过路齐齐展展,斧头过路平平展展,刨子过路起了五色的豪光。[①]

待东、西两位上梁师傅问答仪式结束后,东、西师傅便开始敬酒,并且中间要甩梁粑粑。其言:“一杯酒敬上天,天长地久,二杯酒敬大地,地久天长,三杯酒敬梁头,代代儿孙重诸侯。”一梁师傅问:“主东要富要贵?”主东答:“富贵都要。”上梁师傅边甩梁粑粑边说:“赐你糍粑一对,荣华富贵。赐你糍粑一双,陈谷满仓。”

待上梁仪式结束后,依次在未来几天时间内进行盖瓦和油漆环节,至此老洞村传统木构建筑建造仪式结束。

2. 谢氏四合院遗址

谢氏四合院是老洞村物质文化遗产,尤其是清代传统建筑文化的代表。其修建年代大致为雍正十三年(1735年),为清代老洞村豪门大族谢文举的府邸。谢氏四合院占地面积约为1000平方米,房屋主体原为三层建筑,现谢氏四合院地面建筑已基本损毁,现有遗址仅为拱门、台基与院墙等。湖南省人民政府于2011年1月起对谢氏四合院遗址进行原址保护。

(1) 形制构造

谢氏四合院古朝门(李超　摄)

谢氏四合院原为四进院落,现今依然保存有朝门一座,朝门主体以两块整形青石板组成,门顶有精美雕花装饰,至今仍有保存,石门西侧立柱略有毁坏。朝门一进院落为前堂和四间厢房,二进院落为中堂,东西两侧各有一处天井。天井目前保存尚好,井口与水槽依然清晰可辨。三进院落为正

① 访谈对象:谢海涛,51岁,老洞村村主任;访谈时间:2020年7月26日。

堂，正堂处共有厢房八间，主神龛一座。四进院落分布有六间厢房，两侧分别有两处天井，分别与二进院落处天井对应分布。四进院落后有厨房一间、杂房一间、粮仓一间、茅厕一间、磨房一间，如今这些文化遗存皆没有保存下来。谢氏四合院的后院墙体，现如今已被保护和加固。

在谢氏四合院的现有遗址旁已不存在西侧建筑。四合院西侧的房屋与其是配套设施，与规模庞大的四合院相比，其仅为两进院落。一进院落为一座中堂、两间正房和两间厢房。中厅为一处天井，东西磨房、厨房、茅厕、粮仓各一间。二进院落分布一间正堂、两间正房、两间厢房。屋后西侧与南侧分别配有茶园。

(2) 历史源流

在谢氏四合院附近居住的谢开科介绍了谢氏四合院的历史源流。相传在明崇祯初年(1628年)，谢氏祖先谢达鄂因经商从江西江右临川迁入董朴里(现他砂高坪坝)，当时董朴里水陆交通不畅。谢达鄂之孙谢雄生辗转来到老洞村，看到这里土地肥沃，四面环山，古树参天，并有一条河流穿村而过，河畔芳草萋萋，竹木郁郁葱葱，水运便捷，山清水秀，十分适合经商、耕作和居住。故回家后告别父母，携家眷复徙至五寨老洞居住，繁衍生息，艰辛劳作，之后逐渐形成村落。村寨以首居者的姓氏命名，故把这一带叫作“谢家寨”。①

据老洞村谢海涛所藏《谢氏族谱》记载：“谢氏堂号为‘陈留堂’，本支系字辈为‘达伯雄君文，永道家声大，宏开万世基，富有甲天下’。”②查阅族谱可知，谢开科老人所言“谢雄生”为谢氏第三代，而谢文举为谢君荣长子，为谢氏第五代人，而谢开科亦为谢氏的第十二代后人。据谢开科介绍，谢氏四合院建于谢文举之手，而后由于家族逐渐繁盛，四合院已不能满足所有人居住，故一些家庭成员纷纷搬出，分别在其他地方建房，故而搬空了各自在四合院故居的家具，四合院而后便日渐衰败荒废。之后，谢

---

① 访谈对象：谢开科，74岁，土家族，老洞村谢家寨人；访谈时间：2020年7月26日。

② 谢海涛所藏：《谢氏族谱·宝树籐芳》(内部资料)，2015年，第291页。

氏四合院内有些地面建筑逐渐被人拆毁、出售(例如柱子、家具等),当时来自张家界的一批人拆走和收购许多文物。[①]至于谢文举如何发家致富,建此院落,老洞村当地仍流传着诸多传说。据谢开科介绍:

(版本一)传说当时谢文举与妻子去猛西的丈母娘家,因谢文举没有才干,家道贫寒,到丈母娘家只能蹲在那里烧火做饭,自己妻子的几个姐妹都在客厅坐着休息。此时妻子非常生气,拉起丈夫谢文举就离家出走了,并留下话说以后不富裕了就再也不回来。出来后,他们二人走到一个山坡上看到一只母鸡带领着一群小鸡,谢文举上前一看几只小鸡居然是金元宝,捡起来回去盖了四合院。[②]

但据老洞村向化明介绍,谢文举起家之事还有另一传说:

(版本二)以前听老人讲有个乞丐到谢文举家乞讨要饭,把碗遗落在他家后走了,谢文举回头捡起来一看,原来要饭钵子是金碗,于是谢文举便用金碗换了金银盖了房子。[③]

与前两个版本不同的是,田柱祥认为谢文举发家是因"羊变银子"的说法,其言:

(版本三)以前经常听老人们说,谢文举在路边走着,看到有一群羊在吃庄稼,于是拿起棍子驱赶羊群,但羊群变成了一堆银元宝,于是捡起回去盖了房子。[④]

关于谢氏四合院的诸多传说版本,虽然多有神话元素在其中,真假姑

---

①② 访谈对象:谢开科,74岁,土家族,老洞村谢家寨人;访谈时间:2020年7月26日。

③ 访谈对象:向化明,61岁,土家族,老洞村退休书记;访谈时间:2020年7月27日。

④ 访谈对象:田柱祥,51岁,土家族,老洞村书记;访谈时间:2020年7月27日。

且不论，但足以说明谢氏四合院在老洞村的重要地位。

3. 谢氏古墓

谢氏古墓为老洞村物质文化遗产中的又一重要代表，其为谢氏四合院主人谢文举之墓，距离谢氏四合院仅1千米左右，地理位置为谢家寨内东侧台地。

老洞村古墓(李超　摄)

谢氏古墓保存完好，高约1.8米、宽2米，墓碑整体形制呈牌坊状。茔冢保存完好，除自身砖石围砌之外，谢家寨村民设篱笆予以保护。墓碑匾额书写“谢氏祖茔”四字，墓碑上两副墓联依然清晰可辨，上书：“读郭泰之铭窃幸鹳碑具载，试黔娄之抹无马鬣长封；白日悠悠照媲滕公室，青松郁郁辉分櫄里坟。”正碑铭文为“诰封儒林郎例赠奉直大夫谢公文举，飞鹏之墓”。据碑文所载，谢文举为乾隆丁卯年(1747年)十月初九日卯时建生，于道光甲午年(1834年)冬月十九巳时寿终。由于墓碑保存较好，其墓志仍能清晰辨读，上言：

寿终享年八十八岁葬于东山之阳甲山庚向越丙申春墓碑未立适道南以志请盖以余数曾过从其家世固□夙悉也余维昔之人有言曰富贵吾□有□难得者寿耳然齿危发秃之寿何地岁有顾或存历银卒此离栖暮又或享年难总永善状无闻宇宙之内系岂乏之人若□公者年跻九秩富甲一乡乐行好礼之名至老不衰所谓尚书之五福悉符其数其信今传后无疑矣因不得不以文词持志之。

——侯铨训导年家眷晚生阶平姚荣奉拜撰再晚麓川罗永洪敬书[①]

① 摘自谢氏祖茔墓碑，查阅时间：2020年7月26日。

除此之外,东侧碑文亦有对谢文举的生平评述,其载:

谢公飞鹏先生者同邑故职列蕃泰永耀之考余太学道南之祖也,原籍江右抚属之临川代号名宗国初其先人迁邑之董补里复徙五寨地名老洞遂家马阅高曾祖考暨□公历称长者而□公尤贤达谨身节用事两尊人以孝闻生平慷慨然若远适往来者皆乐与为交游以故家日隆隆起类若素封云厥子耀英敏和平有叔度风弟不屑事家人产嘉庆亩午援例入资捋有终军之志□公□属望也亡何王蒙不禄谢胜无年遗孤子二长即道南甫数龄维时潺马稚弱其捋时依而□公鸡丁曰独之伤弥切尼孤之虑左提右擎俾至成立六甚哉悠矣□幸年近伏文健逾卓茂孙曾绕腾康强无恙此固大有造于谢氏仰亦天祚善人自宜尔尔也不意甲午冬月十九日以作。①

谢氏古墓因位于谢家寨内,历经多年而不被损毁,每年清明和月半节都会有谢氏家族前来祭拜,香火不断。现如今,村、镇、县三级单位都提出了对谢氏古墓进行原址保护。

4. 三月堂遗址

老洞村彭家寨在解放前有一座规模庞大的三月堂(即摆手堂)。相传该三月堂修建于清代晚期,民国时期彭家寨周边村寨皆来祭祀朝拜。如今三月堂还保留有相关台基遗存。

(1) 修建传说

三月堂原始地面建筑已于20世纪50年代至60年代被拆毁,至于是何人在何时修建始终不能详加考析。在调研过程中居住于老洞村彭家寨的向发祥老人向笔者讲述了老洞村彭家寨三月堂的来历。

传说在很久以前,洗车河涨了大水,从上游红岩溪漂下来一棵白桐木,漂到距离彭家寨不远的深潭边一直打转。当时有个老人路过这里,看到这棵树在打转就用力一推,将树推到急流处,终于漂下去了。后来这棵

① 摘自谢氏祖茔墓碑,查阅时间:2020年7月26日。

老洞村三月台旧址河滩(李超　摄)

树又倒着漂回这个地方了,仍然停在原来的地方打转,颇为奇怪。当时寨子上的头人们都感觉这棵树有些来头,故让村里的土老司查了查。土老司头戴凤冠,身着八幅罗裙,手执司刀,跨上神马,上天堂,下地府,终于查出了缘由。他向众人解释:这棵树不是普通的树,它是八部大神的大哥附体,所以显灵了。八部大神的大哥爱吃狗肉,终年在外寻找狗肉,经常一去两三年不归家。家里的妻子与二哥私通后,大哥没有落脚之处,便四处云游,落在了这棵树上显了灵,发现这里风水不错就停留在这。众人听闻后,由寨子内最大的五个姓即彭、田、向、吴、覃,出资修建了这座摆手堂。因为修建时间为农历三月十五,所以每年这个时候寨子附近的人都来这里摆手,共同祭祀祖先。①

(2) 建置规模

据向发祥老人口述,三月堂坐落在彭家寨附近的台地上,占地约为1000平方米,正门一处,西门两处,东门一处,正堂上除供奉八部大神之外,神像西侧还设有两位夫人塑像,神像东侧塑有两位战将。正堂前有一处通道,节日时在堂前广场摆手,堂前两侧分别有两处菜园。②三月堂围墙高达3米,平日外人不得随便进出。

目前从三月堂遗址来看,有原址、台基、石墩、古树四类历史文化遗存,其中保留最为完整的是三月堂遗留石墩。目前笔者在老洞村发现三

---

①② 访谈对象:向发祥,90岁,土家族,老洞村彭家寨人;访谈时间:2020年7月29日。

月堂遗留石墩4处,其中1处位于彭家寨,3处位于谢家寨的姚祖爱[①]家中。据闻,姚家的祖辈在修建房屋时曾从彭家寨的三月堂内搬下了几块石墩,目前保存的还有三块。其中一块散落在姚家草丛内,一块作为姚家老宅中支柱的台基,一块散落于姚家的庭院内。三块石墩中保存最为完整的为第三块,目前仍保留着擂鼓花纹与鸟兽花纹。由此可窥探清末民初三月堂建筑的恢宏壮观。

(3) 三月堂的节日盛况

三月堂的祭祀时间为农历三月十五,但据向发祥回忆,通常在三月十二就有附近寨子的人到此游玩,同时做小生意的、游艺玩耍的众人齐聚于此,热闹非凡。但正式的祭祀活动在三月十五当天开始。

由村内最初修建三月堂的五个姓分别组成五个队伍,列五条船,船头上插一面田字旗,船上有一个大鼓和一面铜锣。五条船从同处同时向三月堂出发,角逐出率先抵达的船只。率先到达岸边的船只就把自己的"姓氏旗子"插在岸边,预示着今年家族一定人丁兴旺、财源滚滚。之后由率先上岸的人把准备好的粑粑、酒肉、兽皮摆出供奉在神堂上,待五条船一同抵达后,将所有贡品奉上,放三眼土炮。接着人们按照姓氏排序统一从入口进入,由主持人员统一安排杀猪祭祀,堂内的人在三月堂前共跳摆手舞。活动持续一天后,次日清晨送神、扫堂,三月堂祭祀仪式结束。

老洞村古井(李超　摄)

5. 古井

老洞村原有古井两处,但有一处因地势较低,水质经常被污染,于2019年由村部牵头将其回

① 访谈对象:姚祖爱,50岁,土家族,老洞村谢家寨人;访谈时间:2020年7月28日。

填封堵。目前老洞村仅存一处古井，水井形成时间不详，恐与村龄等同。古井形制较为奇特，为外墙壁开口向内取水状，井口上端常放一口碗供村民饮水。据田腊生介绍，该井内井水通常不会外溢，如有连续降雨的天气出现，井水会外溢至下方水槽内，村民常在此洗衣。

6. 磨坊遗址

老洞村现存历史磨坊遗存两处，均位于谢家寨内。其中一处磨石散落于宅院的草丛内，磨石呈圆柄状，中间有方形镂空设计为旧时动力木杆的卡口。另一处磨坊遗存分布于谢氏四合院的后院天井处，由一块磨石墩与磨片叠放，磨石墩表面已有多年风雨侵蚀的痕迹，略有破损。后者较之前者体积略小，但表面线性几何花纹依然清晰可辨。两处磨石的年代已无从考证。

（二）非物质文化遗产

老洞村非物质文化遗产虽未及物质文化遗存丰富，但亦具有老洞村的独特之处。民间神话传说、老洞村民间传统医药、老洞哀歌仪式、霉豆腐传统手工艺制作、民间竞技体育游戏打三棋等皆为老洞村增添了诸多文化魅力。

1. 民间传说

（1）八部大神与三月堂

老洞村由于原先有三月堂存在，故在该村关于八部大神的神话传说广为流传。据向发祥老人介绍，很久很久之前，村子里住着一对老夫妇，五十岁了无儿无女。有一天他们向山上挖草药的老人寻得了两包茶，老人称喝下就会怀孕生子。于是夫妇回去先喝了一包，果然妇人在怀孕三年零六个月后生了八个儿子，这八个儿子相貌丑陋，丈夫一看以为不吉，便将其扔到山林中丢弃。后来这八个儿子得到天龙与凤凰的庇护，逐渐长大，而后返回老夫妇家中。老夫妇看到喜极而泣，于是给这八个儿子取名“熬潮河舍”“西梯佬”“西呵佬”“里都”“苏都”“那乌来”“垅此也所也冲”

"接也飞列也"(从大到小)。

随后老夫妇将几年前剩下的另一包茶喝了,生了一个女儿。这女儿生得一双巧手,她绣的绣花鞋深受皇帝喜爱,被召进宫内,八个哥哥也一同跟去。当时八位哥哥参加了抵抗入侵者的战争,皇帝察觉到八位哥哥勇猛过人,恐留在身边引来祸端,故将其遣回原籍,一人负责一个峒的安宁。后来八位哥哥分别娶妻,老大由于爱吃狗肉四处游走而被妻子丢弃,后来才一路漂泊到了老洞村,村民为其修建了三月堂。[①]

(2) 洗车河"三怪景"

据洗车河镇新建社区的向正国主任介绍,洗车河一带流传着一个"洗车河三怪景"的传说。相传很久以前洗车河流域一带非常平静,百姓也过着祥和的日子。忽然有一天,不知道从哪里来了一只乌龟精和一只青龙怪,他们都觉着这个地方适合生存,便要霸占这个地方作为自己的领地。他们大战了七七四十九天,乌龟精即将败下阵来时,从他砂又来了一只白虎精前来帮助乌龟精。长期战争导致生灵涂炭,进而惹怒了天神,雷神一怒之下将青龙劈死。龙尾落在了洗车河上游化成了岩石,此为"一怪景"。乌龟精由于害怕也沉入水中,但由于体积太大,背部露出了水面形成了巨大的龟背岩,此为"二怪景"。白虎见状亦不敢逃跑,遂化作了一座小山,此为"三怪景"。从此洗车河流域与老洞村附近过上了太平幸福的生活。[②]

(3) 洗车河传说

老洞村距离洗车河镇仅有3千米,洗车河穿村而过。故而当地流传着诸多关于洗车河的传说故事。据老洞村退休书记向化明介绍,老洞村村口的洗车河与土家族的迁徙故事有关。相传唐代末年,原来占据永顺老司城的吴著冲(吴王)被其部属彭瑊追赶到农车后,吴王一行人不敢停留,沿着泥泞的山路,冒雨匆匆前行。天亮时,来到一个依山傍水的山寨,雨已不知何时停了,只见这里山峦秀丽、河水清澈、百花争艳。吴王见追

① 访谈对象:向发祥,90岁,土家族,老洞村彭家寨人;访谈时间:2020年7月29日。

② 访谈对象:向正国,55岁,土家族,洗车河镇新建社区人;访谈时间:2020年7月26日。

兵已被甩掉，下令人马就地休息。他们把途中溅满泥浆的木轮车推下河去清洗，所以这个村子便有了“洗车河”的名字。①虽然这则传说与现实有一定程度的贴合，“洗车河”与“捞车村”亦有对应语意，但如以考实地名而论，仍有附会之嫌。走访中笔者发现，“洗车”在土家语中的含义为“醋”，“醋”的土家语直译为“奚扯”，加之洗车河镇一带多以酿酒、酿醋闻名，故地名由来恐与“酒醋”相关。

2. 传统医药

老洞村现有一名通晓民族传统中草药的村医，名为窦启明，现年82岁。窦启明28岁时跟随其师傅谢红宝学习中草药，学习五六年后他基本掌握了诸多药材的药理和疗效，独立成医。作为老洞村的驻村医生，他常年到山林里采集中草药，为村民救死扶伤，直至今日他仍为村民抓药看病。访谈期间，窦启明介绍了存于家中的几味药材，现将老洞村传统中草药材列表考录如下：

老洞村传统中药材名录表②

序号	学名	疗效	使用方法	备注
1	三马王	主治肝病	配比药，煎熬口服	—
2	紫珠爆丹（又名赶三鞭）	治疗跌打损伤，治疗腿疼	煎熬口服	—
3	赤黄连	治疗腹泻	煎熬口服	—
4	凌霄花	治疗跌打损伤	煎熬口服	—
5	节骨亭	治疗麻风、痛风	煎熬口服	—
6	黄贝	清热解火、祛湿、缓解腰痛	煎熬口服	—
7	三百半	治疗跌打损伤，骨折康复	泡酒口服	—
8	大血藤	治疗跌打损伤，缓解腰痛	泡酒口服	—

药材疗效。窦启明早年跟随师傅学习草药病理疗效时，主攻跌打损

① 访谈对象：向化明，61岁，土家族，老洞村退休书记；访谈时间：2020年7月27日。

② 该表格内容根据窦启明介绍其诸多药材后整理所得。访谈对象：窦启明，82岁，土家族，老洞村谢家寨人；访谈时间：2020年7月28日。

伤的外伤用药,同时以治疗日常风寒病症为辅。上述8味药材仅为窦启明的部分存药,他早年上山采集的草药共有30多味。据了解,跌打损伤的药材多使用煎熬服用和泡酒口服两种服用方法,通常村民来窦启明处医治。

中药传承。据窦启明介绍,他习药一生,并未收得徒弟,自己的子女常年在外打工,对此亦没有太多兴趣。目前他虽已到耄耋之年,但仍坚持每周上山采药、晾晒、加工、储存,村内现在也偶有村民前来抓取药材。

3. 老洞汉剧

龙山汉剧是龙山县民间传统文化中的典型代表。老洞村目前仍保留着传统龙山汉剧的剧目与唱腔。老洞村向化明,现年61岁,早年在龙山剧团有唱汉剧的经历,现长居于老洞村内,农闲时依然以汉剧为伴。

据向化明介绍,汉剧旧称"楚调"或"汉调",已有300多年的历史。龙山汉剧属荆河戏派系,在龙山县的靛房镇、苗儿滩镇、洗车河镇、里耶镇、召市镇等地广为流行。汉剧在角色上分为一清、二净、三生、四旦、五丑、六外、七小、八贴、九夫、十杂。龙山汉剧在表演艺术上基本分为内八功与外八功两种。其中内八功是指内在情感的表达,包括喜、怒、悲、愁、惊、疑、呆、癫八种神态,而外八功则指头、眼、口、手、腰、腿、裆、罡八门功夫,在唱、念、做、打、手式身法、髯口功、水袖功、脸子功、帽子功、甩发功等方面都有技巧和身法。在近300多年的舞台演绎中,经过竞争、选择、提炼和融合,汉剧已形成了自身鲜明的地方特色和艺术传统。汉剧的经典剧目有《巴家寨》《三搜索府》《疯僧骂秦》《火烧连营》《陈店元》等。据闻向化明在汉剧团曾扮演老生角色,如今向化明还收藏着当年的诸多唱词。笔者将其部分剧目中的经典唱词节选摘录如下:

剧本一:

土台档亮

生上(倒板):怒气不息出营寨,耀武扬威摆战场,可恨反贼陈友谅，屡次兴兵夺汴梁，二殿下被贼短剑伤，花将军却被乱箭亡，吾的主闷坐在罗帐，才命得刘巷军师，军师刘基把令传。一支箭令往下降，小部英领兵出营房，二次又差白袍将，江东桥下去埋葬，满营将官却差上，然何不差紫令梁，某在衙门发笑让，只笑得刘基军师，军师刘基，险带天光。因此与他三结当，赌之输亮又何妨，去一番搞得陈友谅，军师帅印某家当。此番擒不住陈友谅，愿将红头挂高岗。

快二流：

军在勇来那在广，将在陈白各那在强，慢慢是一个一个陈友谅，就是那千军万马，万马千军有爷永当，人来带到土台上，等待反贼北汉王。

剧本二：

午门打忠

老生上（白一倒板）：听谯楼打初更风清月淡。

（回龙）一轮明月照透万国山川。

（一流）观银河朝北斗紫气霄汉。金乌堕玉兔生压负广寒，似大鹏展翅飞鹏程万里，海底鳖，勇金波头顶泰山。幼年间在寒窗，磨穿铁砚，到老来，年高迈，举步维艰。奉谕旨，去河北，安民回转，十里亭，众百姓，挡轿申冤，他告到，张昌忠把国混乱，薛敖曹、武三思祸乱朝纲。今日里，天色晚难见君面。到来日上金殿面奏龙颜。

（二流一生上）身跨白马出郊期，析罢了进场得意回，赵王府氏多娇美，不觉蒙眬带醉归。本宫，张昌忠，奉了女王御旨，郊外射猎而归，路过赵王府氏，武三思摆宴，花月姑执壶，只吃得本宫，沉之带醉，观春天，色不早，又恐女王宫中挂念，啊，家院，前去问来，此乃什么所在？①

① 摘自向化明自留汉剧本（内部资料）。访谈对象：向化明，61岁，土家族，老洞村退休书记；访谈时间：2020年7月27日。

4. 传统手工技艺

老洞村另有一项传统手工技艺，即制作霉豆腐。老洞村谢海涛目前亦从事霉豆腐制作与出售生意。老洞村的霉豆腐为长宽高均约三四厘米大小的立方块，外面沾满了橘皮粉、花椒粉和盐巴等混合物，有白方腐乳、红方腐乳、黄方腐乳等。霉豆腐的味道和口感难以形容，兼具香、辣、咸、醇厚、松酥、细腻等，在腌制的过程中，稍有不慎就会有怪异味道，难以达到预期效果。

据谢海涛介绍，制作霉豆腐大致要经过13个步骤。具体为：

第一步，选择上好的黄豆。

第二步，用冷水浸泡黄豆1天左右(关键是用洗车河的水)。

第三步，用石磨将浸泡好的黄豆推成浆。

第四步，将豆浆放入桶内，用开水冲并且搅拌。

第五步，用包袱滤网过滤、去渣、存浆。

第六步，将浆水倒入铁锅内，用大火烧开。

第七步，将烧开的浆舀入桶内冷却半个小时左右，酌石膏，养20分钟左右成豆腐状。

第八步，转瓢，又名翻豆腐。此时的豆腐可以食用。喜欢吃豆腐的人可以准备好白糖、葱姜蒜末等佐料，将其放入盛有豆腐的碗里调和后食用。

第九步，用包袱继续包豆腐，放入豆腐箱里，用巨石压干水成豆腐。这时的豆腐叫白豆腐，可以生吃，也可以用水煮、油炸的方法烹饪。

第十步，将豆腐切成四方垛子。

第十一步，放入有缝隙的木盘或格筛、簝箕中，放入保温处，用稻草遮盖，稻草上盖上棉被，发酵10至15天，发霉成白霉豆腐。

第十二步，将白霉豆腐拌辣椒粉、花椒粉、食盐、八角粉、姜等佐料。此时，霉豆腐的颜色已经变成了各种佐料的综合颜色。

第十三步，用陶缸或罐浸泡食用。有用冷开水泡霉豆腐，亦有用熟清油、白酒泡的，也有腌制后再浸泡的，各有滋味。

霉豆腐基本全部靠手工制作，使用工具也较为简单。主要器具有簸箕、石磨、木桶、灶、铁锅、包袱、豆腐架、水瓢、豆腐箱、巨石、簝箕、稻草、棉被、陶缸、罐子、菜刀等。从霉豆腐的市场价格来看，一罐大约20元。现今，洗车河镇有些商家已经用机械磨代替了石磨，虽然提高了生产效率，但极大程度上破坏了原有的口感。

5. 传统体育游艺竞技

老洞村打三棋游戏是流传于地方且极具地方特色的传统民间体育游艺竞技项目。调研期间笔者在向发展家中寻得一张刻于地板之上的棋盘。

向发展家内打三棋棋盘(李超　摄)

打三棋的棋盘形制。打三棋的棋盘较为简单，是由三个大小不同的长方形互嵌而成，三个长方形的四个角分别相连，各边的中点也用一条直线连接起来。该棋盘有二十四个交叉点，这些交叉点就是放棋子的地方。棋子只要大小或者颜色不同，石子亦可以充当。棋盘虽有所残破，但棋盘基本线条隐约可辨。

打三棋的相关传说。据向发展介绍，相传在明清时期，有一个土家族小孩上山放牛。牛在吃草的时候他闲着没事，于是随意地在地上画了3个大小不一的四方形的框子，然后把各个框的线条连接起来，并不断地用小石子、小木棒比画。回家后小孩把这个游戏告诉给同伴，后来，他与这些小伙伴经常邀集在一起下此棋，谁输了就负责当天的看牛任务。之后这个游戏便在当地一直流传至今。

打三棋的游戏规则。下打三棋时，往往为二人对弈，分为两段进行。第一段为摆棋子。按照轮流摆子的顺序，把自己的棋子有计划地布置在棋盘上的交叉点处。每人可摆出12个棋子。在摆棋子时任何一方凡在棋盘上占得一条直线上的三个点，就形成了打三（在这一点上类似于五子棋），即获得在棋盘上压上对方任何一个棋子的权利。被压的棋子叫作“包”，棋子摆满后将包拿去。若一方在摆子阶段未形成打三，到动子阶段就无法比下去了，这叫“死棋”。出现死棋后判定未形成打三的人先输三局。所以摆子阶段非常重要。第二阶段为动棋子，动子后由后摆子的一方先动，限走一个交叉点。然后轮流动子，如果形成了打三，就可任意提掉对方一个子，使对方无法形成打三。打一三，提一子，一直把对方的子全部提干净或只剩二子无法打三，或自动认输时，这盘棋就算结束了。[①]

打三棋时需要注意相关技巧，主要是放子和压子技巧性较强，其次是行棋时提对方的子很有讲究。对战时，一方最怕另一方形成“挪子三”，即一方往上下左右任何一个方向反复挪动某一子，都能使自己的三子连成一条直线，不断提对方的子，而另一方行棋时无法阻止或破坏这种局面，那么另一方就像围棋一样只好中盘认输了。打三棋游戏浅显易学、老少皆宜，是一款极具地方特色的民间传统体育竞技游戏。

6. 婚姻习俗

老洞村的传统婚姻习俗与龙山县其他村镇的婚姻习俗大同小异，总体婚姻仪式亦分为请媒、求亲、送礼、订婚、结婚、回门等环节。

请媒。请媒需要男方的父母或男子本人带上一些礼品去媒人家告知女方的情况请求媒人从中说和，老洞村有“请媒不过壶把酒，谢媒不过双把鞋”的说法。媒人帮自己把婚姻说和成功后，要送给媒人一个大猪头和一双鞋作为答谢礼，来感谢其为婚事前后的奔波劳苦。

求亲。媒人前去女方家求亲一般要去三次，每次携带一把“团圆伞”。第一次去时媒人要将伞倒置于大门口，如果女方同意，则要放“松口炮”；第二次去时，伞要放在火铺门口，第二次如果同意，则要放“定亲炮”；第三

---

① 访谈对象：向发展，45岁，土家族，老洞村谢家寨人；访谈时间：2020年7月29日。

次去的时候媒人要把伞带进房屋里,基本成功后求亲过程完成。

送礼。送礼一般是男方委托媒人前去女方家听取女方父母的意愿。男方一共要向女方家送礼3次,如果女方欣然接受了3次礼物即可视为这门亲事基本达成。

订婚。女方首肯媒人后,男方要择日前去女方家正式“定亲”。男方要带酒肉、衣服、糯米粑粑、鞭炮等物品。中午吃饭时,男方要在女方长辈的茶杯下放红包作为“见面礼”。定亲当日男方要当日到,即日归,不能过夜。女方也要请本家人一起吃“认亲酒”或者叫“订婚酒”。订婚当日将双方的生辰八字合算完毕后要放“定亲炮”。

迎娶。在结婚迎娶过程中,有两个最具老洞村特色的环节,一则为“画黑”,二则为“哭嫁”。“画黑”即为女方在男方迎娶队伍中兄弟们的脸上涂抹黑粉,称之为画黑,目的实际是为凸显新郎的英俊潇洒。“哭嫁”多为女方哭父母。据姚少月回忆“哭父母”的唱词为:

> 我的阿爸吔,我的阿娘啊!女儿今日离双亲,难舍难分泪涟涟。吭吭,父母养育了女儿身,为何不留女儿人。女儿不能孝父母,好像浮萍没定根。吭吭吭,一尺五寸娘抚养,移干睡醒湿费娘心。梳头洗面娘心苦,长大侍奉别人家。吭吭吭,父母恩情讲不尽,只怨儿是女儿身,父母恩深难报答,今日离别放悲声。[①]

回门。结婚后的第三天,夫妻双方要携带礼品返回娘家,女方家会非常热情地招待他们,教导新婚夫妇如何相亲相爱、兴家立业、孝敬长辈等。按照老洞村的习俗,回门当天无论路途多远,必须返回男方家。

7. 丧葬习俗

老洞村的传统丧葬礼仪中大致有报丧、入殓、停柩、出殡、喊三等环节。其间有诸多注意事项。

---

① 访谈对象:姚少月,82岁,土家族,老洞村谢家寨人;访谈时间:2020年8月28日。

仪式过程。按照当地习俗，老人去世后先烧“落气钱”，这个纸钱规定的重量为三斤六两。烧尽的纸灰要包好挂在死者胸前，视为钱袋。报丧之后，亲属要给死者换好寿衣，在嘴里放入“含牙钱”。放入棺木的同时要再次在十字路口烧掉三斤六两纸钱。三斤烧一堆，六两烧一堆，意为为死者阴间开路所用。装入棺木之后一般在堂屋设灵堂，而意外死亡的人则不能进入堂屋停棺。村内60岁以上老人去世都要请道士或梯玛前来超度。据调查，洗车河镇并没有道士，如遇丧事则要从苗儿滩镇或靛房镇请道士来做法事。去世老人一般在屋内停放3天，也有4天5天不等，因当地有“逢七不葬父，逢八不葬母”的传统风俗。道士还会算出与去世的人属相相冲的几个属相，在出殡之时是这些属相的人禁止观看灵柩。出殡的时辰必须在日出之前，通常出殡在凌晨四时就要完成，如果太阳出来后再入土，会照出人的阴影，这样是非常不吉利的。

传统丧葬的注意事项。亲属一般会在新的坟茔放入朱砂驱邪，另外还要在坟茔底部烧一些芝麻秆，用来“热坟”。亲人下葬后，一般会在第三天由亲属到坟前烧纸、祭祀、喊魂，撒一些大米让坟墓周边的小昆虫食用，意为让去世之人得到安慰。按照老洞村的习俗，安葬满3年后要进行“烧社”仪式，用活鸡和活羊的血绕着坟墓洒一圈，并且要在坟前烧3天的火。①

老洞丧葬中的哀歌。在老洞村如有老人去世，村民必定邀请向化明为老人唱念哀歌。向化明，老洞村退休书记，早年跟随父亲学习哀歌，后多在老洞村及周边村落帮忙主持哀歌仪式。哀歌的形式多为伴着鼓乐说唱，歌词内容多为歌颂去世老人生平事迹以示怀念之情。哀歌有时进行一天一夜，有时进行三天两夜，并且哀歌的相关内容不同，与此对应的报酬亦不尽相同。笔者将向化明哀歌相关访谈内容考录如下：

哀歌一：

① 访谈对象：田柱祥，51岁，土家族，老洞村书记；访谈时间：2020年7月26日。

十字印

耳听起鼓这歌师，适才又黄斗另词语，上印采的知此师，下印又采日和时，上下印再八个字，印角标了难采词。上首出言好句子，腹内的确有知识，听他一句和一字，句句字字好口词。封官大葬办丧事，同陪亡公来到此，不会巧迁会今日，亡公昨日已去世。走阴别阳离红日，老亡一身和一世。为人忠心又忠直，不关大事和小事，办事忠诚又老实。不和别人分彼此，能让一寸让一尺。儿媳极父的思慈，儿子长大办喜事，男婚女嫁正当时，花钱花米花物子，不是一百和一十，要花上万的栗子，还要大量的粮食。上周父母葬儿子，下为儿女的衣食，上下两件的大事，现在已经办落实。日后儿子和孙子，正过这些好日子，可惜命运不逢时，不文得命坏身子，头昏眼花难支持。

哀歌二：

十送阎罗

十殿阎君把旨传，知迎老亡人善良，派我前来迎老亡，老亡回答说等敢。吕闯阴府请海涵，愚下举步进一殿。一殿参见秦广王，老亡文凭呈殿上，秦广王爷文凭看，亡公好事多万广，坏事并未做半行，就叫判官对籍贤，生死年月对专访。判官查对簿子看，年月日分都合昂，秦广王爷印介上，交还文凭送老亡，老亡拜辞出一殿。就往二殿走得忙，老亡举步到二殿，二殿参拜楚江王，忙把文凭呈殿上。楚江王爷用目看，老亡好事多万广，坏事并未做一行，楚江王爷印介上。交还文凭送老亡，老亡拜辞出二殿，就往三殿走得忙，老亡已经到三殿，三殿参拜宋帝王，就把文凭呈上殿，宋帝王爷看专访，老亡好事有万广，坏事未做这半行，宋帝王爷印上接，交还文凭送老亡，老亡辞别出三殿。四殿恭拜五关王，忙把文凭呈上殿，五关王爷看专访，老亡好事有万广，坏事并未做一分，五关王爷印介上，居住年月对适当，倘若取错送回还，就把文凭退老亡，老亡拜辞出四殿。五殿参拜阎罗王，忙把文凭呈殿上，阎罗王爷看专访，一生好事有万广，坏事并未做一行，各殿官印都介上，一殿批了字一行，籍贯年月未错行，我要测断这老亡。判官巡逻在殿上，共同查看这老亡，老亡一生人良善，忠孝仁义两双全，阎罗阎君定了案，批他投个富儿郎，急忙把印来介上，交给十殿转轮王。老亡辞别出五殿，六殿参拜平等王，忙把文凭呈殿上，平等王爷看专访，好事做了千千万，恶事未做这半行，平等王爷印介上，交还文凭送老亡。老亡拜辞出六殿，七殿参拜泰山王，忙把文凭呈殿上，泰山王爷看专访，老亡好事有万广，坏事并未做一行，泰山王爷印介上，交还文凭送老亡，老亡辞别出七殿。八殿参拜都市王，忙把文凭呈殿上，都市王爷看专访，老亡好事有万广，坏事并未做一行，都市王爷印介上，交还文凭送老亡，老亡拜辞出八殿。九殿参拜卞城王，老亡文凭呈殿上，卞城王爷看专访，老亡红尘多行善，坏事未做这半行，卞城王爷印介上，交还文凭送老亡，老王拜辞出九殿。十殿参拜转轮王，忙把文凭呈殿上，转轮王爷看专访，老亡好事有万广，坏事并未做一行，十殿阎君已判断，应该断个富儿郎，转轮王爷太尉喊，接传送亡投儿郎，朱太尉来走前面，金童玉女陪老亡，老亡拜辞出十殿。①

向化明的哀歌内容大多歌颂亡人生平的美好事迹，对亡人夙愿寄托与现人追思有一定的积极作用。至今老洞哀歌依然在丧葬仪式中广为流行。

8. 代表性传统节日

老洞村目前仍在延续的传统节日为“六月六”，据闻现今只有老洞村上老洞寨还保留着“六月六”的相关风俗，而谢家寨、彭家寨、王家寨等其他村组的节日气氛已渐渐淡化。

“六月六”这一天，上老洞村民一般会杀猪、宰羊、打糍粑、做豆腐，如有远方到的客人要邀请进家一同共进晚餐。除此之外，村民还会将家里的衣

---

① 摘自向化明自留哀歌词本(内部资料)。访谈对象：向化明，61岁，土家族，老洞村退休书记；访谈时间：2020年7月27日。

服、被褥、书本拿出来晾晒，代表除旧之意。节日当天，妇女可以在洗车河边洗衣服、洗头，到了夜晚村内还会点起火把在祖宗祠堂前跳摆手舞。但随着时代变迁，上老洞寨现有常住居民逐渐减少，故而需要众人参与的摆手舞活动也逐渐取消。而从实际调研来看，节日气氛已渐趋淡化。[①]

三、自然资源

老洞村目前并没有湖南省古树保护单位挂牌统一保护的古树，但走访调研中发现了古树遗存。此株古树名为樟树，位于老洞村彭家寨附近洗车河岸边。据田腊生[②]介绍，该树是三月堂门前的古树，栽种年代应与三月堂相当，应已有百余年历史。据田腊生回忆，旧时三月堂门前有两棵樟树，由于拆毁三月堂时误将其中一株樟树点燃，遂已不复存在。目之所及的这株樟树现已枝繁叶茂，应由相关保护单位予以保护。

老洞村古树（李超　摄）

四、历史事件

陈和亭在洗车河开办民信柜。据相关史料记载与田野走访，光绪七年（1881年）陈和亭曾在洗车河老洞村附近开办民信柜业务，为百姓投递

① 访谈对象：田柱祥，51岁，土家族，老洞村书记；访谈时间：2020年7月27日。

② 访谈对象：田腊生，42岁，土家族，老洞村彭家寨人；访谈时间：2020年7月26日。

信件、包裹、汇兑银钱等。18世纪中叶，龙山桐油、生漆、五倍子等山货远销海内外，南半县形成了里耶、隆头、洗车河3个水运码头。造船、驾船、油桶加工等行业应运而生。同时也出现了巴沙湖向氏、塘口贾氏的大型油桐种植园。水运码头的商业资本日趋发展，需要与外地传递商业信息、往来汇兑等。在此情况下，洗车河的"陈公茂"商号老板陈和亭，在洗车河开办了民信柜，对促进龙山商业资本的发展和民间信息的交流，起到了一定的促进作用。①

易得新修建洗车河小桥。据走访了解，在老洞村中洗车河上游原有一处石桥，为本地乡绅易得新于光绪十三年（1887年）所建，此桥两台一墩，上架凉亭，名为小河桥。1976年，新建悬链线空腹式石拱桥于上游8米处，将小河桥拆除。

刘紫梁在洗车河附近创办兵工厂。据村民了解，民国时期龙山团防头子刘紫梁召集工匠30余人，在洗车河关帝庙附近开办兵工厂，生产"洗造"步枪，但在1930年左右停办。

五、村规民约

洗车河镇老洞村村规民约

各位党员、村民同志们：

为了加强社会主义精神文明、物质文明和政治文明建设，构建和谐社会，建设社会主义新农村，使广大村民能自我管理、自我服务、自我教育，严格规范党员、干部、群众的行为，增强法制观念，强化社会治安管理，保持社会稳定，维护广大村民的合法权益，使其真正做到讲文明话、办文明事、做文明人。形成一种良好的村风，坚定正义永远战胜邪恶的信心。使每一个村民从灵魂深处明辨是非，懂得法律存在的严肃性，为此制定村规民约。

① 参考龙山县委员会：《龙山近百年大事记述》（内部资料），1988年，第9页。

一、社会治安

第一条 每个村民都要学法、知法、守法，自觉地维护法律的权威和尊严，同一切违法犯罪行为、邪教组织作斗争。

第二条 村民之间应团结友爱，和睦相处，不打架斗殴，不酗酒闹事，严禁侮辱、诽谤他人，严禁造谣惑众，搬弄是非。

第三条 自觉维护社会秩序和公共安全，不阻碍公务人员执行公务。

第四条 严禁偷盗设施，哄抢国家、集体、个人财物，严禁赌博，严禁替罪犯隐藏赃物。爱护公共财产，不得损坏水电、交通、生产等公共设施。

第五条 严禁非法生产、运输、储存和买卖爆炸物品。生产、销售烟火、爆炸物品，须经公安机关批准。拣拾枪支弹药，爆炸危险物后，要及时上缴公安机关。

第六条 严禁非法限制他人人身自由，或者非法侵犯他人住宅，不准隐匿毁弃、私拆他人邮件。不制作，出售、传播淫秽物品，不调戏妇女，遵守社会公德。

第七条 严禁在森林附近引起火灾，森林防火，人人有责！严禁私自砍伐林木。不准在村附近或田边路旁乱挖土，严禁损害庄稼及其他农作物，严禁牛羊啃青。严禁偷青，违者重罚。

第八条 严格用水、用电管理，不经批准，不准私自安装水电设施，节约用水用电，严禁偷水偷电。

第九条 认真遵守户口管理规定，出生、死亡要及时申报和注销。外来人员需要在本村短期居住的应向村治保会汇报，办理相关手续。在本村暂住务工、经商的外来人员必须服从本村的村规民约，严禁非法同居，否则接受处罚。

第十条 对违犯上述社会治安条款者，按以下办法处理：

（一）触犯法律法规的，报送司法机关处理。

（二）情节严重，但尚未触犯法律和治安处罚条例的由村干部批评、教育,视情节轻重处以罚款。

二、村风民俗

第一条 提倡社会主义精神文明,移风易俗。反对封建迷信活动、邪教组织及其他不文明行为,树立良好的社会风尚。

第二条 喜事新办,不铺张浪费,丧事从俭,不搞陈规旧俗。

第三条 不听,不看、不传迷信和淫秽书刊、影像。

第四条 建立正常的人际关系,不搞宗派活动。

第五条 积极参加村里组织的各种文化、体育活动,提倡全民健身运动。提倡见义勇为,伸张正义。遵守社会公德,扶老携幼,加强自身修养,学习好科学文化、社会知识,跟上社会步伐,用自身知识影响老一代,教育下一代,做本时代的榜样。积极申请加入党团组织。

第六条 服从村镇建房规划,不扩占,不超高,搬迁、迁拆不提过分要求。拆旧翻新,须村两委批准,统一安排,不准擅自动工。

第七条 违反上述规定的给予批评教育,情节较重的交司法机关处理。

三、村邻关系

第一条 村民之间要相互尊重,相互理解,相互帮助,和睦相处,建立良好的睦邻关系。

第二条 在社会交往过程中,应遵循平等、自愿、互利的原则。在生产过程中,自觉服从村两委安排,不随意更换、移动地界标志。小事不斤斤计较,退一步自然幽雅,让三分何等清闲。

第三条 依法使用宅基地,老宅基地要严格遵守历史状况,新宅基地按村、镇规划执行。不得损害整体规划和四邻利益。

第四条 村民饲养的动物、家畜造成他人损害的,动物饲养人或管理人负经济责任。没有或限制行为能力的人,给他人造成损害的,监护人负经济责任。

第五条 邻里间发生纠纷,能自行调解的自行调解处理。不能自行处理的依靠组织解决,不能仗势欺人、强加他人,对不听劝阻制造纠纷的当事人，情节轻微的予以教育，造成人身或财产损失的，必须承担医疗费用，承担财产损失，并按实际损失的两倍以上进行赔偿。

四、婚姻家庭

第一条 全村村民要遵循婚姻自由、男女平等、一夫一妻、尊老爱幼的原则，建立团结和睦的家庭关系。

第二条 婚姻大事由本人做主，反对他人包办干涉，不借婚姻索取财物。

第三条 自觉做到计划生育、晚婚晚育，育龄夫妇都要严格遵守《中华人民共和国人口与计划生育法》及有关政策。

第四条 夫妻在家庭地位中男女平等，反对男尊女卑，不准打骂妻子，夫妻双方共同承担家务劳动，共同管理家庭财产。

第五条 父母、继父母承担未成年人或无生活能力子女的抚养教育，不准虐待病残儿、继子女和收养子女，不准使中小学生中途辍学。

五、环境卫生

第一条 村民各家各户门前院内要保持清洁，清除暴露垃圾，清理卫生死角，清除废弃堆积物，禁止在公共场所乱吐乱扔，乱倒垃圾、污水和渣土。

第二条 搞好公共卫生和村容整洁。为保街道畅通，道路水渠两侧不准长期堆放沙砖石等建筑材料。不准挤街占道，私搭乱建。

洗车河镇老洞村党支部和村民委员会宣

（本章由李超撰写）

后　记

龙山县位于湖南省西北部，处于湘、鄂、渝三省（市）交界之地，总面积3131平方公里，辖21个乡镇（街道）、399个村（社区），总人口61万人，其中以土家族、苗族为主的16个少数民族人口占全县总人口的81%。有土家族织锦技艺、土家族摆手舞等6个项目被列入国家级非物质文化遗产名录，是秦简文化的核心区、土家族文化的发祥地和红色文化的富集区，被誉为“中国民间文化艺术之乡”“中国土家族摆手舞之乡”“中国土家织锦之乡”“中国历史文化名镇”“国家非物质文化保护示范区”。

2012—2020年，龙山县共有29个村被列入中国传统村落名录。此次调查选取其中16个具有代表性的传统村落，由中南民族大学民族学与社会学学院田敏教授负责带领8名硕博研究生组成调研队伍，于2020年7—8月开展调查工作，运用民族学人类学田野调查方法，围绕村落历史、自然资源、社会经济、文化遗产等主题展开深度调研，收集并整理了大量第一手材料，由此撰写成《中国传统村落调查·湖南龙山卷》。

全书由田敏教授负责拟定调查大纲与写作提纲，并进行统稿，殷沙漫博士协助完成统稿。李超博士、唐胡浩副教授做了前期统稿。具体调研与写作情况如下：

靛房镇百型村、万龙村、信地村和洗车河镇耳洞村、老洞村由李超博士、黄建胜博士负责调研与写作;里耶镇巴沙村、长春村、街上村和兔吐村由殷沙漫博士、桂江珊硕士负责调研与写作;苗儿滩镇捞车河村、六合村、树比村由赵智娜博士、姜楠硕士负责调研与写作;洛塔乡猛西村、泽果村和农车镇塔泥村、天桥村由王航博士、吴海平硕士负责调研与写作。

调研与成书因各方的鼎力支持得以顺利完成。他们分别是:

里耶镇党政办主任俞瀛、文化站站长胡荣春,巴沙村综合专干向春林、村民向安异和向安志,街上村村主任敖小军,毛古斯传承人彭石化(兔吐村,县级)、徐克斌(街上村,县级),摆手舞传承人彭辉(兔吐村,县级),纸扎技艺传承人彭明飞(长春村),舞龙传承人滕建生(街上村)等。

苗儿滩镇副镇长包云峰、六合村村支书朱兵、树比村村主任王勇、捞车河村村干警彭小林、土家族织锦技艺传承人刘代娥(国家级)、朱明英(州级)以及六合村村民朱老先生等。

靛房镇百型村村支书彭南召、万龙村村民向卫华、信地村村委主任刘应文;洗车镇耳洞村村支书彭光武、老洞村村委主任谢海涛,洛塔乡政府干部杨晓周、向坤,泽果村村支书雷晓艳、原村支书田正友,农车镇塔泥村村干部龚昌云、覃大成,天桥村村支书刘艳青、天桥村小校长魏峰波等。

感谢上述各位对我们调查工作的大力协助,还有更多热情真挚的村民,感谢你们!

时任龙山县副县长的彭绍兴同志对此项工作给予了鼎力支持,召集专题会议安排和部署调查协助工作,并亲身前往调研地之一的靛房镇,为调研组组织了一场精彩的土家族非遗文化展演,指导调研队开展调研,为调研工作的顺利开展提供了全方位的帮助。值此书稿出版之际,课题组对此表示衷心的感谢!

调查正逢酷暑,赤日炎炎,又值疫情高峰,调研组各位成员克服困难,积极工作,后期的写作也是多次修改,数易其稿,书稿的出版,是对大家努力的最好回报。

书稿的编辑出版,得到湖北人民出版社马骏副社长、编辑部徐艳主任的大力支持,向两位表示衷心感谢!